Olga Goldenberg

# Neubeginn in der Fremde

## Lebenssituation und Identitätskonstruktionen jüdischer Migranten aus der ehemaligen UdSSR

Olga Goldenberg

# NEUBEGINN IN DER FREMDE

## Lebenssituation und Identitätskonstruktionen jüdischer Migranten aus der ehemaligen UdSSR

*ibidem*-Verlag
Stuttgart

**Bibliografische Information der Deutschen Nationalbibliothek**
Die Deutsche Nationalbibliothek verzeichnet diese Publikation in der Deutschen Nationalbibliografie; detaillierte bibliografische Daten sind im Internet über http://dnb.d-nb.de abrufbar.

**Bibliographic information published by the Deutsche Nationalbibliothek**
Die Deutsche Nationalbibliothek lists this publication in the Deutsche Nationalbibliografie; detailed bibliographic data are available in the Internet at http://dnb.d-nb.de.

∞

Gedruckt auf alterungsbeständigem, säurefreien Papier
Printed on acid-free paper

ISBN-13: 978-3-8382-0246-4



Printed in Germany

*Стоят два еврея и разговаривают. Мимо них идет третий, останавливаеся и говорит: „Я не знаю о чем вы тут говорите, но ехать надо!“*

Анекдот советского времени

*Zwei Juden stehen da und unterhalten sich. Geht ein dritter an ihnen vorbei, hält an und sagt: „Ich weiß zwar nicht, worüber Sie gerade sprechen, bin aber auch der Meinung, dass wir hier weg müssen!“*

Ein Witz aus Sowjetzeiten

## Inhaltsverzeichnis

## Einleitung. Über die Schwierigkeit einer Definition

Aus einem Internetforum:

> *„Meine Muttersprache ist Russisch, aber ich bezeichne mich keineswegs als Russin. (...) Ich gehe auch nicht zur Synagoge, halte jüdische religiösen Regel und Riten nicht ein, kann weder hebräisch noch jiddisch, und trotzdem verspüre ich meine Zugehörigkeit zu dem jüdischen Volk. Wie, wodurch kann man das erklären? ich weiss es nicht. Aber ebenso verspüre ich meine Zugehörigkeit sowohl zu der Ukraine als auch zum Deutschland, dem Land, wo ich und meine Familie seit 13 jahren leben, dessen Sprache ich ziemlich gut beherrsche und faszinierend finde und dessen Bürgerschaft ich letzendlich habe. Was bin ich dann? Ein Monster, aus unterschiedlichen Bestandteilen zusammengewürfelt? Oder ein Mensch der Zukunft, der gleichzeitig den unterschiedlichen Kulturen gehört? Oder gehören solche wie ich (...) gar nirgenwo hin?“*[1]

Individuen lassen sich anhand nahezu beliebiger Kriterien in Kategorien zusammenfassen, welche wiederum als vermeintlich reale Gruppen wirken können. Eine solche Konstruktion ist das Jüdisch-Sein. Knapp achtzig Prozent aller lebenden Juden weltweit haben ihre Wurzeln in Osteuropa.[2] Thema dieser Studie ist die Analyse der Identitätskonzeptionen junger jüdischer Migranten aus den GUS-Staaten[3], vor dem Hintergrund der biographischen Erfahrung der Migration und ihrer Lebenssituation in den neuen Bundesländern. Migration wird dabei allgemein als soziales Phänomen betrachtet, das durch den Verlust orientierungsweisender Selbstverständlichkeiten als Wendepunkt oder ein kritisches Lebensereignis wirkt und demnach einen besonderen Stellenwert in den persönlichen Biographien der Zuwanderer einnehmen kann. Durch eine verstärkte Wahrnehmung vermeintlich gemeinsamer Interessen, besonders in Ausgrenzungssituationen, kann auf kollektiver Ebene die Herausbildung und Verfestigung sozialer Gruppen befördert werden. Individuell kann die Migrationserfahrung als Ressource oder als Belastung betrachtet werden.

Bei der Untersuchung der Identitätskonzepte soll zunächst geklärt werden, wie die jüdischen Migranten zur Mehrheitsgesellschaft und zur jüdischen Gemeinde stehen und wodurch die unterschiedlichen Akkulturationsformen zwischen Herkunfts- und

1 Anonym (2008): Hervorhebung im Original.
2 Lipphardt (2008): 6.
3 GUS - Gemeinschaft unabhängiger Staaten (Содружество Независимых Государств – СНГ)

Assimilationsorientierung beeinflusst werden. Es wird davon ausgegangen, dass die gesellschaftliche Eingliederung von Migranten, neben ihren persönlichen Merkmalen von den spezifischen Voraussetzungen des Aufnahmelandes abhängt. Besonders die Aufnahmebestimmungen der Kontingentflüchtlingsregelung bergen ein erhebliches Konfliktpotential und tragen zu enttäuschten Erwartungen der deutschen Mehrheitsgesellschaft und der religiösen jüdischen Gemeinden bei. Viele der Migranten ziehen sich in Folge dessen in die Separation zurück. Denn neben diversen Integrationsanforderungen, denen alle Migranten unterliegen, werden die jüdischen Migranten in der Bundesrepublik Deutschland (BRD) zusätzlich mit unterschiedlichen Definitionen jüdischer Identität konfrontiert. Im Zentrum des Interesses der Untersuchung steht daher die Frage, inwieweit Ausgrenzungserfahrungen seitens der Aufnahmegesellschaft einer stärkeren Identifikation mit der russisch-jüdischen Identität vorausgehen und welche Bedeutungsvarianten jüdischer Identität sich bei jungen Migranten in Deutschland herausbilden.[4]

Obwohl neben deutschen Juden auch mittlerweile über 200.000 ehemalige jüdische Migranten aus den GUS- Staaten in Deutschland leben, blieben jüdisches Leben und jüdische Identität in Deutschland nach der Schoah* für die Forschung lange Zeit weitgehend unbeachtet. Keine gesellschaftliche Gruppe, die vor 1945 so ausführlich thematisiert wurde, fand danach vergleichsweise wenig Beachtung, was auf die geringe Etablierung des jüdischen Lebens in der BRD für die öffentliche Wahrnehmung hindeutet.[5] Die aktuelle Forschung konzentriert sich überwiegend auf den Nationalsozialismus, historische oder aktuelle Erscheinungen wie den Antisemitismus oder auch auf die Beschreibung äußerer Formen des jüdischen Lebens.[6]

Die wenigen Studien über jüdische Zuwanderung im wiedervereinten Deutschland konzentrieren sich mehrheitlich auf die alten Bundesländer und Berlin und widmen sich überwiegend der problematischen Integration der Zuwanderer in die deutsche

---

4 Während Erwachsene mit gefestigteren Lebensentwürfen eher mit dem Problem der notwendigen Neuorientierung konfrontiert sind, tritt für die Jungen der Zwiespalt des Aufwachsens als Migrant in der BRD, zwischen den unterschiedlichen Anforderungen des Elternhauses und der Aufnahmegesellschaft, in den Vordergrund. Die Beschränkung der Untersuchungsgruppe auf junge Migranten wird, neben pragmatischen Gründen der Wahrung eines im Rahmen dieser Arbeit überschaubaren Umfangs, damit begründet, dass die Orientierungsweisen der jungen Migranten für die Zusammensetzung der jüdischen Gemeinschaft in Deutschland langfristig als besonders relevant angesehen werden.

5 Müller, Christine (2007): 22.

6 Silbermann (1972): 417, 373.

Gesellschaft und die jüdischen Gemeinden, so dass sich darüber hinausgehende Aussagen zur aktuellen Situation für die Gesamtheit der jüdischen Zuwanderer nicht treffen lassen.[7]

Ursachen in den Validitätseinschränkungen der qualitativen Studien liegen nicht zuletzt in möglichen regionalen Verzerrungen sowie einer geringen Befragtenzahl- einer Problematik, der auch die vorliegende Studie ausgesetzt ist. Auch in der amtlichen Statistik der BRD oder auf der Grundlage des Mikrozensus wird eine jüdische Nationalität im Gegensatz zur Sowjetunion nicht gesondert ausgewiesen, wodurch jüdische Zuwanderer nicht von anderen Migranten aus den GUS-Staaten unterschieden werden können.[8]

Die Erhebungen der jüdischen Gemeinden beinhalten Angaben über jüdische Religionszugehörigkeit, erfassen jedoch lediglich die registrierten Mitglieder und damit nur einen spezifischen Teil der Migrantenpopulation. Im Ausländerzentralregister (AZR), wo alle ausländischen Staatsangehörigen erfasst sind, werden jüdische Zuwanderer allgemein der Untergruppe „Kontingentflüchtlinge" zugeordnet. Hierbei ist jedoch davon auszugehen, dass seit dem Beginn der jüdischen Zuwanderung 1991 keine anderen Gruppen nach diesem Status in die BRD aufgenommen wurden. Die Frage nach der Religionszugehörigkeit wird hier erst ab 2003 auf freiwilliger Basis erfasst, Ergebnisse liegen demnach nur für einen geringen Teil der Zuwanderer vor.[9]

Die theoretischen Vorannahmen für die vorliegende Untersuchung der Identitätsentwürfe der jungen russisch-jüdischen Migranten wurden aus der Auseinandersetzung mit Migrations- und Identitätstheorien entwickelt. Zur Generierung der Vorannahmen wurden darüber hinaus Ergebnisse empirischer Studien zur Thematik der jüdischen Zuwanderung herangezogen, die im Folgenden genannt werden sollen. Einen umfassender Überblick zum Forschungsstand liefern Haug / Wolf, die sich der Situation jüdischer Zuwanderer in Bayern anhand von Unterlagen der Landesaufnahmestelle in Nürnberg, ergänzt durch eine schriftliche Vollerhebung aller dortigen Neuzuwanderer des Jahres 2005 widmen.

Im Vordergrund stehen Fragen nach Berufsausbildung und Berufstätigkeit sowie familiären Bindungen. Dietz / Lebok / Polian nutzen Daten der Zentralwohlfahrtsstelle, um die zuwanderungsbedingten demographischen Veränderungen der jüdischen Ge-

7 Haug / Wolf (2005): 42.
8 Bundesministerium des Innern (2008): 170.

meinden zu analysieren, wobei sie neben einem generellen Gemeindewachstum eine Verjüngung der Gemeinden feststellen. Schütze interessiert sich für die Migrationsmotive, Akkulturationsprozesse und die transnationalen Netzwerke der Migranten. Kessler konzentriert sich neben der Analyse der Migrationsbedingungen, Sozialstruktur und Lebenssituation auf die Auswirkungen der Migration auf die jüdische Gemeinde in Berlin. Dabei befasst sie sich mit Entstehungsbedingungen und Bestandteilen der Kontingentflüchtlingsregelung und verweist auf die Heterogenität der Migranten. Schoeps / Jasper / Vogt führen in verschiedenen Städten schriftliche Befragungen durch und verdeutlichen dabei signifikante Problemlagen in den GUS-Staaten und die mangelnde berufliche Integration in der BRD.[10]

Bei den Zuwanderern stellen sie ein hohes Durchschnittsalter, geringe Deutschkenntnisse und einen hohen Akademikeranteil fest. Die Mehrheit der Migranten hat einen wissenschaftlichen oder technischen Beruf erlernt, durch die veränderte politische Situation und Arbeitsmarktlage war es für einige jedoch bereits im Herkunftsland schwer eine der Berufsqualifikation entsprechende Anstellung zu finden.

Becker analysiert die Auswirkungen der spezifischen Aufnahmeregelungen als biographische Erfahrung und verdeutlicht differenzierte Bewältigungsmöglichkeiten der Migrationssituation.

Hess / Kranz widmen sich dem durch die Migration initiierten Wandel der jüdischen Gemeinden in der Bundesrepublik Deutschland.

Stromberg stellt bei einer Gegenüberstellung der Akkulturationsmuster jüdischer Zuwanderer in Deutschland und Israel fest, dass, obwohl zahlreiche Zuwanderer bikulturelle Orientierungen aufweisen, die Identifikation mit der russischen Kultur deutlich höher ausgeprägt ist als die Identifikation mit der Aufnahmekultur. Dies geht mit einer im Vergleich zu Einheimischen geringer Lebenszufriedenheit einher.[11]

Körber beschäftigt sich mit der medialen Debatte um die jüdischen Zuwanderer und untersucht die Darstellungsweise im Zeitverlauf, die sich von einer zunächst positiven Darstellung der Migrantengruppe zu einer negativen wandelte.

---

9 Haug / Wolf (2005): 11, 42.
10 Vgl.: Schoeps / Jasper / Vogt (1996; 1999)
11 Jaeger (2005): 41.

Allgemein wird deutlich, dass sich die russisch-jüdischen Zuwanderer durch zahlreiche Merkmale auszeichnen, die sie zum einen von Juden in anderen Ländern, aber auch gegenüber anderen Migranten in der BRD unterscheiden. In mehreren Studien wird eine Zuwendung der russisch-jüdischen Zuwanderer zum Judentum festgestellt, wobei diese nur von einer Minderheit über die Religionszugehörigkeit oder die Bewahrung jüdischer Traditionen begründet wird. Relevanter ist das Gefühl, ein Teil des jüdischen Volkes oder der jüdischen Nation zu sein oder jüdische Eltern zu haben.[12]

Die heterogenen Konzeptionen jüdischer Identität können durch kollektive sowie individuelle Faktoren geprägt sein und situationsbedingt und bezugsgruppenspezifisch einen unterschiedlichen Stellenwert einnehmen. Nahezu alle russischen Juden haben vor ihrer Auswanderung in Großstädten gelebt und streben dies auch im Einwanderungsland an. Ein Großteil der volljährigen Migranten verfügt über Hochschulabschlüsse und hat vor der Emigration in akademischen Berufen gearbeitet, das Bildungsniveau ist allgemein höher als bei der nicht-jüdischen Bevölkerung der Sowjetunion oder Deutschlands. Das Durchschnittsalter der russisch-jüdischen Zuwanderer ist mit über vierzig Jahren höher als das der meisten anderen Zuwanderungsgruppen, was eine kulturelle Eingliederung zusätzlich erschwert. Bei der Bewältigung von Akkulturationsprozessen finden sich unterschiedliche Muster, die von Assimilation bis zur Separation reichen können.

Aus den betrachteten Studien geht hervor, dass die Mehrheit der erwachsenen Zuwanderer in Deutschland bestrebt ist, ihre Herkunftskultur auch bei ihren Kindern zu bewahren, weshalb größtenteils viel Wert auf den Erhalt der Muttersprache gelegt wird. Darüber hinaus nimmt nur ein geringer Teil der Erwachsenen am kulturellen Leben in Deutschland teil, so dass auch nach längerem Aufenthalt in Deutschland die wichtigsten Bezugspersonen fast ausschließlich Familienmitglieder oder befreundete russisch-jüdische Zuwanderer blieben.[13] Die Beziehungen zu Deutschen wurden eher negativ beschrieben, wobei die Mehrheit der Befragten keine oder nur gelegentliche Kontakte zu der Aufnahmegesellschaft pflegt, und wenn doch, dann werden diese in der Mehrzahl als oberflächlich oder unbefriedigend wahrgenommen.[14]

Da angenommen wird, dass die Angebotsstrukturen starken Einfluss auf Gruppenzuge-

12 Uslucan (2005): 32f.
13 Haug / Wolf (2005): 26ff., 33f.
14 Jaeger (2005): 41.

hörigkeit haben, wird davon ausgegangen, dass die Aufnahmebedingungen in Deutschland das Verhalten und die Einstellungen der Migranten stärker prägen, als eine gemeinsame Herkunft. Sowohl Mitgliedschaftskriterien als auch Ausschlusserfahrungen seitens der Aufnahmegesellschaft oder der jüdischen Gemeinde tragen zur Identitätsentwicklung bei.[15] Die Integrationsmöglichkeiten hängen weiterhin vom Alter sowie von der beruflichen Tätigkeit ab, da in der Schule und am Arbeitsplatz eine stärkere Kontaktdichte gegeben ist als für ältere oder erwerbslose Zuwanderer. Bis zum Ende des Jahres 1998 trat etwa die Hälfte der russisch-jüdischen Zuwanderer als Mitglieder in die jüdischen Gemeinden der BRD ein.[16]

Von einer religiösen Neuorientierung kann jedoch nur bei einem kleinen Teil der Zuwanderer gesprochen werden, lediglich bei einer Minderheit lässt sich von einer Annäherung an die jüdische Religion sprechen, für den Rest dient die Gemeinde ausschließlich als soziale Kontaktstelle.

Um heterogene Standpunkte des Diskurses um jüdische Identität zu verdeutlichen, wird als erstes eine Annäherung an die verschiedenen Definitionsweisen angestrebt (1). Hierfür sollen zunächst die historischen Wandlungen der Vorstellungen vom Jüdisch-Sein skizziert werden (1.1). Im Anschluss daran wird auf die Bestimmungen des Jüdisch-Seins zwischen Fremd- und Selbstbetrachtung verwiesen (1.2). Die Klärung der Unterschiede in den Definitionsweisen der ehemaligen UdSSR und der BRD sowie die Darstellung der hiermit zusammenhängenden Problemstellungen, schließen das erste Kapitel ab (1.3).

Die Diskussion einer jüdischen Identität als Selbstbeschreibung und Fremdzuweisung erfordert zunächst eine Bestimmung des Terminus Identität, welcher hier als Differenzbegriff aufgefasst wird. Der zweite Abschnitt widmet sich den theoretischen Standpunkten, die als Grundlage der empirischen Untersuchung dienen (2). Die Herleitung des Identitätsbegriffes folgt dem Wandel der Identitätsvorstellungen anhand ausgewählter Konzepte, die eine Annäherung an die Thematik ermöglichen.

Als erstes werden die klassischen Ansätze von George H. Mead und Erving Goffman skizziert, wobei Mead die Identität im ständigen Wandlungsprozess sieht und Goffman die Bedeutung von Ausschlusserfahrung und Rollendarstellung für die Identitätsentwürfe beschreibt (2.1). Die Notwendigkeit einer aktiven Gestaltung der Identi-

15 Hess / Kranz (2000): 50ff.; Schmidt-Weil (2007): 53; (Körber 2005): 66ff.
16 Vgl.: Schoeps / Jasper / Vogt (1999)

tät wird anhand der Identitätskonzepte von Krappmann und Frey / Haußer betont, wobei Hans-Peter Frey und Karl Haußer aufbauend auf Lothar Krappmanns Konzept der balancierten Identität den Bewältigungsbedarf und unterschiedliche Möglichkeiten des Umgangs mit Ausschlusserfahrungen aufzeigen (2.2). Im Anschluss daran wird auf die von Keupp aufgestellte Metapher der „Patchwork-Identität" eingegangen (2.3) und auf das Konzept der ethnischen Identität als spezifische Form kollektiver Identität verwiesen, welche als Teilidentität neben anderen vorliegen kann und besonders für Migranten einen mehr oder minder wichtigen Stellenwert einnimmt (2.4). Am Ende dieses Abschnitts erfolgt eine Herleitung des Identitätsbegriffs für die vorliegende Studie (2.5).

Der dritte Abschnitt beinhaltet eine kurze Klärung der migrations- und integrationstheoretischen Annahmen. Migration wird dabei als ein kritisches Lebensereignis aufgefasst (3). In diesem Zusammenhang wird auf unterschiedliche Migrationsbedingungen eingegangen und auf die Migrationsursachen verwiesen (3.1). Danach werden die Integrationschancen anhand des spezifischen Staatsbürgerschaftskonzepts (3.2) skizziert. Im Anschluss daran erfolgt eine Klärung der Begriffe Integration und Akkulturation (3.3), bevor auf die unterschiedlichen Akkulturationssorientierungen (3.3.1) und Faktoren, welche eine Integration behindern oder fördern können, eingegangen wird (3.3.2). Die veränderten Rahmenbedingungen erfordern einen differenzierteren Blick auf Migrationen, was zu einem Wandel der Forschungsperspektive beitrug (3.3.3).

Der vierte Abschnitt widmet sich den methodischen Grundlagen der empirischen Erhebung (4). Nach der Begründung für die Erhebungsmethode des biographisch-narrativen Interviews (4.1) wird auf die Schwierigkeiten beim Feldzugang und den Interviewverlauf eingegangen (4.2). Zum Schluss erfolgt eine kurze Darstellung der Aufarbeitung und Analyse des Materials anhand der dokumentarischen Methode (4.3).

Der fünfte Abschnitt behandelt die Rahmenbedingungen jüdischer Migration aus der ehemaligen UdSSR (5).[17] Hierfür werden zunächst die Rahmenbedingungen im Ausreiseland geklärt (5.1) und danach wird auf jüdische Migration aus der UdSSR im Kontext alternativer Ausreiseziele eingegangen (5.2). Weiterhin werden die gesellschaftlichen Rahmenbedingungen in der BRD dargestellt (5.3). In der Nachkriegszeit war eine doppelte Isolation, sowohl von der restlichen jüdischen Gemeinschaft, als auch von der deutschen Mehrheitsgesellschaft, für die in Deutschland verbliebenen

Juden charakteristisch (5.3.1). Zum Abschluss dieses Abschnitts wird der veränderte Umgang der Deutsche Demokratische Republik (im Folgenden DDR) mit jüdischen Zuwanderern erörtert (5.3.2).

Die problemgenerierenden Regelungen jüdischer Zuwanderung in der Nachwendezeit bilden den Kern des sechsten Abschnitts (6). Dabei werden zunächst die spezifischen gesellschaftlichen Voraussetzungen der Einführung der Kontingentflüchtlingsregelung herausgearbeitet (6.1) und danach werden die rechtlichen Regelungen und Zuwanderungsbestimmungen für jüdische Kontingentflüchtlinge (6.1.1) und die Aufhebung dieser Zuwanderungsoption durch das neue Zuwanderungsgesetz (6.1.2) dargestellt. Die Aufnahme einer Vielzahl neuer Mitglieder blieb nicht ohne Folgen für die jüdischen Gemeinden in der BRD, worauf zum Abschluss des fünften Abschnitts eingegangen wird (6.2).

Die heterogenen Identitätsentwürfe der befragten jüdischen Migranten stehen im Mittelpunkt des siebenten Abschnitts (7). Anhand der unterschiedlichen Akkulturationeinstellungen werden drei Idealtypische Orientierungsweisen gebildet: Assimilationsorientierung, bikulturelle Orientierung und Separationsorientierung. Um einen ersten Überblick über die durchgeführten Interviews zu vermitteln, erfolgen die Falldarstellungen anhand dieser Orientierungen.

Eine Identität als Deutscher mit Migrationshintergrund (7.1) findet sich bei Maksim (7.1.1), der sich als Deutscher mit anderer Herkunft fühlt sowie bei Roma (7.1.2), der in Deutschland aufgewachsen ist und zu den russischsprechenden Jugendlichen in der jüdischen Gemeinde keinerlei Bezug hat. Bikulturelle Orientierungen (7.2) sind bei Irina nachzuweisen (7.2.1), die in Deutschland zuhause ist, aber sich nicht zuletzt auf Grund ihrer jüdischen Herkunft stark mit Israel identifiziert, sowie bei Tatjana (7.2.2), für welche trotz ihres Umgangs mit Deutschen und mit russischsprachigen Migranten ein deutscher Partner nicht in Frage kommt. Die restlichen Befragten lassen sich der Kategorie Migrantenidentität und Separationsorientierung zuordnen (7.3). So hat Verena (7.3.1), die sich weder in ihrem Herkunftsland noch in Deutschland zu Hause fühlt, ausschließlich russischsprachige Freunde. Auch Julia (7.3.2) fällt es schwer eine gemeinsame Sprache mit Deutschen zu finden, wobei sie sich nicht aktiv darum bemüht, sondern Kontaktversuche eher abweist. Aleksej (7.3.3) hat nach anfänglichen Ausschlusserfahrungen auch positive Erlebnisse, fühlt sich nicht zuletzt

17 Union der Sozialistischen Sowjetrepubliken (Союз Советских Социалистических Республик, СССР)

durch die erlebte Gleichgültigkeit und auch durch das eigene soziale Umfeld nicht motiviert Kontakte zu Deutschen aufzubauen. Vladimir (7.3.4) erfuhr in Deutschland sehr lange Zeit eine massive Ausschlusserfahrung, während Michail (7.3.5) so etwas niemals widerfuhr und er dennoch von sich aus niemals engeren Kontakt mit Deutschen möchte.

Der achte Abschnitt thematisiert die Lebenssituation und Identitätskonstruktionen der Migranten (8.) Dabei wird zunächst auf die Integration der jüdischen Migranten in der Aufnahmegesellschaft (8.1 und die besondere Situation der jungen Migranten (8.1.1) eingegangen. Danach wir auf die unterschiedlichen Orientierungen bezüglich dem Spracherwerb und dem Kontakt zur Aufnahmegesellschaft (8.1.2) sowie dem Spracherhalt und den Beziehungen zum Herkunftsland (8.1.3) verwiesen. Im Anschluss daran wird der Stellenwert von Ausgrenzungserfahrungen für die Identitätsbildung (8.2) beleuchtet. Der letzte Abschnitt thematisiert das Verhältnis der jungen Migranten zum Jüdisch-Sein (8.3). Nach der Darstellung ihres Umgangs mit den Fremddefinitionen jüdischer Identität (8.3.1) wird die Integration der jungen Migranten in die Strukturen der jüdischen Gemeinden betrachtet.

## 1. Jüdisch-Sein zwischen Fremd- und Selbstbetrachtung

Um heterogene Standpunkte des Diskurses um jüdische Identität zu verdeutlichen, soll zunächst eine Annäherung an die verschiedenen Definitionsweisen erfolgen. Die jüdische Migration aus der ehemaligen UdSSR in die BRD wird zunächst im Gesamtkontext der Migrationsgeschichte des jüdischen Volkes betrachtet und lässt sich wie die anderen, in der Diaspora vollzogenen Wanderungen überwiegend auf politischen Druck, wirtschaftliche Faktoren und spezifische Diskriminierungsformen zurückführen. Die jüdische Migration wurde dabei mehrheitlich von Außen initiiert, daneben finden sich jedoch auch anders motivierte Migrationsformen, wie etwa die Heiratsmigration oder der ökonomisch bedingte Wohnortwechsel. Die migrationsbedingten Umbrüche zogen durch die Notwendigkeit einer fortwährenden Auseinandersetzung mit der wechselnden Umwelt strukturelle Modifikationen der jüdischen Gemeinschaft nach sich. Dies begünstigte zudem die Herausbildung und Verfestigung transnationaler und interkultureller Netzwerke.

Die der jüdischen Geschichte immanente, Jahrhunderte andauernde Diasporaerfahrung führte zudem zu verstärkten Debatten um die Bestimmung der jüdischen Identität, wobei eine eindeutige und verbindliche Klärung dieser Frage bis heute nicht absehbar ist. Trotz einer Vielzahl verschiedener Definitionsweisen erscheint es unstrittig, dass sich das Verständnis vom Jüdisch-Sein im Laufe der Geschichte sowie innerhalb unterschiedlicher Gesellschaften wandelt und sich stets im Spannungsfeld von freiwilliger Abgrenzung und gesellschaftlicher Ausgrenzung und zwischen Bewahrung oder Verwerfung jüdischer Identität bewegt.[18] Denn auch die weitgehende Akkulturation an die Umgebungsgesellschaften führte nicht zwangsläufig zur völligen Aufgabe jüdischer Identität, sondern bewirkte stattdessen eher einen Pluralismus und eine größere Verweltlichung der jüdischen Gemeinschaft.[19]

### 1.1 Jüdisches Leben in Europa zwischen Separation und Emanzipation

Bis zum Mittelalter galten die Juden im europäischen Raum als Volksgruppe, welche gleichzeitig eine Religionsgemeinschaft repräsentierte. Sie unterschieden sich vorwiegend durch religiöse Abgeschlossenheit und effiziente soziale Netzwerke vom Rest der Bevölkerung. Auch wenn die römisch-katholische Kirche versuchte sie zu isolieren, gab es bis zum Hochmittelalter keine spezifischen beruflichen Beschrän-

18 Schmidt-Weil (2007): 59.

kungen, Mischehen waren jedoch unter Androhung der Todesstrafe untersagt. Zahlreiche Pogrome gegen Juden führten zur weitgehenden Abwanderung aus den Städten, die meisten Verbliebenen lebten in abgetrennten Stadtvierteln, den sogenannten Ghettos* in ärmlichen Verhältnissen. Daneben gelang es einigen sich als selbstständige Kaufleute an deutschen Fürstenhöfen zu etablieren, wodurch sie gewisse Privilegien genossen.

Die Modernisierung im ausgehenden 19. Jahrhundert brachte Emanzipation und die Möglichkeit zum sozialen Aufstieg hervor, ließ zugleich jedoch auch neue Formen der Diskriminierung entstehen, was für die Juden die Frage aufwarf, wie sie mit den Forderungen ihrer nichtjüdischen Umgebung umgehen sollten. Das osteuropäische und das westeuropäische Judentum stellten zu jenem Zeitpunkt zwei voneinander getrennte kulturelle Gemeinschaften dar, die später jeweils spezifische Formen der jüdischen Aufklärung, der Haskalah*, ausbildeten. Denn mit der Entstehung moderner europäischer Nationalstaaten kristallisierte sich die Problematik der Vereinbarkeit zwischen jüdischer und nationaler Zugehörigkeit heraus.

Während im traditionellen Gemeindeleben die Verbindung zwischen der religiösen Komponente und der Nationalität eng verschränkt blieb, wurde im Zuge der bürgerlichen Gleichstellung und der Entstehung moderner Staaten eine strikte Trennung zwischen dem öffentlichen und privaten Bereich und damit zwischen dem weltlichen und dem religiösen Sein etabliert. In Westeuropa entwickelte sich hieraus das Konfliktfeld, dass eine Bezugnahme auf das Judentum den Assimilationsforderungen eines aufgeklärten Nationalstaates entgegenstand. Doch auch hier verlief die staatsbürgerliche Emanzipation sehr differenziert.

Die französische Nationalversammlung erließ im September 1791 ein Gesetz bezüglich der rechtlichen Gleichstellung der französischen Juden, woraufhin nach und nach auch andere westeuropäische Länder ähnliche Regelungen einführten. Die Juden wurden zu Staatsbürgern jener Nationen, in denen sie lebten und erfuhren dabei weitgehend eine rechtliche Gleichgestellung. Sie konnten am politischen Leben teilhaben und ihre Ghettos verlassen, was eine berufliche und soziale Etablierung ermöglichte.[20]

19 Hess / Kranz (2000): 103.

20 Solche Assimilationsbemühungen führten nicht zuletzt zum Engagement an den Fronten der jeweiligen Armeen, die Mehrheit erhielt hierfür im Nachhinein keinerlei angemessene Würdigung.

In Frankreich verlief die Emanzipation relativ zügig, blieb jedoch an einige Bedingungen gebunden. Die bürgerliche Nation sollte keine Unterschiede zwischen Juden und Nicht-Juden machen, wofür aber die Juden auf ihre kategoriale Selbstdefinition zu verzichten hatten. Die religiöse Identifikation wurde zunehmend in die private Sphäre verdrängt.[21] Repräsentativ für diese Forderung ist die vielzitierte Aussage des Grafen von Clermont-Tonnerre aus dem Jahr 1789, „(...) den Juden als Nation nichts, den Juden als Individuen alles zu gewähren".[22]

In Frankreich wurde eine Diskriminierung religiöser Einstellungen abgelehnt und die Emanzipation an die gleichzeitige Bereitschaft zur Assimilation gekoppelt. In Großbritannien hingegen war eine pluralistische Form der Emanzipation möglich, wobei die Aufgabe eigener jüdischer Organisationen nicht erwartet wurde. Am 11. März 1812 wurde in Preußen das „Edikt betreffend die bürgerlichen Verhältnisse der Juden in dem Preußischen Staate" verkündet, wodurch preußischen Juden zahlreiche Bürgerrechte zugesprochen wurden, darunter die Niederlassungsfreiheit und das Recht, Militärdienst zu leisten. Dennoch blieb die Emanzipation der Juden auf deutschem Gebiet problematisch.

Eine voranschreitende gesellschaftliche Integration führte letztendlich vielerorts dazu, dass sich die jüdischen Gemeinden zunehmend zu Wohlfahrtsverbänden entwickelten, was mit einem Stellungsverlust des rabbinischen Judentums einherging. Viele Juden hofften auf andauernde gesellschaftliche Integration im Zuge der bürgerlichen Gleichstellung. Aus der Liberalisierung und der religiös-säkularen Kontroverse gingen verschiedene Richtungen des Judentums hervor, die in dieser Form bis heute existieren.

Das in Deutschland entstandene Reformjudentum setzte sich für eine Säkularisierung und Öffnung der jüdischen Gemeinschaft ein, forderte eine zeitgemäßere Auslegung religiöser Vorschriften. Darüber hinaus ersetzten die liberalen Juden zunehmend kollektive durch individualistische Orientierungen und gestatteten erstmals auch Frauen sämtliche Ämter zu übernehmen. Die traditionell orientierten und orthodoxen Juden lebten weiterhin abgeschottet und waren der Mehrheitsbevölkerung im Aussehen und Sozialverhalten fremd. Sie stellen sich strikt gegen jegliche Modernisierungsbemühungen, die sie als ein Verrat am jüdischen Volk betrachteten und hielten sich weiterhin strikt an überlieferte Bräuche. Frauen und Männer blieben beim Gottesdienst

21 Frindte (2006): 55.
22 Schoeps (2003): 344.

räumlich getrennt.[23] Den assimilierten Juden erschienen sie wiederum rückständig. Die unterschiedlichen jüdischen Orientierungen im deutschen Raum zeigten sich in dieser Zeit nicht zuletzt im Sprachgebrauch. Während die zionistischen Aktivisten Hebräisch bevorzugten, sprachen die assimilierten Vertreter des liberalen Bürgertums je nach Herkunft Russisch oder Deutsch, osteuropäische Juden hingegen bevorzugten weitgehend Jiddisch*.

### 1.1.1 Stellenwert des Antisemitismus

In bezug auf antijüdische Agitationen lassen sich zahlreiche Höhepunkte benennen, die sich im 19. Jahrhundert zunehmend wandelten, darunter 1879 die Entstehung des Begriffes Antisemitismus als politisches Schlagwort im Umfeld des Journalisten Wilhelm Marr. Die neugeprägte, auf Wahnvorstellungen aufgebaute, multifunktional einsetzbare Ideologie des Antisemitismus löste den zuvor jahrhundertelang geltenden, religiös geprägten Antijudaismus ab. Mit dem zugrunde liegenden rassisch untermauerten Konzept sollten die bestehenden Ressentiments eine vermeintlich wissenschaftliche Grundlage erhalten.[24]

Zwei Ereignisse beförderten den Antisemitismus in intellektuelle Kreise. Der damals wortführende konservative Historiker Heinrich von Treitschke löste 1879 mit einem Aufsatz in den Preußischen Jahrbüchern und der Aussage „Die Juden sind unser Unglück“ den Berliner Antisemitismus-Streit aus. Der Hofprediger Adolf Stoecker verankerte diese Ideologie etwa zeitgleich als ein zentrales Element in seiner christlich-sozialen Bewegung.[25]

Einen weiteren Aufschwung erlebte der politische Antisemitismus im Jahre 1893 mit dem Einzug antisemitischer Kandidaten in den Reichstag und der damit einhergehenden Etablierung antisemitischer Standpunkte in Massenorganisationen.[26] Über den allgemeinen Stellenwert des Antisemitismus für die Herausbildung einer jüdischen Identität entwickelte sich eine wissenschaftliche Kontroverse. Jean-Paul Sartre sah darin das entscheidende Definitionsmoment für jüdische Identität. Jüdisch-Sein ist in

23 Schmidt-Weil (2007): 28, 38ff.
24 Messmer (1998): 39.
25 Vgl.: Brenner (2002)
26 Benz (1999): 54.

dieser Konzeption eine soziale, extern bedingte Konstruktion: Ein Jude ist ein Mensch, den die anderen hierfür halten.[27]

Hannah Arendt kritisierte diese Auffassung mit dem Verweis auf den späten Bedeutungszuwachs des Antisemitismus für die Selbstdefinition seit den Assimilationsbemühungen im 19. und 20. Jahrhundert und der Betonung der Besonderheit einer Diasporagemeinschaft. Sie weist darauf hin, dass der Mythos vom auserwählten Volk gerade von jüdischer Seite aus aufrechterhalten wurde, um sich von der nichtjüdischen Umgebung abzugrenzen. Durchaus nicht alle Juden waren an einer vollständigen Assimilation interessiert, denn parallel zu der Entwicklung der Assimilation, Liberalisierung und Säkularisierung wollte sich auch das Judentum selbstverständlich als religiöse, ethnische, kulturelle, später auch als nationale Gemeinschaft erhalten.[28]

Ohne weiter auf diese Kontroverse einzugehen, zeichnet sich ab, dass die Judenfeindlichkeit und auch der Antisemitismus in den letzten beiden Jahrhunderten immer mehr zum zentralen Bestandteil einer diffuser werdenden jüdischen Identität wurden. Was blieb, war selbst bei gelungener Assimilation eine andauernde Spaltung, unter dem Vorbehalt des Andersseins. Durch die Behauptung einer Differenz, die letztlich keine Spezifizierung hat, wurden die Juden niemals eins mit ihrer Lebenswelt. Je weniger die jüdische Religion oder eine eigene Sprache praktiziert wurden, umso mehr ließ man sich die Identität von außen definieren.

Innerhalb der jüdischen Gemeinschaft bildeten sich unterschiedliche Umgangsweisen mit der neuen Situation heraus. Sie entstanden aus dem Wechselspiel jüdischer und nichtjüdischer Faktoren und sind ein Ausdruck der Heterogenität des Judentums.[29] Einerseits bemühte man sich die Integration in die Gesellschaft weiter fortzusetzen, gründete einen Verein zur Abwehr des Antisemitismus oder baute die jüdische Sozialarbeit aus.

Der Großteil der liberalen deutschen Juden organisierte sich im Centralverein deutscher Staatsbürger jüdischen Glaubens (C.V.). Andere resignierten zunehmend oder bildeten eine Abneigung gegen die Eigengruppe aus und brachen ihre Bindungen zur jüdischen Religion und Gemeinde ab, auch hier oftmals verstärkt durch Konfrontationen mit dem Antisemitismus. Eine kleine Minderheit bekannte sich zum Zionismus,

27 Sartre (1994): 267.; Brenner (2003): 282.
28 Frindte (2006): 55.

wodurch der nationale Gedanke aktiviert wurde, das Judentum sei eine organische, historisch gewachsene Gemeinschaft, einhergehend mit dem Streben nach der Errichtung eines eigenen Staates.[30] So sah Theodor Herzl in der Problematik des Antisemitismus ein unüberwindbares Erbe des Mittelalters, was die Gründung eines jüdischen Staates zum Schutz der Betroffenen notwendig machte.[31]

> *„Wir ziehen natürlich dahin, wo man uns nicht verfolgt; durch unser Erscheinen entsteht dann die Verfolgung. Wir haben überall ehrlich versucht, in der uns umgebenden Volksgemeinschaft unterzugehen und nur den Glauben unserer Väter zu bewahren. {...} In unseren Vaterländern, in denen wir ja auch schon seit Jahrhunderten wohnen, werden wir als Fremdlinge ausgeschrieen; oft von solchen, deren Geschlechter noch nicht im Lande waren, als unsere Väter da schon seufzten. Wer der Fremde im Lande ist, das kann die Mehrheit entscheiden; es ist eine Machtfrage, wie alles im Völkerverkehre. {...} ich glaube, man wird uns nicht in Ruhe lassen."*

Die spät erkämpfte Emanzipation im 19. Jahrhundert blieb unter diesen Voraussetzungen demzufolge lediglich eine partiell erfüllbare Illusion, welche spätestens mit dem Machtantritt Hitlers und der Schoah endgültig zerbrach, wonach von dem einst blühenden jüdischen Leben wenig verblieben ist. Den Juden wurde deutlich vorgeführt, dass auch die formelle Gleichstellung keinerlei Schutz gegen Ausgrenzung bietet, welche rückblickend trotz Emanzipationsbemühungen stets die Integration überwog. Ein Teil des Judentums musste immer im Ghetto bleiben, besonders der religiös spirituelle Bereich wurde nicht offen ausgelebt, viele grenzten sich auch freiwillig ab. Unterstrichen wurde dies durch den öffentlichen Sprachgebrauch, der Ausdruck 'Jude' galt in erster Linie als Schimpfwort. Zu einer vollständigen Integration konnte es unter solchen Voraussetzungen nicht kommen, da auch assimilierte Juden weiterhin für weite Teile der Gesellschaft diskreditiert blieben. Die Herkunft wurde erst im Laufe von Generationen vergessen, was für die Betroffenen die unangenehme Konsequenz hatte, als Diskreditierbare immer wieder als Juden zu gelten, wenn ihre Kritiker dies für angebracht hielten. So stellte Albert Einstein fest:

---

29 Tauchert (2007): 16ff.; Kahn (2006): 288f.

30 Schmidt-Weil (2007): 42ff.

31 Herzl (1896): 11f.

*„Wenn ich mit der Relativitätstheorie recht behalte, werden die Deutschen sagen, ich sei Deutscher, und die Franzosen, ich sei Weltbürger. Erweist sich meine Theorie als falsch, werden die Franzosen sagen, ich sei Deutscher, und die Deutschen, ich sei Jude. "*[32]

Über Deutschers Begriff des nicht-jüdischen Juden lässt sich ein komplexes Bild jüdischer Identitäten darstellen, das sowohl innere Zerrissenheit wie auch die gesellschaftlichen Ausgrenzungsbedingungen verdeutlicht. Die historischen Erfahrungen ließen für viele Juden keine Versöhnung mit national oder religiös beschränkten Ideen zu, weshalb sie sich um eine universelle Weltanschauung bemühten.[33] Ähnliches findet sich auch in einem berühmten Zitat von Sigmund Freud über sein Verhältnis zum Judentum wieder:

*„Was mich ans Judentum band, war – ich bin schuldig, es zu bekennen – nicht der Glaube, auch nicht der nationale Stolz, denn ich war immer ein Ungläubiger, bin ohne Religion erzogen worden, wenn auch nicht ohne Respekt vor den ethisch genannten Forderungen der menschlichen Kultur. Ein nationales Hochgefühl habe ich, wenn ich dazu neigte, mich zu unterdrücken bemüht, als unheilvoll und ungerecht, erschreckt durch die warnenden Beispiele der Völker, unter denen wir Juden leben. {...} Und dazu kam bald die Einsicht, dass ich nur meiner jüdischen Natur die Eigenschaften verdankte, die mir auf meinem schwierigen Lebensweg unerlässlich geworden waren: Weil ich Jude war, fand ich mich frei von vielen Vorurteilen, die andere im Gebrauch ihres Intellektes beschränkten; als Jude war ich darauf vorbereitet, in die Opposition zu gehen und auf das Einvernehmen mit der ‚kompakten Majorität' zu verzichten. "*[34]

### 1.1.2 Innerjüdische Debatten um Identitätsdefinitionen

*"Sind die Juden ein Volk? Eine Religion? Eine Nation? Alle diese Kategorien sind irgendwie anwendbar, keine befriedigt wirklich. da fast alle Zeichen ausgelöscht worden sind, die Unterscheidung erlaubten. Judentum nie im Bereich des Religiösen erschöpft. Auch als Atheisten, assimiliert und ununterscheidbar von ihren Nachbarn, bestanden die Juden hartnäckig darauf, jüdisch zu bleiben, selbst wenn sie den Sinn ihrer Hartnäckigkeit nicht verstanden. Statt gelöst zu sein, hat sich das Rätsel noch verdichtet".*[35]

---

32 Hier in: Enzenbach / Wetzel / Kößler: (2007): 3.

33 Deutscher (1988): 60.

34 Freud zitiert nach Weimer (2001): 21.

35 Finkielkraut (1984): 159f.; vgl.: Kessler (2003): 45.; Kiesel (2007): 117.

Die unterschiedlichen Definitionen dessen, was als jüdisch verstanden wird, legen zugleich fest, wen diese Gruppe umfasst. Die Mitgliedschaftskriterien der jüdischen Gemeinschaft können, wie bei allen sozialen Gruppen durch tatsächliche oder vermeintliche Gemeinsamkeiten begründet werden. Die jüdische Gruppe lässt sich anhand der kollektiv geteilten Identität ihrer Mitglieder beschreiben, deren subjektives Zugehörigkeitsempfinden auf den Integrationsstand in die Gruppe verweist. Da die Gruppe, in die man hineingeboren wird, nicht frei wählbar ist, scheint in der allgemeinen Auffassung eine jüdische Identität nur Juden vorbehalten zu sein. Diese müssen den Stellenwert jüdischer Identität für sich selbst festlegen, die Identität aktiv ausgestalten oder sie auch nur passiv hinnehmen. Um die Bedeutung und Bestimmung jüdischer Identität hat sich so eine kontrovers geführte gruppeninterne Debatte entwickelt.

Denn nicht jeder Jude kann oder will sich einer solchen Gruppe zuordnen. Auch innerhalb der pluralistischen jüdischen Gemeinschaft existiert ein weites Spektrum an orthodoxen, konservativen und reformerischen Strömungen, welche sich wiederum in einen rechten, auf Bewahrung ausgerichteten und liberaleren linken Flügel aufspalten, was interne Auseinandersetzungen zusätzlich befördert.[36]

Nach Zussman bezeichnet die Vorstellung eines jüdischen Volkes eine gemeinsame ethnische Herkunft, welche jedoch keine Staatszugehörigkeit oder Nationalität meint. Sie kann mit dem jüdischen Glauben einhergehen, muss dies jedoch nicht zwangsläufig, wobei die religiöse Identifikation als Ausdruck persönlicher Willensentscheidung gewertet werden kann. Demgegenüber lässt eine Bestimmung über äußere ethnische Vorgaben eine Mitsprache der Betroffenen nicht zu. In der religiösen Vorstellung fügen sich beide Aspekte aneinander, wobei die Gruppengrenzen durch die theoretische Möglichkeit der Konvertierung aufgeweicht werden können.

Nach den religiösen Regelungen der Halachah*, dem religiösen jüdischen Gesetz, gilt ein matrilineares Prinzip, Jude ist demnach, zunächst unabhängig vom Glauben, wer von einer jüdischen Mutter abstammt. Auch nach einem sehr langwierigen Prozess der Konversion, dem Gijur*, ist es möglich als jüdisch anerkannt zu werden, in der Praxis ist diese langwierige Prozedur jedoch recht unbedeutend.

Jüdisch-Sein meint in diesem Zusammenhang eine lebenslange Bindung an die jüdische Gemeinschaft, die Doppelzugehörigkeit zu Religion und Volk.[37] Jüdische Identi-

36 Vgl.: Noah (2002)
37 Kessler (2003): 45.; Benz (1999): 58.

tät kann in dieser Vorstellung nur in der Gestalt des auserwählten Volkes im gelobten Land Israel durch die Erfüllung des Bundes mit Gott als vollständig verstanden werden. Das Leben in der Diaspora erscheint aus diesem Blickwinkel hingegen zwangsläufig als ein unvollständiges, stets bestimmt vom Widerspruch sich an eine nichtjüdische Umwelt anzupassen und sich zugleich von dieser abzugrenzen.[38]

Diana Pinto verweist darauf, dass seit dem Ende des staatlich geförderten Antisemitismus das Jüdisch-Sein nicht länger von dem jeweiligen Staat definiert wird. In demokratischen Gesellschaften bestimmt der Staat weder, wer Jude ist, noch zwingt er Juden den örtlichen jüdischen Gemeinden beizutreten. Der Beitritt vollzieht sich satt dessen als eine individuelle Entscheidung, so dass aufgrund der äußeren Umstände und zunehmend auch aus innerjüdischen Gründen von einem freiwilligen, religiösen Jüdisch-Sein die Rede sein kann. Diesem steht stets die Alternative gegenüber, sich in der Aufnahmegesellschaft zu assimilieren. Jüdisch-Sein wird dabei zur freiwilligen Identität unter möglichst kompatiblen Anderen.

Jedoch bleibt die Rede von Freiwilligkeit stets fragwürdig, besonders innerhalb der jüdischen Gemeinschaft gibt es Widerstände gegen dieses Konzept, da dies die historischen Erfahrungen negiert, sowie die Tatsache, dass eine jüdische Identität allein nicht für die Gemeindezugehörigkeit ausreicht und ein Übertritt seitens der Gemeinden praktisch unmöglich gemacht wird.[39]

Das neue europäische Judentum ist überwiegend säkular, mehr auf gemeinsame Erinnerung statt auf den Glauben bezogen. Die Mehrheit der Juden versteht sich als Teil eines Volkes oder einer Schicksalsgemeinschaft, die sich über Traditionen, Kultur und die Sprachen Jiddisch oder Hebräisch definiert und sich dabei auf ein historisch begründetes Zusammengehörigkeitsgefühl beruft.[40] Der Bezug zum Land Israel und die Auseinandersetzung mit der Schoah und das daraus abgeleitete Geschichtsbild und kollektive Gedächtnis stellen weitere zentrale Elemente einer jüdischen Identität dar. Bei der Auseinandersetzung mit der eigenen Geschichte, der Diaspora und Ausgrenzungserfahrungen nimmt die Erinnerung an das Leiden des jüdischen Volkes eine spezifische Bedeutung ein und half bei der Bewahrung einer eigenen Identität in einer nichtjüdischen Umgebung.

38 Hess / Kranz (2000): 7f.
39 Vgl.: Pinto (1999)
40 Hödl (2007): 63.

**Abb. 1: Definitionsweisen jüdischer Identität in der UdSSR und der BRD zwischen Selbst- und Fremdwahrnehmung.**

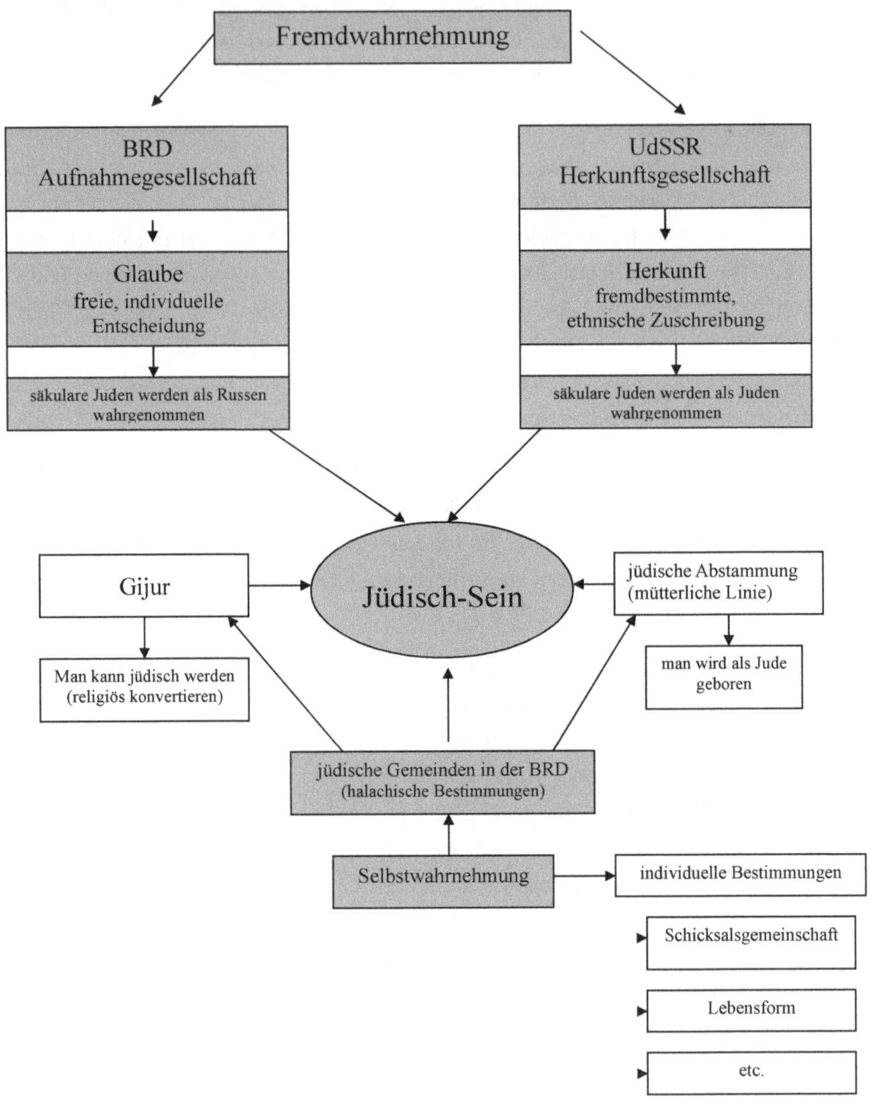


Quelle: Eigene Darstellung.

Nicht alle der genannten Komponenten müssen vollständig oder gleichwertig auftreten, auch können sie neben anderen Identitäten bestehen. Jedes der genannten Prinzipien kann gesondert hinterfragt werden, so dass sich besonders bezüglich der Rolle der Religion sowie des Ethnizitätsbegriffs unterschiedliche Auffassungen ergeben. Es findet sich kein fixer Punkt, von welchem aus eine eindeutige Definition jüdischer Identität ableitbar wäre.[41]

> *„Als hybride Identität - nicht-national, nicht-genealogisch, nicht-religiös, sondern all dieses in einer dialektischen Spannung - durchbricht 'Jüdisch-Sein' herkömmliche Identitätskategorien. Jüdische Identität stellt sich somit als Differenz dar, die sich kontinuierlich zwischen Ähnlichkeit und Anderssein bezüglich nationaler Identifikationen bewegt."*[42]

Dies soll als kurzer Überblick über die historischen Debatten um die unterschiedlichen Definitionsansätze genügen. Im Folgenden geht es um die sich hieraus ergebende Problemstellung für jüdische Migranten in der BRD.

### 1.2 Auffassungen jüdischer Identität in der ehemaligen UdSSR und in der BRD

Die eher orthodox ausgerichteten jüdischen Gemeinden in Deutschland bestehen vor einer Aufnahme als Mitglied auf eine Überprüfung der Zugehörigkeitskriterien, was zum Ausschluss halachisch nicht einwandfreier Zuwanderer aus diesen führt.[43] Auch wenn die strengen religiösen Regelungen hierbei eindeutig festlegen, wer als jüdisch gilt und wer nicht, finden sich hiervon stark abweichende Vorstellungen besonders bei nichtjüdischen Personen und Institutionen. Hierbei werden willkürlich eigene, von der Selbstdefinition der Betroffenen abweichende Bestimmungen getroffen. Die Frage nach Identität und Gruppenzugehörigkeiten der Migranten wird zunächst von außen neu gestellt, denn das Selbstbild wird nicht zuletzt dadurch bestimmt, wie sich das Fremdbild gestaltet und wie dieses interpretiert wird.[44]

Rothschild stellt fest, dass sich die zahlreichen Definitionen teils widersprechen und die Mehrheit von solchen Personen verbreitet wird, die Juden ablehnen. Der Versuch einer Fremddefinition von außen unterstellt anhand spezifischer sozialer Merkmale die Mitgliedschaft zu einer Gruppe. Auf die Selbstdefinition der Betroffe-

---

41 Zussman (1991): 108ff.
42 Pieper (2007): Anmerkung 9.
43 Hess / Kranz (2000): 42f.
44 Kessler (2003): 45.

nen wird wenig Rücksicht genommen, was eine hinreichende Bedingung für soziale Diskriminierung darstellt.[45]

> *„Die auf solche Weise getroffene Bestimmung ‚des Jüdischen' erweckt dabei immer den Anschein einer randscharfen Beschreibbarkeit des Zugehörens und des Nicht-Zugehörens zum Begriffsbereich. Dabei gelingt es im rassischen Definitionsansatz sogar, den digitalen Zuordnungsmodus (Jude / Nichtjude) hin zu einem graduellen (Halb-, Viertel-, Achteljude zu entwickeln."*[46]

So können Personen, die sich selbst nicht als Juden wahrnehmen oder nach religiöser Auslegung keine Juden sind, von der Fremdgruppe durchaus als solche wahrgenommen und behandelt werden. Sowohl in der ehemaligen Sowjetunion, als auch in der BRD finden sich Fremddefinitionen, die die halachischen Regelungen missachten.[47] In zahlreichen Nationen leben die Juden bis heute noch als unterdrückte Minderheit, auch historisch betrachtet wurde die Fremddefinition der Jüdischen Gruppe zumeist negativ ausgelegt, umfasste verschiedene stereotype Zuschreibungen und reichte von Propaganda über Verfolgungen bis zu dem gezielten Auslöschungsversuch durch die Schoah. Besonders vor diesem Hintergrund ist es in Deutschland nach wie vor nicht unproblematisch über jüdische Identität zu sprechen. Jüdische Migranten sind bei ihrer Ankunft in Deutschland damit konfrontiert, dass die Zugehörigkeit von Aufnahme- und Herkunftsgesellschaft unterschiedlich definiert wird, was zu einem ambivalenten Umgang führt und sich in unterschiedlichen Deutungsmustern niederschlägt. Denn im Kontext der deutschen Wiedervereinigung wurde der Wiederaufbau der jüdischen Gemeinschaft und die jüdische Emigration vor allem im Deutungshorizont der historischen Erfahrungen wahrgenommen.

Allgemein gilt Jüdisch-Sein im Nachkriegsdeutschland als Religionszugehörigkeit. So finden in der verkürzten Auffassung vom Judentum als reine Glaubensgemeinschaft, zu anderen Glaubensrichtungen konvertierte oder säkulare Juden keine Berücksichtigung. Jüdische Zuwanderer erscheinen aus diesem Blickwinkel vor allem als Angehörige einer durch die Erfahrungen der Schoah gebildeten Erinnerungs- und Opfergemeinschaft, die über einen gemeinsamen kulturell-religiösen Rahmen verfügt. Alteingesessene und zugewanderte russische Juden werden aus diesem Blickwinkel implizit als

45 Vgl.: Rothschild (2001)
46 Hess / Kranz (2000): 94.
47 Körber (2005): 76.; Gold (2005): 329.

eine homogene Gemeinschaft angesehen, deren Wurzel die jüdische Religion bildet.[48] Die Zuwanderung wurde so an hohe Erwartungen der Wiederbelebung der vom Aussterben bedrohten jüdischen Gemeinden geknüpft. Von den Zuwanderern wurde eine Eingliederung in die wiederbelebte jüdisch-deutsche Kultur erwartet, so dass die Annahme einer kulturell-religiösen Vergemeinschaftung für viele zum Zwang wird, der von außen zugeschriebenen Identitätserwartung entsprechen zu müssen.[49]

> *„Fasst man die ambivalenten Deutungen, denen die sowjetischen Juden in Deutschland begegnen, zusammen, so verweisen sie auf ein Missverständnis grundsätzlicher Art: Während die sowjetischen Juden dachten, sie seien nach Deutschland eingewandert, nahm die deutsche Gesellschaft an, die jüdischen Emigranten seien in die jüdische Gemeinschaft Deutschlands emigriert. Die Erwartungen an die eingewanderten Juden entsprechen den Bedürfnissen der Deutschen."*[50]

Während die Auseinandersetzung mit der Schoah bei den Juden in der BRD zum Teil des kollektiv geteilten Deutungsmusters und damit zum integralen Bestandteil jüdischer Identität geworden ist, fand eine derartige Auseinandersetzung in der UdSSR nicht statt. Hier blieb die Aufarbeitung eine private Angelegenheit, so dass viele erst in der BRD mit dieser Problematik in Kontakt kamen. Daneben galt Jüdisch-Sein als ethnische Zuschreibung, die in Form von Nationalität, als der sogenannten „5. Punkt" seit 1932 in den Inlandspässen der jüdischen Sowjetbürger unwiderruflich ab dem 16. Lebensjahr vermerkt wurde. Bei verschiedener Nationalität der Eltern musste dann eine von beiden gewählt werden. Wer die Möglichkeit hatte, ließ sich dabei meist die nichtjüdische Nationalität eintragen, denn Jüdisch-Sein galt als Stigma, welches möglichst verheimlicht werden sollte. Unabhängig von internen Differenzierungen der heterogenen Gruppe und subjektiven Interpretationen sind jüdische Zuwanderer durch den ursprünglichen kulturellen Kontext der ehemaligen Sowjetunion geprägt, was ihre Identität entsprechend beeinflusst.[51] Dieser Auffassung nach, ist es möglich jüdisch zu sein, nicht jedoch durch eigene Initiative jüdisch zu werden, weswegen eine aktive Identitätsgestaltung und konkrete ethnische Inhalte überflüssig werden.

48 Vgl.: Hess / Kranz (2000): 190f.
49 Körber (2005): 70ff.
50 Vgl.: Körber (2001)
51 Steinbach (2000): 33f.; Kessler (2003): 44f.

## 2. Identität als Differenzbegriff

Nachdem im vorangegangenen Kapitel der problematische Diskurs um jüdische Identität verdeutlicht wurde, bemüht sich der folgende Abschnitt um die Klärung des Identitätstermini im Allgemeinen. Im Alltagsverständnis wird der Begriff häufig unreflektiert verwendet, suggeriert eine wesensmäßige Übereinstimmung gleichartiger Erscheinungen. Die gesellschaftliche Verbreitung dieses Themas, die zahlreichen Bedeutungsveränderungen und Erweiterungen auf verschiedenartige Problemfelder, sowie das gleichzeitige Festhalten an der Illusion einer lebenslangen Identität, gelten für Keupp als Diagnose für verzweifelte Versuche, irritierende Umbrucherfahrungen zu bewältigen.[52] Auch Frey/ Haußer sprechen in diesem Kontext von Identitätsschwierigkeiten der Identitätsthematik und stehen dem inflationären Gebrauch des Begriffes skeptisch gegenüber, da hierdurch Verwirrungen entstehen und die Begriffskonturen verwischen.[53]

### 2.1 Theoretische Ansätze zur Betrachtung von Identität

Innerhalb des wissenschaftlichen Diskurses setzt sich verbreitet die Auffassung durch, dass die Vorstellung einer lebenslang geschlossenen, in sich einheitlichen Identität die Komplexität der sozialen Wirklichkeit unterschätzt und die Freiheitsgrade des Individuums überbewertet.[54] Die lang anhaltende Auseinandersetzung mit Identität erfolgt dabei entlang verschiedener Disziplinen, die jeweils eigene Ansätze und Definitionen verwenden. Während die psychologische Forschung die Identitätsentwicklung als einen von Innen nach Außen verlaufenden Prozess betrachtet, orientiert sich das hier vorliegende Verständnis allgemein zunächst an den Ausführungen des Symbolischen Interaktionismus. Hierbei wird der gesellschaftliche Einfluss auf die Identitätsbildung betont, die Identität einzelner Individuen wird zum Spiegel der gesellschaftlichen Verhältnisse. Mit diesem Ansatz wird eine Analyse des Bedeutungsrahmens in den narrativen Interviews mit den jungen Migranten ermöglicht, wobei Ereignisse, wie auch ihre Interpretationen durch die Befragten betrachtet werden.

52 Keupp (1988): 8.
53 Frey / Haußer (1987): 3.
54 Kraus (1996): 52.

### 2.1.1 Klassische Ansätze zur Annäherung an den Identitätsbegriff

Nach Mead ist die Interaktion mit anderen eine unbedingte Voraussetzung für die Herausbildung und Wandlungen der Identität.[55] Dabei besteht stets eine wechselseitige Beziehung zwischen dem Individuum und abstrakten Gruppen, auf deren Grundlage die Organisation in konkreten Gruppe erfolgt. Dies geschieht wiederum durch die Herausbildung und den Erhalt spezieller Werte, Routinen und Konventionen sowie den Vergleich mit anderen Gruppen und führt zum Gefühl einer wirklichen oder vermeintlichen Überlegenheit oder Unterlegenheit. Der Fähigkeit, reflexiv aus sich selbst herauszutreten und sich als Objekt betrachten zu können, liegt die Annahme zu Grunde, dass sich jeder nur mit den Augen Anderer sehen kann. Das Dilemma des Individuums besteht darin, den normativen Umwelterwartungen durch Anpassung gerecht zu werden und zugleich die eigene Individualität zu bewahren. Die Vorstellung darüber, wie die Umwelt das Individuum wahrnimmt, beeinflusst wiederum seine Selbstwahrnehmung, da es sich stets aus der besonderen Sicht anderer Mitglieder, oder der verallgemeinerten Sicht der Gesamtgruppe betrachtet. Die Selbstreflexion erfolgt stets in Relation zu den sozialen Erwartungen bestimmter Rollenpartner, die als signifikante oder generalisierte Andere wirken können, was die Identität der Anderen für die Herausbildung der eigenen Identität unentbehrlich macht.[56] Die Identitätsgestaltung wird so zum dynamischen Prozess, der durch soziale Interaktion geformt wird und diese anschließend lenkt, was wiederum überdauernde Interaktionsbeziehungen ermöglicht.[57]

Aus der Notwendigkeit einer fortlaufenden Rollenübernahme und dem bestehenden Bedarf nach Individualität wird das *self* kontextspezifisch konstituiert. Das *self* als zentraler Begriff bei der Auseinandersetzung mit Identität bezeichnet das Verhältnis von *I* und *Me* in wechselseitiger Bedingtheit: Die Haltungen der anderen bilden das organisierte *Me* und man reagiert darauf als ein *I*. In Hinblick auf mehrere bedeutsame Bezugsgruppen können mehrere unterschiedliche *Me*'s entstehen.[58] Das *I* liefert das Gefühl der Einmaligkeit, Initiative und Handlungskompetenz, es kennzeichnet das individuelle Selbstverständnis und die individuelle Reaktion auf erlebte Haltung der Gemeinschaft. Handlungen erscheinen dann als Ergebnis der Dialektik zwischen *I* und *Me*.[59]

55 Abels (2006): 252.
56 Vgl.: Mead (1980)
57 Frey/Haußer (1987): 5.
58 Joas (2003): 173f.; Mead (1973): 218.
59 Mead (1980): 240.

Das Problem des Handelns stellt sich für den reflektierenden Akteur immer in der Gegenwart und kann nicht apriorisch festgelegt werden. Das *Me* als Reflexionsinstanz versetzt das Individuum in die Lage, die Haltungen der Anderen einzunehmen. Dabei bezieht es sich primär auf vollzogene Handlungen des *I*, die wahrgenommen und in bisherige und zukünftig geplante Handlungen eingeordnet werden.[60]

Überlegungen des *Me* sind für künftiges Handeln des *I* relevant, da sie Erwartungen an das eigene Handeln bündeln. Handlungen des I gehen wiederum in das *Me* ein, da sie als Erfahrungen im *Me* verarbeitet werden. Die Gewichtung zwischen *I* und *Me* kann bei Individuen demnach unterschiedlich ausgeprägt sein, die Identitätsvorstellungen der Konventionellen entsprechen ihrer jeweiligen Bezugsgruppe, sie passen sich ihr unbewusst an. Über eine ausgeprägte Persönlichkeit verfügen hingegen jene, deren Identitätsvorstellungen sich im Hinblick auf die Bezugsgruppe unterscheiden.[61]

Goffman greift Meads interaktionistische Annahme von der Rollenübernahme bei seiner Analyse der symbolischen Repräsentationen des Individuums im Interaktionsprozess auf. Die Interaktion mit anderen wird zum Rahmen, in dem personale Identität vorgespielt, bewahrt oder beschädigt werden kann. Die Selbstdarstellung des Individuums erfolgt nach vorgegebenen Regeln, was Goffman symbolisch anhand des Schauspiels verdeutlicht. Auch auf der Bühne versuchen die Individuen so zu tun, als ob sie ihre wirkliche Identität darstellen, wodurch die gespielte Rolle oft mit dieser gleichgesetzt wird.[62] Er betont die Möglichkeit, dass die Umwelt einem Individuum seine soziale Identität zuschreiben kann. Hierdurch sind Individuen stets bestrebt ihre Wirkung auf andere zu kalkulieren, zu steuern und Strategien zu entwickeln, das bedrohte Selbst zu schützen.

> *„Wir tun so,* ***als ob****, und schaffen uns damit einen Freiraum für unsere Identität und erlauben den anderen, so zu tun,* ***als ob*** *sie genau dieses Schauspiel für die Wahrheit hielten.“*[63]

Über Symbole werden nach außen sichtbare Informationen über Identität vermittelt, die Interpretation dieser unterscheidet sich bei den verschiedenen Gruppen und wird jeweils in Relation zu normal Erwartbarem gesehen. Ein Stigma wirkt auf der Ein-

---

60 Ebd.: 218.; Krappmann (2000): 133.
61 Mead (1973): 244.
62 Goffman (2003): 17.
63 Abels (2006): 251f.

stellungsebene und bezeichnet eine zutiefst diskreditierende Eigenschaft, durch welche Individuen oder Gruppen ungünstigen sozialen Kategorien zugeordnet werden. Diese wird häufig generalisiert, mit weiteren negativen Eigenschaften versehen, wodurch der Anspruch aller anderen Eigenschaften bricht. Dabei knüpfen Stigmata an besondere Merkmale an, die bleibend oder vergehend, angeboren oder erworben sein können oder erst im Laufe des Lebens als solche wahrgenommen werden. Als Diskreditierte bezeichnet Goffman Individuen oder Gruppen, deren Stigma nicht zu verbergen ist. Im Falle der Diskreditierbaren ist das Stigma nicht sofort erkennbar oder nicht bewusst.[64] Als Stigmasymbole gelten Zeichen, die besonders wirksam sind prestigemindernde Diskrepanzen hervorzuheben. Symbole unterscheiden sich hinsichtlich ihrer Interpretation nach Gruppen, dasselbe Symbol kann demnach in Bezug auf eine andere Gruppen auch als Statussymbol fungieren.

Die Außenwelt macht stigmatisierten Individuen oft Vorgaben darüber, wie sie über sich denken sollten, es wird von ihnen verlangt, sich weitgehend so zu benehmen, als ob sie normal seien, auch wenn sie zugleich kein Recht haben, sich auf diese Normalität zu berufen und die zugeschriebene Andersartigkeit akzeptieren sollen. Die Folgen solcher Stigmatisierung können für Betroffene tiefgreifend sein, zu Kontaktverlust und Isolation führen und zur Verunsicherung und Gefährdung der Identität beitragen. Permanenter Akzeptanzmangel wie auch Scheinakzeptanz können die Identität nachhaltig beeinflussen und führen im Extremfall zu einer lebenslangen Ausgrenzung und Einsamkeit. Dem kann mit vielfältigen Strategien des Stigma-Managements begegnet werden, die zum Schutz vor negativer Zuschreibung beitragen oder den Umgang damit erleichtern können. Durch Täuschung, Ablenkung oder Geheimhaltung kann das Individuum seine vorgespielte Identität wahren, unter dem Vorbehalt, dass diese unentdeckt bleibt.[65] Auch Kontaktverweigerungen oder der Versuch das Stigma durch herausragende Leistungen in anderen Bereichen auszugleichen, können Versuche sein, mit dem Stigma umzugehen.[66]

Das Individuum kann sich für das Stigma schämen oder es auch ignorieren. Unterstützung finden Stigmatisierte eher bei teilnehmenden Mitbetroffenen, so dass sie dazu tendieren sich nach Personen mit dem gleichem oder einem anderen Stigma auszurichten. Die Eigengruppe wird so zum zentralen Rückzugspunkt, wo das Indivi-

64 Goffman (1988): 13f., 58ff.
65 Ebd.: 10ff., 139ff.
66 Ebd.: 20f.

duum die Benachteiligung als Basis der Lebensorganisation benutzen kann, sich aber dafür mit einer halben Welt abfinden muss.[67]

Wenn sich stigmatisierte Individuen nach anderen Gruppen orientieren, sind sie auf mitfühlende, verständnisvolle „Normale" angewiesen, denn bei der Interaktion mit diesen besteht für Stigmatisierte stets Unsicherheit darüber, welchen Eindruck die Anderen vom Individuum haben und in welche Kategorien es platziert wird, wodurch sich die Interaktion für beide Seiten schwierig gestaltet. Denn die Wahrscheinlichkeit unpassende Kategorisierungen zu verwenden ist sehr hoch. Goffman macht zudem auf das Phänomen der Mitbezogenheit aufmerksam, wonach die soziale Identität derer, mit denen ein Individuum verkehrt, oft als Informationsquelle über seine eigene Identität herangezogen werden kann, wodurch das Stigma sich auf die nahen Beziehungen des stigmatisierten Individuums auszubreiten kann, die in Folge dessen selbst Stigmatsierungen davontragen.[68]

Goffman untergliedert den Identitätsbegriff in drei Aspekte, die jeweils Problembereiche beim Umgang mit Stigmata kennzeichnen. Soziale Identität meint die Bestrebungen eines Individuums sich an die äußeren Rollenerwartungen anzupassen. Das Individuum versucht durch Abschwächen seiner Individualität möglichst große Konformität zu erreichen. Die soziale Identität untergliedert sich in eine virtuelle und eine aktuelle soziale Identität, wobei zwischen beiden keine klare Trennlinie gezogen werden kann. Die virtuelle soziale Identität meint unmittelbar zugeschriebene Rollenvorstellungen, welche an das Individuum herangetragen werden. Die aktuelle soziale Identität kennzeichnet die Einordnung des Individuums oder der Gruppe nach tatsächlich vorhandenen sozialen Kategorien.

Die Diskrepanz zwischen virtueller und aktueller Identität eines Individuums verdeutlicht, wie Stigmatisierungen entstehen. Ist eine Diskrepanz bekannt oder offensichtlich, kann es, wie bereits erwähnt, seine soziale Identität beschädigen.[69] Die persönliche Identität bezeichnet die Rollendistanz, umfasst die einzigartige Kombination von biographischen Daten und persönlichen Merkmalen und ermöglicht es, die Informationskontrolle im Stigma-Management zu analysieren. Die Ich-Identität steht für das subjektive Empfinden der eigenen Situation als ein Kompromiss aus Selbstbehaup-

---

67 Goffman (1988): 31f., 53,77.
68 Ebd.: 23ff., 42ff.
69 Ebd.: 56, 230.

tung und Erwartungsbefriedigung. Über die Betrachtung der Ich-Identität kann ein Zugang zur Wertigkeit des Stigmas und dem Stigma-Management für das Individuum hergestellt werden.

Zusammenfassend lässt sich festhalten, dass mit der so genannten dialogischen Wende die innerpsychischen Prozesse an Bedeutung verlieren, während die Kommunikation des Individuums mit seiner Umwelt in den Vordergrund tritt.[70] Damit löst sich die Identitätstheorie von der statischen Vorstellung, in der Identität als etwas angesehen wird, das stufenweise eine Stabilität erreicht, die sich nur noch unter besonderen Krisen verändern lässt, wie dies beispielsweise noch bei Erik Erikson der Fall ist[71]. Motiviert durch die Notwendigkeit des Individuums, sein Verhalten auf die Bedingungen der Umwelt abzustimmen, kennzeichnet der Begriff der Identität den Versuch einer Bestimmung dessen, was es ist und was es darstellen möchte.[72] Abels setzt dabei Identität mit dem Wissen um eine eigene Biografie gleich, wobei Vergangenheit und Gegenwart in eine sinnhafte Ordnung gebracht werden müssen.

### 2.1.2 Aktive Gestaltung der Identität

An Stelle des Eigenschaftspotenzials wurde Identität in den klassischen Ansätzen als das Ergebnis eines Zuschreibungsprozesses betrachtet. Die Ansätze von Krappmann und Frey / Haußer betonen hingegen aufbauend auf Mead und Goffman, die Notwendigkeit einer aktiven Identitätsgestaltung des Individuums. Stigmatisierende Zuschreibungen führen demnach nicht zwangsläufig zu einer Veränderung der Identität stigmatisierter Menschen.[73] Im Anschluss an Goffman versteht Krappmann unter Identität die Leistung, die das Individuum erbringen muss, um eine Beteiligung an Kommunikations- und Interaktionsprozessen zu gewährleisten. Mit seiner Kritik an starren Rollenbegriffen betont er Kreativität und Spontanität der Identitätskonstruktionen. Individuen sind bemüht, eine Balance zwischen den eigenen Bedürfnissen und den Erwartungen der Anderen auszubilden und nach außen hin darzustellen.

Dieser Balanceakt bestimmt auch die Individualität des Individuums, wobei sich Probleme ergeben, wenn Umwelterwartungen vollständig übernommen oder völlig

---

70 Wölfing (1996): 44.; Bornewasser / Wakenhut (1999): 47.

71 Der Psychoanalytiker E. Erikson entwickelte das sogenannte Stufenmodell der psychosozialen Entwicklung.

72 Abels (2006): 14ff.

73 Vgl.: Cloerkes (2000)

übergangen werden. Die balancierende Ich-Identität ist darüber hinaus ein ständiger Versuch, sich gegen Nicht-Identität zu behaupten, denn mit Menschen ohne Ich-Identität ist es nicht möglich zu interagieren. Gesellschaftliche Rollenvorstellungen bedürfen einer subjektiven Interpretation, was das kritische Potential des Individuums darstellt, nicht übereinstimmende Normen zu negieren, wobei soziale Ungleichheit der Herausbildung von Identität Grenzen setzt. Folgende Fähigkeiten fördern nach Krappmann die Identitätsbildung: Neben der bereits bei Mead angesprochenen Empathie und Rollendistanz und der Fähigkeit zur Identitätsdarstellung nach Goffman führt er den Begriff der Ambiguitätstoleranz an. Dieser meint die Fähigkeit ein gewisses Maß an ausbleibender Bedürfnisbefriedigung und die durch divergierende Erwartungen entstehenden Konflikte zu ertragen und in die eigene Identität zu integrieren.[74]

Auch Frey / Haußer betonen bei ihrer Analyse der Bewältigung von Stigmatisierungen die Eigenleistung des Individuums und machen auf die begriffliche Paradoxie aufmerksam, dass es keine in sich identische Identität geben kann, was die Operationalisierung des Identitätsbegriffs für die empirische Sozialforschung erschwert.[75] Ihre Weiterentwicklung der gängigen soziologischen Identitätskonzeptionen, darunter dem Ansatz von Goffman und Krappmann, diente ursprünglich zur empirischen Untersuchung der Identität jugendlicher Straftäter. Goffmans Unterscheidung zwischen sozialer und persönlicher Identität suggeriert nach Frey / Haußer eine Trennung zwischen Außen und Innen, jedoch werden beide Aspekte von ihm aus der Außenperspektive definiert und interne Aspekte bewusst vernachlässigt. Krappmann bezieht sich nur auf die empirische Realität von extrem psychisch Gestörten. Frey / Haußer weisen auf drei gängige Verwendungen des Begriffes der Identität hin, die sich auf den komplexen, dialektischen Prozess zwischen *I* und *Me*, Innen und Außen, Wahrnehmung und Verarbeitung, Verarbeitung und Darstellung beziehen. Als soziales Muster der Merkmalszuschreibung kennzeichnet Identität die unverwechselbare Kombination verschiedener askriptiver Merkmale, sozialer Typisierungen und Rollenzuschreibungen. In der kollektiven Dimension kann Identität als Merkmal von Gruppen und ihren Mitgliedern fungieren.

Beide Auffassungen finden sich bei Mead und Goffman und sind an die Außenperspektive gebunden. Der gravierendste Mangel der zuvor vorgestellten Identitätskonzepte liegt für sie dabei in der unzureichenden Erfassung des Innenaspektes, da die Identi-

74 Krappmann (2000): 78ff, 167, 209.
75 Frey / Haußer (1987): 14.

tätsänderung als Folge von Stigmatisierungen einen reflexiven intrapsychischen Vorgang darstellt, wohingegen das Stigma eine externe Kategorie ist. Auch nach dem Ansatz von Frey / Haußer bedarf es in der alltäglichen Identitätsarbeit eines Individuums in kommunikativer Auseinandersetzung mit seiner Umwelt einer aktiven Gestaltung, Darstellung und Bewältigung aufkommender Widersprüche.

Die Bewältigung der Identitätsarbeit und die Erzeugung neuer Identitätsmuster wird an individuelle Ressourcen und Kompetenzen gekoppelt und ist von sozialen Bezugsgruppen sowie gesamtgesellschaftlichen Ansprüchen abhängig. Die Polarisierung zwischen Gesellschaft und Individuum in der Tradition des symbolischen Interaktionismus wird damit durch die Trennung Innen- und Außenperspektive und Differenzierung innerhalb der Innenperspektive ergänzt, womit die Möglichkeit gegeben wird, dass sich ein Individuum selbst identifiziert.[76] Auf diese Vorstellung soll im Folgenden näher eingegangen werden.

Die Bemühungen, entgegengesetzte Anforderungen innerer und äußerer Zuschreibungen zu bewältigen, werden von Frey / Haußer als selbstreflexiver Prozess, als Integrations- und Balanceleistung eines Individuums aufgefasst, wobei das Individuum die äußere Fremdzuschreibung wahrnimmt und kognitiv, emotional oder evaluativ verarbeitet.[77] Frey / Haußer schlagen vor, den Begriff Identität nur in bezug auf den Integrations- und Balanceaspekt, welcher an Krappmanns Entwurf der balancierten Identität angelehnt ist, anzuwenden und den Innenaspekt mit Selbst zu bezeichnen. Der Identitätsbegriff wird hierbei in verschiedene Teilaspekte untergliedert. Der externe Aspekt als zugeschriebener Status kennzeichnet, wie das Individuum durch die Interaktionspartner mit spezifischen Erwartungen wahrgenommen wird.[78]

Der interne Aspekt unterteilt sich wiederum in zwei Ebenen: das soziale Selbst und das private Selbst. Das soziale Selbst meint das vom Individuum wahrgenommene, also das vermutete Fremdbild. Das private Selbst verweist auf die Aktivität des Individuums und bezeichnet sein Selbstbild, welches das soziale Selbst bewertet, es dabei übernehmen oder zurückweisen kann. Das Individuum ist stets um positive Selbsterfahrungen bemüht, Anpassungen werden daher erst vorgenommen, wenn sie unvermeidlich scheinen. Denn die Teilnahme an mehreren Interaktionssystemen im glei-

76 Frey / Haußer (1987): 9, 16.
77 Schütze (2006): 307.; Frey / Haußer (1987): 4ff.; Frey (1983): 71.
78 Frey (1983): 43ff.

chen Zeitraum erfordert eine Abstimmung zwischen dem Selbstkonzept, dem Selbstwertgefühl und der Kontrollüberzeugung durch die Gegenüberstellung vorhandener und neuer Informationen.[79] Unangenehme Außeninformationen können das bis dahin positive Selbstbild in Frage stellen, wovor sich das Individuum mittels verschiedener Identitätsstrategien zu schützen versucht.

Auf der kognitiven Ebene gelingt dies durch selektive Wahrnehmung und die Nichtbeachtung unangenehmer Informationen, auf der Handlungsebene kann das Individuum sich bemühen, die unerwünschten Information zu korrigieren, oder aber die Bezugsgruppen zu wechseln und sich so vor unangenehmen Interaktionen zu schützen. Im privaten Selbst kann das Individuum Stigmatisierungen entgegentreten, indem es die Außeninformation zwar wahrnimmt, sie jedoch als unbedeutend erachtet. Erst wenn derartige Identitätsstrategien versagen, muss das soziale Selbst korrigiert werden, wodurch auch das private Selbst unter Änderungsdruck gerät.[80]

Für das Individuum ergeben sich vier Problemstellungen. Das Realitätsproblem meint die Notwendigkeit einer Kopplung zwischen der Außen- und der Innenperspektive, das Wahrnehmen und Aneignen von Umweltinformationen sowie ihre Verarbeitung in der Innenperspektive. Eng daran gekoppelt ist das Individualitätsproblem, das sich für die Individuen bei der Darstellung der verarbeiteten Informationen nach außen stellt. Die Selbstdarstellung gestaltet sich daher stets als ein Kompromiss zwischen dem privaten Selbst, wahrgenommenen Umweltanforderungen und weiteren Rahmenbedingungen. Das doppelte Kontinuitäts- und Konsistenzproblem stellt die Frage nach zeitlicher Kontinuität und übersituativer Konsistenz.

Bei Nichtbewältigung der beschriebenen Probleme können soziales Selbst und privates Selbst deutlich voneinander abweichen.

79 Frey (1983): 47.; Frey / Haußer (1987): 17f.
80 Frey (1983): 54.

### 2.1.3 Die Metapher von der Patchwork-Identität

Die funktionale Ausdifferenzierung der Gesellschaft führte mit Auflösung normativer Bindungen und Befreiung von der Präformierung der Lebensentwürfe zur Erweiterung des Freiheitsspielraumes individueller und kollektiver Identitätskonstruktion. Gleichzeitig wurde die hiermit einhergehende gesellschaftliche Desintegration zur Herausforderung, die diffusen, zum Teil an gegensätzlichen Zielen orientierten Normalitätserwartungen irritieren das Individuum und verlangen diesem höhere subjektive Kompetenzen ab.[81]

Keupp richtet seine Aufmerksamkeit wie bereits Krappmann und Frey / Haußer auf die aktive und kreative Eigenleistung der Subjekte im Prozess der konstruktiven Selbstverortung und verwendet hierfür die Metapher von der Patchwork-Identität. Keupp spricht in diesem Zusammenhang von einem Abschied vom goldenen Zeitalter, als es noch möglich war, von einer in sich hierarchisch geordneten Identität zu sprechen. Ohne dass vorab definierte Identitätsformen vorliegen, müssen Individuen einen Umgang mit der permanenten Ambivalenzerfahrung finden. Hierfür sind sie auf soziale, psychische und materielle Ressourcen angewiesen.[82] Es entstehen zahlreiche Situationen, in denen ganz unterschiedliche, sich sogar gegenseitig ausschließende Personenanteile gefordert sein können, was eine multiple Identität erfordert.[83]

> *„Identitäten sind hochkomplexe, spannungsgeladene, widersprüchliche symbolische Gebilde - und nur der, der behauptet, er habe einfache, eindeutige, klare Identität - der hat ein Identitätsproblem."*[84]

Auch wenn von flexiblen Identitätsstrukturen ausgegangen werden kann, entsteht Identität nicht aus einer Beliebigkeit heraus, sondern bleibt ein von der Außenwelt zutiefst abhängiges, wenn auch wandelbares Element, das nicht zuletzt auf vorhandene Lebensstile und Sinnelemente zurückgreift, um hieraus alltagstaugliche Entwürfe zu kreieren. Entgegen der Annahme, Identitätsarbeit unter Bedingungen gesellschaftlicher Marginalisierung führe zu einer Loslösung von überkommenen Normalitätsvorstellungen, stellt Keupp die These auf, dass vielmehr eine Fixierung auf diese zu beobachten ist.[85]

81 Keupp (1988): 67f.
82 Ebd. (2001): 6.
83 Ebd. (1988): 429f.
84 Sami Ma`ari zitiert nach Keupp (1988): 435.
85 Keupp (1988): 432f.

## 2.2 Herleitung des Identitätsbegriffs für die vorliegende Studie

Unter Identität im Allgemeinen werden in der vorliegenden Untersuchung, abgeleitet aus den besprochenen theoretischen Ansätzen, die vielseitigen Beziehungen von Personen zu sozialen Systemen verstanden. Diese bewegen sich zwischen Einzelfall und nachhaltigen kollektiven Hintergrundorientierungen und verfügen über eine historische Dimension sowie eine interaktive Dimension.[86] Als eine dynamische Kategorie grenzt der Begriff lediglich den Spielraum ein, wobei die objektive Angebotslage sowie die subjektiven Möglichkeiten variieren können. Hierzu auch Abels:

> *„Identität ist das Bewusstsein, ein unverwechselbares Individuum mit einer eigenen Lebensgeschichte zu sein, in seinem Handeln eine gewisse Konsequenz zu zeigen und in der Auseinandersetzung mit anderen eine Balance zwischen individuellen Ansprüchen und sozialen Erwartungen gefunden zu haben."*[87]

Das Identitätsgefühl einer Person entsteht mit zunehmender Generalisierung der Selbstthematisierung und der Teilidentitäten. Die Identitätskonstruktion erfolgt fortwährend im Interaktionsprozess des Individuums mit seinem sozialen Umfeld durch soziale Vergleiche, Abgrenzungsstrategien und Solidaritätssuche. Bei einer Analyse von Identitätsentwürfen schlägt Keupp vor danach zu fragen, mit welchen Identitätsmaterialien gearbeitet worden ist, über welche Konstruktionsfähigkeiten das Individuum dabei verfügt und ob es gesellschaftlich vorgefertigte Schnittmuster gibt, die in den Entwurf der jeweiligen Identitäts-Patchwork einflossen, der sich aus einer Kernidentität und eher peripheren Identitäten zusammensetzt.

Gegenüber der sozialen Identität verweist die kollektive Dimension auf einen umfassenderen Bezugsrahmen und bezeichnet das Selbstverständnis von Gruppen sowie das Bewusstsein von Individuen Teil dieser zu sein und sich so durch spezifische Merkmale von Anderen zu unterscheiden. Kollektive Identitäten bezeichnen komplexe, wandelbare und heterogene Konstellationen, wobei mitunter auch erhebliche Intragruppendifferenzen vorliegen. Moderne Gesellschaften sind in zahlreiche symbolische Gemeinschaften mit eigenen kollektiven Identitäten differenziert, die Zugehörigkeit zu diesen nimmt Einfluss auf die Selbstwahrnehmung der Individuen, denn nur über sie kann das Individuum seine persönliche oder soziale Identität ausbilden. Die Mitgliedschaften können sich ergänzen oder ausschließen, so dass ihre situationsbedingte Be-

86 Alheit (2005): 28.
87 Abels (2006): 152.

deutung variiert. Sie führen nicht automatisch zur Abschottung und Abwertung von anderen Gruppen oder zur Aufwertung der Eigengruppe und lassen demnach nicht notwendigerweise auf das Ausmaß an sonstiger kultureller Differenz schließen.[88] Auch zeichnen sich Kollektive durch vielfältige Variationsmöglichkeiten interner Konzeptionen aus, die mitunter sehr konfliktreich ausgestaltet sein können.

Individuen streben entsprechend persönlicher Präferenzen eine situativ stimmige Identitätsvariante an und zeigen in unterschiedlichen Situationen verschiedene Verhaltensweisen und Orientierungen. Viele soziale Verortungen lassen sich nur durch periphere Zugehörigkeitsgefühle verbinden und damit nicht mehr sinnvoll als Teilidentität erklären. Entlang der Biographie können sich so unterschiedliche Identitätsformationen herausbilden. Die situative Identitätsprägung vollzieht sich nicht als beliebiger, jedoch als diskontinuierlicher, lebenslanger Konstruktionsprozess, der durch die Interaktion des Individuums mit seiner sozialen Umwelt nicht zuletzt als selbstreflexiver Prozess fungiert. Das Individuum kann dabei mit einer Differenz zwischen Selbstkonzept und Fremdkonzept konfrontiert sein, so dass Identitätskrisen zum konstitutiven Bestandteil der Identitätsarbeit werden.

Als notwendige Voraussetzung für die Handlungsfähigkeit müssen Individuen eine mehrschichtige Persönlichkeit ausbilden, ihre Gesamtidentität kann demnach durch Spannungen gekennzeichnet sein.[89] Statt auf Einheitlichkeit verweist der Identitätsbegriff auf eine Differenz. Das Aufrechterhalten der Illusion einer einheitlichen Identität spiegelt die Belastung des Individuums durch die Flexibilität und Dynamik und seinen Entlastungsbedarf wider. Die Ausprägung vielfältiger Identitäten wird durch eine gleichzeitige Verortung in zwei oder mehrere Gesellschaften ermöglicht. Die Identitätsgestaltung bleibt demnach nicht zwangsläufig dem kollektiven Schicksal unterworfen, sondern kann als neue Form eines Zukunftsentwurfs verstanden werden, was zugleich eine Auflösung eindimensionaler Identitätskonstrukte impliziert.[90] Die Vorstellung einer multiplen Identität, bei der verschiedene soziale Identitäten situationsbedingt und entsprechend persönlicher Präferenzen aktiviert werden, meint eine Kontinuität in der Diskontinuität und gliedert sich in eine veränderliche und eine eher stabile Komponente. Identität kann demnach entgegen der lebensweltlichen Vorstellung nicht erworben werden oder verloren gehen, sondern befindet sich immer in einem Wandel.

---

88 Schultz / Sackmann (2001): 40f.
89 Mead (1980): 185.
90 Vgl.: Helas / Rubisch / Zilkenat (2008)

## 2.3 Ethnische Identität und kritische Lebenslagen

Ethnische Identität ist eine spezifische Form kollektiver Identität. Ethnisch charakterisierte Gruppen im Sinne Max Webers lassen sich lediglich als vorgestellte Gemeinschaften begreifen, bei denen eine gemeinsame Abstammung nur eine Fiktion ist und imaginiert wird. Wichtiger als tatsächlich vorhandene Gemeinsamkeiten ist die Tatsache, dass eine Gruppe an diese Gemeinsamkeiten glaubt, was die Grenzziehung gegenüber Außen stehenden ermöglicht.

> *„Wir wollen solche Menschengruppen, welche auf Grund von Ähnlichkeiten des äußeren Habitus oder der Sitten oder beider oder von Erinnerungen an Kolonisation und Wanderung einen subjektiven Glauben an eine Abstammungsgemeinsamkeit hegen, derart, daß dieser für die Propagierung von Vergemeinschaftungen wichtig wird, dann, wenn sie nicht »Sippen« darstellen, »ethnische« Gruppen nennen, ganz einerlei, ob eine Blutsgemeinsamkeit objektiv vorliegt oder nicht (...)"*[91]

Als ein die Vergemeinschaftung erleichterndes Moment wird Ethnizität zur Ressource, die in Situationen der notwendigen Zusammenarbeit wie der Migrationssituation bewusst oder relevant werden kann und sich zumeist für lediglich begrenzte Zwecke aktivieren lässt. Dieser Vorgang lässt sich analog dem Marxschen Prinzip der Klassenbildung nachvollziehen. Demnach bedarf auch der Übergang von einer Ethnizität an sich zu einer Ethnizität für sich der Ausprägung eines entsprechenden Ethnizitätsbewusstseins. Dieses Bewusstsein wird durch eine gemeinsame Interessenlage der Gruppenmitglieder initiiert, was oft durch die Ausprägung von Organisationsformen begleitet wird um die kulturellen Besonderheiten der Gruppe aktiv zu fördern.

Die ethnische Zugehörigkeit bezeichnet demnach kein definierbares Eigenschaftsbündel. Vorrangige Bindungen befördern oder behindern die Herausbildung einer ethnischen Identität, sie richtet sich nach verschiedensten Faktoren, wie Sprache, Herkunft, Religion oder dem bewohnten Territorium. Nicht jede Situation erscheint für die Identitätsprägung und Umwandlung gleichermaßen relevant. Frey / Haußer schlagen demnach vor, Identität anhand identitätskritischer Lebenslagen zu analysieren, weil in solchen die bis dahin gültigen Identitätsmuster ihren Geltungsanspruch verlieren und neue kreiert werden müssen. Als kritische Lebenslage bezeichnen Frey/

91 Weber (1980): 237.

Haußer eine andauernde oder wiederkehrende Situation, welche die persönliche Identität eines Individuums in Frage stellt.

> *„Wir stellen uns nicht jeden Tag vor den Spiegel mit der Frage ‚wer bin ich?'. Wenn aber ein Ereignis bestimmte Aspekte unserer bisherigen Identität erschüttert, dann kann diese Frage, in Abhängigkeit von der Qualität des Ereignisses, durchaus zwingend werden. Identität muss dann hergestellt, sichergestellt, neu bilanziert werden. Die Person muss prüfen, ob sie noch dieselbe ist, was sich möglicherweise geändert hat, ob sie diese Änderung als Teil ihrer neuen, persönlichen Identität akzeptieren will und wie sie ihre neue Identität nach außen hin vertreten und darstellen will."*[92]

Solch ein Zustand kann vorübergehend und relativ unbedeutend bleiben, aber sich auch über einen längeren Zeitraum zirkulär verfestigen und existenzbedrohend werden. Die äußeren Ereignisse wirken dabei in ihrer Komplexität, selten lässt sich eine alleinige Ursache ausmachen, unterschiedliche Krisenlagen können sich gegenseitig ergänzen oder bedingen.[93]

Nicht periodisierte, individuelle kritische Lebenslagen können in der Biographie des Einzelnen zu unterschiedlichen Lebenszeiten unterschiedlich häufig auftreten und mit unterschiedlicher Relevanz auf diese einwirken, bedrohlich, aber auch vorteilhaft sein. Darüber hinaus lassen sich gesellschaftlich periodisierte kritische Lebenslagen benennen, wonach bestimmte Lebensphasen mit kritischen Übergängen verbunden sind.[94] Individuelle Sinnkrisen sind eine besondere Art identitätskritischer Lebenslagen, die eingelagert in den sozialstrukturellen Kontext selbstinduzierte Transformationsprozesse persönlicher Identität auslösen. Sie können entstehen, wenn vertraute Muster nicht mehr stimmen.

---

92 Frey / Haußer (1987): 13.
93 Ebd.: 12f.
94 Vgl.: Erikson (1966)

## 3. Migration als kritisches Lebensereignis

Der Begriff Migration leitet sich von dem lateinischen Wort ‚migrare' ab und kennzeichnet eine besondere Form der horizontalen sozialen Mobilität von Individuen oder Gruppen. Migrationsprozesse gestalten sich dabei als hochkomplexe, dynamische und kumulative Vorgänge, welche mit einer Verlagerung des Lebensmittelpunktes einhergehen und von kontextspezifischen Faktoren abhängen.[95] Seit Jahrtausenden gehören Wanderungen zu den wichtigsten kultur- und gesellschaftsverändernden Faktoren. Der Migration einzelner Individuen wie im Fall der Arbeitsmigration steht die Kettenmigration oder Massenmigration ganzer Bevölkerungsgruppen gegenüber. Während bei internationaler Migration, um die es im Folgenden gehen soll, der Lebensmittelpunkt über Staatsgrenzen hinaus verlagert wird, findet bei der Binnenmigration ein Wohnortswechsel innerhalb eines Landes oder einer Region statt. Die zwei Etappen des Migrationsprozesses werden üblicherweise in Emigration, der Migrationsentscheidung sowie dem Verlassen des Herkunftsortes und Immigration, dem Niederlassen in einer neuen Umgebung unterschieden.

> *„Das Verlassen des gewohnten Kontextes bedeutet nicht nur, sich in neuen schulischen oder beruflichen Welten zurechtfinden zu müssen oder mit Familientrennungen zu leben. Es muß außerdem eine Kontinuität in der Biographie hergestellt werden. Vergangenheit, Gegenwart und Zukunftsvorstellungen müssen zu einer Verortung im Hinblick auf die neue Gesellschaft führen, ohne daß die Identität verloren geht."*[96]

Die Ausgrenzungserfahrungen auf der einen Seite sowie die erwartete sprachliche und kulturelle Eingliederung auf der anderen werden zur Herausforderung für das Selbstverständnis der Migranten, wobei ein enger Zusammenhang zwischen einer allgemeinen Akzeptanz und der Ausbildung von Identität besteht. Als non-normative, kritische Lebensphasen können Migrationen Identitätswendungen befördern, da sich Vorstellungen und Orientierungsweisen zumindest teilweises erneut ausbilden müssen.[97] Die Notwendigkeit einer Neuorientierung in einer fremden Kultur, Sprache und den normativen Vorstellungen in der Aufnahmegesellschaft fordert dem Individuum hohe subjektive Kompetenzen ab. Neben neueröffneten Handlungsoptionen bergen Migrationen so hohes Krisenpotential, da sie vielfältige Konsequenzen für den Einzelnen sowie für die ethnisch-kulturellen Gruppe, deren Angehöriger er ist, nach sich ziehen.

---

95 Treibel (1999): 21.

96 Jost (1996)

### 3.1 Migrationsursachen

Migrationsursachen sind in den objektiven strukturellen Rahmenbedingungen zu suchen, welche wiederum auf die subjektive Migrationsmotivation Einfluss nehmen, wie dem Wunsch diskriminierten Minderheitenpositionen zu entkommen oder soziale Bindungen wiederherzustellen. Die Mehrheit der Migranten wird durch externe Umstände getrieben, nur wenige können sich aus freien Stücken entscheiden.[98] Bei den anerkannten Formen erzwungener Migration wie im Fall der Vertreibung, Deportation oder Flucht, sind die Gründe leichter zuzuordnen als im Fall der als freiwillig charakterisierten Migration, wo ein komplexes Zusammenspiel mehrerer Aspekte die Entscheidungsfindung beeinflusst. In diesem Fall obliegt die Migrationsentscheidung dem Einzelnen und wird dennoch oft als fremdbestimmt wahrgenommen. Die Realisierung von Migrationsvorhaben ist entscheidend von den individuellen Möglichkeiten der Betroffenen sowie den Rahmenbedingungen abhängig, weitaus nicht alle Migrationsvorhaben können so umgesetzt werden und nicht immer bleibt es bei dem zuerst anvisierten Zielland.

Der Migrationsentscheidung geht in der Regel ein längerer Prozess voraus, der mit der Wahrnehmung belastender Umstände beginnt, eine umfassende Beschaffung von Information erfordert und vom Wunsch nach Verbesserung sozialer oder wirtschaftlicher Umstände begleitet wird, was dem allgemeinen Streben nach einer positiven sozialen Identität durch einen Bezugsgruppenwechsel entspricht.[99] Die pull-Faktoren begünstigen hierbei die Wahl eines bestimmten Immigrationslandes, wo bessere Verdienstmöglichkeiten oder sicherere politische Verhältnisse erwartet werden.[100] Allgemein wird Migration häufig auf anhaltende Arbeitsmarktprobleme strukturschwacher Regionen zurückgeführt und im Kontext der globalen Ungleichverteilung von finanziellen Ressourcen betrachtet, was Migrationen aus der Peripherie in die Zentren begünstigt, jedoch als alleinige Erklärung keineswegs genügt.[101] Jene Aspekte, die zur Emigration beitragen, werden im Allgemeinen als push-Faktoren bezeichnet, neben den erwähnten Faktoren können dies unsichere politische Verhältnisse, die wirtschaftliche Lage oder Umweltfaktoren sein.[102]

97 Oswald (2007): 52, 69.
98 Fassmann (2003): 432f., 69.
99 Geisen (2002): 8.; Mayer (2006): 35.
100 Han (2000): 14.
101 Bundesministerium des Innern (2008): 179.
102 Haug (2000): 23f.; Six (1999): 125.; Jost (1996): 132.

## 3.2 Integration und Akkulturation

Essers handlungstheoretisches Vier-Phasen-Modell beschreibt die Integration von Migranten als Prozess der zweiten Sozialisation, der gleichzeitig einen biographischen Bruch bedeutet. Der Terminus Integration bezeichnet die spezifischen Relationen der einzelnen Teile in einem systemischen Ganzen in Abgrenzung zu ihrer Umwelt.[103] Bei Esser steht er als übergeordneter Hauptbegriff für sämtliche Prozesse der Herauslösung der Migranten aus ihren bisherigen Bezugssystemen und umfasst den Aufbau neuer Beziehungen zur aufnehmenden Gesellschaft. Er unterscheidet dabei zwischen Sozialintegration und Systemintegration. Als integriert gelten Migranten, wenn sich ihre Beziehungen zu den Einheimischen in einem Gleichgewicht befinden und dabei ein Zustand der Spannungsfreiheit vorliegt.[104] Eine erfolgreiche Bewältigung des Kulturkontaktes bedarf einer aktiven Aneignung und individuellen Angleichung der Migranten an kulturspezifische Handlungsmuster in Auseinandersetzung mit der Umwelt.

Die Sozialintegration hängt von vier Dimensionen ab, welche sich gegenseitig beeinflussen und sich unabhängig voneinander verändern können.

> *„Die Sozialintegration kann sich bei fremdethnischen Migranten und anderen ethnischen Minderheiten auf (mindestens) drei unterschiedliche gesellschaftliche ‚Systeme' beziehen: das Herkunftsland, das Aufnahmeland und die ethnische Gemeinde im Aufnahmeland."*[105]

Die erste Dimension stellt die Interaktion dar. Folgend beschreibt Platzierung die soziale Positionierung, welche anhand der Zuweisung bestimmter Rechte wie Staatsbürgerschaft, Wahlrecht sowie beruflicher Etablierung erfolgt. Die Identifikation als Drittes lässt sich in drei Formen untergliedern, von welchen die durch Loyalität bestärkte emphatische Wertintegration, die stärkste Form, der reinen Akzeptanz gegenüber steht. Dabei kann eine Verkettungsintegration oder eine Deferenzintegration vorliegen, wobei letztere die schwächste Form bezeichnet, bei der die Betroffenen keinerlei Alternativen erkennen.[106] Der Terminus Akkulturation als Viertes kennzeichnet den mehrdimensionalen, langfristigen Prozesse psychischer, sozialer oder kultureller Annäherung. Akkulturation bezieht sich auf den Erwerb der Sprache und weiterer

103 Esser (2000): 261ff., 279ff.
104 Ebd. (1980): 25.
105 Esser (2001): 19.
106 Ebd. (1999): 18.

Kenntnisse und Fertigkeiten, die zur erfolgreichen Teilhabe an der Aufnahmegesellschaft befähigen. Die Akkulturation ist ein potentiell in zwei Richtungen verlaufender Vorgang, bei dem Gruppen und Individuen mit unterschiedlichen kulturellen Hintergründen aufeinander treffen und sich wechselseitig beeinflussen.

Auf Grund des Machtgefälles zwischen Mehrheit und Minderheit ist der Einfluss der Mehrheit auf die Akkulturation der Minderheit größer als umgekehrt.[107] Unter psychischer Akkulturation lassen sich die individuellen Anpassungsprozesse eines Individuums verstehen. Die strukturelle Akkulturationsdimension lässt sich besonders anhand der Arbeitsmarktpositionierung verdeutlichen, während sich die soziale Dimension auf interethnische Kontakte außerhalb der Primärgruppe bezieht und die kognitive Dimension die Übernahme der Sprache der Aufnahmegesellschaft und den Orientierungserwerb in der neuen Umgebung bezeichnet.[108] Bei der Bewältigung der Migrationssituation lassen sich unterschiedliche Strategien der Migranten ausmachen, da die Akkulturation auf verschiedenen Ebenen verläuft, so dass der Integration in einen funktionalen Fachbereich eine Desintegration in andere gegenüberstehen kann.[109]

### 3.2.1 Wandel der Forschungsperspektive auf Migration und Integration

Die Integration mündet schließlich, so die Annahme klassischer Theorien, in der Assimilation, wenn die Migranten weitere Ziele verfolgen, die über die Befriedigung ihrer Grundansprüche hinausgehen.[110] Im Kontext neuer Migrationsformen und komplexerer Rahmenbedingungen fand ein Wandel der Forschungsperspektive statt, da die klassischen Ansätze mit ihrem Blick auf Migration als einmaliger und einseitig verlaufender Vorgang der Komplexität des Migrationsgeschehens nicht mehr gerecht wurden.

Ins Zentrum des Interesses traten bei den neueren Migrationstheorien Phänomene der Gemeinschaftsbildung, der Verfestigung transnationaler Bezüge sowie die Bedeutung kultureller Faktoren bei der Herausbildung einer kollektiven Identität.[111] Temporäre Migration und Pendelmigration als Formen transnationaler Migration sind durch die Aufrechterhaltung intensiver sozialer Bezüge zwischen Herkunfts- und Ankunftsgesellschaft gekennzeichnet. Transmigranten positionieren sich quer zu den Gesellschaften, wodurch

107 Ebd. (1980): 20f. 14ff.
108 Ebd. 1980): 221.; Oswald (2007): 111.
109 Six (1999): 128.
110 Esser (1980): 82.
111 Glorius (2007): 1.

transnationale Sozialräume entstehen, die nicht zuletzt eine Restrukturierung sozialer Grenzen aus der Herkunftskultur in der Aufnahmegesellschaft bewirken können.[112]

Auch der Typus des Diasporamigranten orientiert sich anstelle der Aufnahmegesellschaft, in welcher er auf Dauer verweilt, an einer vorgestellten Gemeinschaft, die sich durch ein kollektives Gedächtnis auszeichnet, welches sich nicht zuletzt über gemeinsame historische Erfahrungen der Vertreibung aus der Heimat konstituiert. Mit der Migrationssystemtheorie wird eine dynamische Sichtweise auf die Migration eingenommen, womit eine Abkehr von der Vorstellung rational, autonom entscheidender Akteure einhergeht und historische Wanderungsverflechtungen in die Betrachtung von Migrationssystemen eingehen. Die Netzwerktheorie betont die Bedeutung von Migrantennetzwerken zur Minderung von Migrationsrisiken und zur Aufrechterhaltung von Migationsströmen. Ist die Migrationsentscheidung zunächst individuell, verändert sich durch den Ausbau dieser der Kontext für weitere Migrationsentscheidungen.

Die netzwerkbedingte Migrationsbewegung erfolgt unabhängig von den zuvor relevanten Migrationsfaktoren. Durch die Ausbreitung der Netzwerke werden die Migrantenguppen zunehmend heterogener und umfassen immer mehr Bevölkerungsgruppen der Herkunftsregion.[113]

### 3.2.2 Der Erfolg von Integrationsprozessen

Äußere Zuschreibungsprozesse bestärken die ethnische Identifikation oder bringen diese erst hervor.[114] Je positiver die Einschätzungen des Immigranten ausfallen und je unschärfer sich die Gesellschaft abgrenzt, desto höher ist die Wahrscheinlichkeit einer konfliktfreien Integration. Die Aneignung von neuen Kenntnissen ist nicht nur individuell steuerbar, sondern von weiteren Gegebenheiten mitbestimmt.

> *„Je ungastlicher und abweisender die neue Umgebung sich zeigt, je mehr sie an Diskriminierung bereithält, desto eher kann ein Rückzug auf die Herkunftsgruppe und deren Symbole einsetzen. Man wird russischer, türkischer, spanischer, als man es in der Heimat je war."*[115]

112 Han (2000): 4f.
113 Glorius (2007): 21.
114 Meimeth / Robertson / Talmon (2008): 3.
115 Beck-Gernsheim (2004): 23.

Basiert die kollektive Identität einer Gesellschaft auf ethnischen Prinzipien, so ist eine vollständige Integration von vornherein zum Scheitern verurteilt. Anhand der Etablierten-Außenseiter-Figuration von Norbert Elias lassen sich die Mechanismen des sozialen Ausschlusses erklären. Die Etablierten geben das Gruppencharisma vor, verfügen über einen höheren Kohäsionsgrad und sind im Hinblick auf ihre Macht den Außenseitern überlegen.[116] Etablierte sind bestrebt ihre Machtüberlegenheit zu wahren, weshalb die als nichtdazugehörig etikettieren Migranten auf niedrigste Positionen verwiesen werden, was sich in verweigerter Anerkennung, Stigmatisierung und sozialer Ausgrenzung der Außenseiter widerspiegelt. Die eingesetzten Ausgrenzungsmechanismen können unterschiedliche Formen annehmen und schließlich zur Unterschichtung und Verstärkung ethnischer Identifikationen beitragen.[117] Annette Treibel geht dabei von der Existenz einer großen Gruppe einheimischer Etablierter, einer größeren Gruppe einheimischer Außenseiter sowie einer relativ kleinen Gruppe ausländischer Etablierter und einer großen Gruppe ausländischer Außenseiter aus.[118]

### 3.2.3 Einfluss der Migrationsregime auf Integrationschancen

Ab dem späten 17. Jahrhundert, insbesondere jedoch mit der Entstehung der Nationalstaaten im 19. und 20. Jahrhundert, werden neue Rahmenbedingungen für Migrationen kreiert. Besonders in den letzten Jahrzehnten, mit der Öffnung der Europäischen Union nach innen und trotz des Ausbaus der Außengrenzen, ist eine weitere Zunahme grenzüberschreitender Wanderungsbewegungen zu beobachten. Die modernen Migrationsbewegungen unterliegen so einem hohen Grad an Formalisiertheit seitens der Migrationsregime. Administrativ-rechtliche Rahmenbedingungen regeln dabei die Einreisemöglichkeiten und den Aufenthaltsstatus von Migranten, was Konsequenzen für die Integrationschancen nach sich zieht.[119] Klassische Einwanderungsländer, wie beispielsweise die USA, verfolgten gegenüber wirtschaftlich profitablen Einwanderungsgruppen lange Zeit eine verhältnismäßig liberale Einwanderungspolitik, europäische Regelungen sind in dieser Hinsicht traditionell regressiver.[120] Dahinter steckt die Bemühung der Nationalstaaten, trotz nachlassendem Steuerungsvermögen

116 Elias (1990): 11f.
117 Hoffmann-Nowotny (1973): 22f.; Treibel (1999): 220.
118 Treibel (1993): 143ff.
119 Schultz / Sackmann (2001): 41.
120 Oswald (2007): 80f.

die internationalen Migrationsbewegungen in für sie günstige Arrangements zu transformieren und gegebenenfalls zu unterbinden.[121]

> *„Erst Nationalstaatlichkeit konstituiert Migration als spezifisches Phänomen der kapitalistischen Moderne und macht sie durch die Durchsetzung einer innerstaatlichen Homogenität von Recht, Sprache und Kultur im Prozess der Nationalisierung zu einem gesellschaftlichen Problem überhaupt."*[122]

Bei Einreise in die BRD werden die Einwanderungsgründe dahingehend geprüft, ob Schutz- bzw. Hilfsbedürftigkeit nach spezifischen Kriterien oder aber ein ökonomischer oder politischer Nutzen für die Aufnahmegesellschaft vorliegen, wonach entsprechende Kategorien von Migranten eingeteilt werden, die in der Praxis über unterschiedliche Rechte und Partizipationsmöglichkeiten verfügen.[123] Auch werden in den Integrationsdebatten häufig Vorstellungen von einer ethnisch und kulturell weitgehend homogenen Bevölkerung vertreten, wodurch eine Integration der Migranten in die deutsche Gesellschaft nur durch Assimilation möglich scheint.[124]

Eine Ursache hierfür findet sich in dem bis Ende der neunziger Jahre gültigen Reichs- und Staatsangehörigkeitsgesetz (RuStAG) aus dem Jahr 1913, worin die Staatsbürgerschaft über das Abstammungsprinzip *ius sanguinis* definiert wurde. Hierdurch wurde festgelegt, dass als Deutscher gilt, wer von deutschen Eltern geboren wurde. Erst 2000 wurde das Staatsbürgerschaftsrecht erstmals um Elemente des Territorialprinzips *ius soli* erweitert und in Deutschland geborenen Kindern ausländischer Eltern mit längerfristigem Aufenthalt die Option offen gehalten sich bis zum 23. Lebensjahr für die deutsche oder die Staatsbürgerschaft der Eltern zu entscheiden. Parallel wurde die Wartefrist zur Beantragung der Staatsbürgerschaft von zuvor 15 auf nun 8 Jahre Aufenthalt in der BRD verkürzt. Viele der Migranten leben seit langer Zeit in Deutschland und würden in Ländern mit anderer Migrationspolitik mitunter längst als Staatsbürger gelten.

> *„Für die Migranten selbst sind die Diskrepanzen im Umgang mit Ausländern / Juden in der Bundesrepublik weniger ein politisches als ein praktisches Problem. Ihr gleichzeitiger Status als Juden und Ausländer*

121 Goebel / Pries (2003): 36.
122 Gontovos (2000): 103.
123 Körber (2005): 58.; Glorius (2007): 19.

*macht sie in doppelter Weise zum möglichen Zielobjekt von Diskriminierungen. Als Juden äußerlich nicht erkennbar, werden sie zunächst eher als Ausländer mit Ablehnung konfrontiert.*"[125]

Der Ausländerstatus markiert die gesellschaftliche Nichtzugehörigkeit. Mit der Einbürgerung kann eine formale Gleichheit sichergestellt werden, wo hingegen die gesellschaftliche Akzeptanz und gegenseitiger Respekt weitaus mehr erfordern. Die politische Aussage, die Bundesrepublik sei kein Einwanderungsland, ignoriert die gesellschaftliche Realität einer in besonderem Maße durch Zuwanderung geprägten Gesellschaft.[126] Die differenten Kulturen werden jedoch nach wie vor eher als Belastung, denn als Bereicherung erlebt. Aus gesellschaftlich verbreiteten Klischees und den marginalen Kontakten werden Vorurteile abgeleitet, Formen latenter und manifester Fremdenfeindlichkeit sind nicht selten.[127]

### 3.3 Akkulturationsorientierungen

Eine der bekanntesten Akkulturationstypologien stellt die zweidimensionale Systematik von Berry dar, derzufolge sich die Migranten nach Ablauf einer gewissen Zeit im Aufnahmeland anhand der Verbleiborientierung in verschiedene Kategorien einteilen lassen.

Individuelle Veränderungsprozesse werden hier als Antwort auf zwei Probleme aufgefasst. Erstens, wie stark der Wunsch nach Bewahrung der jeweils eigenen kulturellen Identität ausgeprägt ist. Zweitens, ob der Kontakt zur Mehrheitsgesellschaft und die Übernahme der Mehrheitskultur erwünscht sind und inwieweit dies von der aufnehmenden Gesellschaft zugelassen wird.[128] Aus der Kombination dieser Fragestellungen lassen sich die vier idealtypischen Akkulturationsdimensionen Integration, Assimilation, Separation und Marginalisierung herausbilden, welche sich jedoch in der Praxis nicht zwangsläufig komplett ausschließen müssen. Abhängig von der Betrachtungsebene kann von den Akkulturationsorientierungen einzelner Individuen oder ganzer Gruppen gesprochen werden.[129]

124 Fassmann (2003): 433f.

125 Kessler (2003): 42.

126 Bis auf das Ruhrgebiet zählte Deutschland bis in die 40er Jahre zu größten Auswanderungsländer Europas, der Wandel zum modernen Einwanderungsland setzte erst nach dem zweiten Weltkrieg und verstärkt seit der Wiedervereinigung ein.

127 Jost (1996): 134.

128 Oswald (2007): 110f.; Mayer (2006): 37.

129 Strohmeier (2007): 796.

**Abb. 2: Vier Typen der Sozialintegration.**
**Einflüsse auf die Akkulturationsorientierungen.**

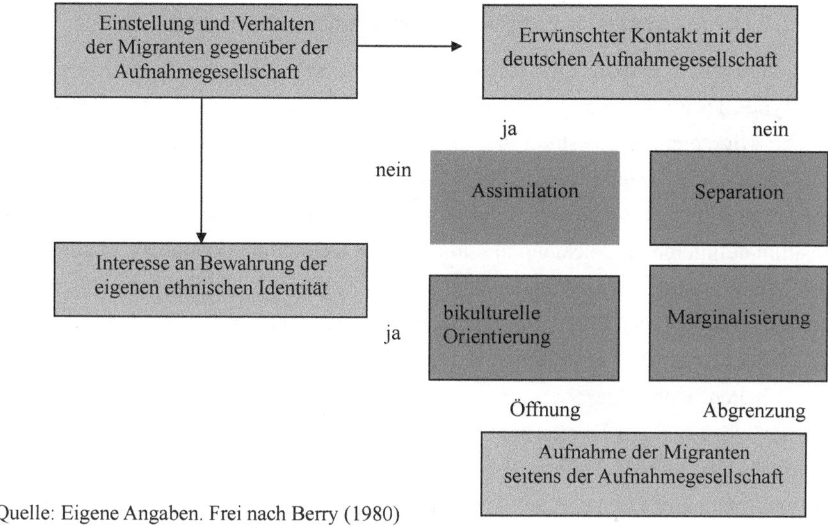


Quelle: Eigene Angaben. Frei nach Berry (1980)

### 3.3.1 Assimilation und Identifizierung als Deutscher

Der klassische Typus des Immigranten zeichnet sich durch eine graduelle, über mehrere Generationen ablaufende Assimilation an die Aufnahmegesellschaft und eine erfolgreiche Integration in diese aus. Ein endgültiger Wohnortwechsel wird dabei angestrebt. Von Assimilation spricht man, wenn die Migranten im Laufe des Akkulturationsprozesses ihre eigene Identität vollständig zugunsten der Anpassung an die fremde Mehrheitskultur ablegen, wobei die Gefahr einer Überanpassung besteht.[130]

Die Bindungen zur Herkunftskultur werden immer mehr aufgegeben, was sich verstärkt bei den jüngeren Migranten und der so genannten zweiten Migrantengeneration beobachten lässt. Esser unterscheidet hier wiederum zwischen kognitiver, sozialer, struktureller und identifikativer Assimilation, welche stufenweise durchlaufen werden. Die identifikative Assimilation bezeichnet für ihn den Endpunkt der Assimilationsreihenfolge. Im Folgenden wird die Unterscheidung der Assimilationsebenen

130 Jost (1996): 136.

übernommen, wobei jedoch davon ausgegangen wird, dass die einzelnen Phasen nicht zwingend durchlaufen werden müssen und auch nicht aufeinander aufbauen.

### 3.3.2 Herkunftsorientierte Position und Separationsorientierung

Im Kontrast zu dem ersten genannten Typus, der Assimilationsorientierung, bleibt für den Typus des Rückkehrmigranten die Migration nur ein temporärer Lebensabschnitt. Solche Migranten sind bestrebt sich nach einer beschränkten Aufenthaltszeit in der BRD erneut in die Herkunftsgesellschaft einzugliedern und bleiben demnach an den alten Vorstellungen orientiert. Zuwanderer, die sich über eine herkunftsorientierte Position definieren, übernehmen pragmatisch nur unabdingbar nötige Handlungs- und Orientierungsweisen der Aufnahmekultur. Ihre Segregation erfolgt freiwillig, dabei werden fast ausschließlich Beziehungen zum russischsprachigen und jüdischen Umfeld gepflegt. Die Vorstellung von einer Re-Migration wird teils über Jahre aufrechterhalten, wobei hier zwischen beabsichtigter und tatsächlicher Rückkehr differenziert werden muss. Durch ihre spezifische Stabilisierungsfunktion für die soziale Identität gehen die Rückkehrabsichten oft über lange Zeit nicht über einen diffusen Planungscharakter hinaus. Auch können sie mit dem Grad sozialer Akzeptanz und Integration abnehmen.

### 3.3.3 Marginalisierung

Zwischen der Herkunftsorientierung und der Assimilierung lassen sich die folgenden Orientierungsmuster einordnen, die keinen alleinigen Bezug auf die Herkunfts- oder Aufnahmegesellschaft aufweisen. Die Marginalisierung meint die Aufgabe der Herkunftskultur ohne die Annahme einer neuen, also einen ambivalenten Bezug zu beiden Gesellschaften.[131] Als bewusste Akkulturationsorientierung ist diese Einstellung jedoch selten vorfindbar, da sie dem Streben nach einem positiven sozialen Selbst widerspricht. Sie findet sich am häufigsten bei Personen mit geringen Machtmitteln, besonders bei älteren Migranten.

Marginalisierte jüdische Migranten aus den Gebieten der ehemaligen UdSSR sind demnach vom ursprünglichen sowjetischen, russischsprachigen oder jüdischen Umfeld getrennt sowie von der Aufnahmegesellschaft isoliert, was zu Verhaltensunsicherheit, Resignation und in Einzelfällen bis zur Selbstzerstörung führen kann.

---

131 Esser (1980): 22.; Treibel (1999): 138.

### 3.3.4 Bikulturelle Orientierungen

Im Fall einer bikulturellen Orientierung beziehen sich die Migranten hingegen bewusst und selbstsicher auf beide Systeme, pflegen intensiven Kontakt mit der Herkunftsgesellschaft sowie mit Mitgliedern der Aufnahmegesellschaft, was eine Orientierung an mindestens zwei kulturellen Bezügen erfordert. Von einer solchen Orientierung ist die Rede, wenn durch Beibehaltung von zumindest zwei alternativen Lebensmittelpunkten unterschiedliche Elemente beider Kulturen individuell miteinander verknüpft werden. Auch können sich hierbei kulturelle Mischformen herausbilden. Goebel / Pries charakterisieren diese Konstellation als eine

> *„(...) nomadische Daseinsform, die nicht dauerhaft auf einen Platz fixiert ist, aber gleichzeitig nicht als deterritorialisiert bezeichnet werden kann."*[132]

Diese Akkulturationsstrategie findet sich insbesondere bei jungen Migranten, meist mit höherer Bildung. Der Kontakt zu beiden Kulturen fördert die Flexibilität und Wahlmöglichkeiten einer Person und erhöht das Ausmaß sowie die Vielfältigkeit der verfügbaren kulturellen Ressourcen und sozialen Unterstützung. Letzteres kann insbesondere während der kritischen Zeit des kulturellen Übergangs hilfreich sein.

## 3.4 Kritische Anmerkungen zum Integrationsbegriff

Der Begriff der Integration ist in der politischen Diskussion ein oft zitiertes Schlagwort. Dabei ist die Vorstellung tief verankert, Zuwanderer sollten sich der vorherrschenden Kultur der Aufnahmegesellschaft anpassen, wobei Integration oft mit Assimilation gleichgesetzt wird, wodurch gesellschaftliche Integration nur mittels sozioökonomischer und religiös-kultureller Angleichung möglich scheint. Entgegen dieser Annahme müssen Migranten keineswegs eine positive Orientierung gegenüber der Fremdgruppe aufweisen, von der sie einzelne kulturelle Elemente übernehmen. Da die aufnehmende Gesellschaft selbst heterogen ist, bleibt dabei offen, an welche schicht- oder gruppenspezifischen Werte sich Zuwanderer assimilieren sollen.[133]

Integration kann durchaus unter Beibehaltung von Bindungen zur Herkunftskultur stattfinden, dabei ist es möglich in bezug auf eine, beide oder keine der beiden Kulturen akkulturiert zu sein. Auch das Festhalten an kulturellen Bräuchen muss sich nicht

132 Goebel / Pries (2003): 36.
133 Friedrichs (1990): 305.

notwendigerweise integrationserschwerend auswirken.[134] Vielmehr kann es für Migranten vorteilhaft sein, sich sowohl mit der eigenen Herkunftskultur zu identifizieren als auch an der Mehrheitskultur teilzuhaben. Das bekannteste Beispiel für strukturelle Eingliederung trotz religiöser Identität ist dabei die jüdische Diaspora: Juden in der Diaspora blieben dem jüdischen Gesetz und seinen normativen Vorgaben treu. Eine völlige Aufgabe der Herkunftskultur ist demnach oftmals gar nicht möglich, notwendig oder gar förderlich.[135] Mit der Integration in wichtige Bereiche wie die Arbeitswelt geht nicht notwendigerweise eine Assimilation einher, eine geringe Assimilation bei gleichzeitiger Bindung an die eigene Herkunftskultur führt wiederum nicht zwangsläufig zur Ghettobildung.

134 Vgl.: Helas / Rubisch / Zilkenat (2008)
135 Vgl.: Boos-Nünning (1994); Weidacher (2000)

## 4. Forschungsdesign

Bisher ist neben dem Forschungsinteresse das theoretische Fundament der Untersuchung vorgestellt worden. Als Nächstes soll der verwendete methodologische Zugang und Verlauf des Forschungsprozesses geklärt werden. Es wird davon ausgegangen, dass nicht-standardisierte, induktive Befragungsverfahren der Komplexität des Untersuchungsgegenstandes eher gerecht werden als deduktive Zugänge. Sie ermöglichen eine Annäherung an bislang wenig erforschte Themenfelder durch die Offenheit für zusätzliche Informationen und veranlassen die Befragten, spontane Stegreiferzählungen zu den thematisierten Forschungsfragen hervorzubringen. Nach Flick soll Wissenschaftliche Forschung qualitativ vorgehen,

> *„(...) wenn die Gegenstände und Themen, nach allgemeinem Wissensstand, nach Kenntnis des Forschers oder auch nur nach seiner Meinung komplex, differenziert, wenig überschaubar, widersprüchlich sind oder wenn zu vermuten steht, dass sie nur als 'einfach' erscheinen, aber - vielleicht - Unbekanntes verbergen. Insofern ist qualitative Forschung immer Eingangsforschung".*[136]

Der Entschluss für ein qualitatives Forschungsdesign ist der erste Schritt in einer Folge von Entscheidungen, die jeweils einzelfallbezogen und nicht nach einem festgelegten methodischen Kanon zu treffen sind.

### 4.1 Erhebungsmethode: Das biographisch-narrative Interview

Die zunächst auf Tonband aufgezeichneten Interviews wurden weitgehend offen gehalten und an grundlegende Prinzipien des 'narrativen Interviews' angelehnt. Dieses stellt dabei nach Schütze ein sozialwissenschaftliches Erhebungsverfahren dar,

> *"(...) welches den Informanten zu einer umfassenden und detaillierten Stegreiferzählung persönlicher Ereignisverwicklungen und entsprechender Erlebnisse im vorgegebenen Themenbereich veranlasst. "*[137]

Narrationen sind in der Sozialisation eingeübte Diskussionsverfahren, durch welche sich Menschen untereinander ihrer Identität versichern.[138] Sie sind dabei stets als im

136 Flick (1995): 71.
137 Vgl.: Schütze (1986)
138 Vgl.: Kizilhan (o. J.)

Nachhinein neuinterpretierte Formen des Erlebten zu sehen, die maßgeblich von den gesellschaftlich vorherrschenden alltagstheoretischen Vorannahmen geprägt werden. Die Befragten erfahren sich dabei als identisch, erinnerte Ereignisse werden durch nachträglich konstruierte Zusammenhänge ergänzt, wobei Widersprüche angepasst und mit fiktiven Elementen versehen werden, um so die wahrgenommenen Teilidentitäten zusammenzuhalten und Kontinuitätserfahrung zu ermöglichen.[139] So bleiben Narrationen stets ambivalent, zwiespältige Motive werden in retrospektiven Erklärungen bereinigt. Ein kritisches Lebensereignis wie die Migration kann so eine doppelte Bedeutung für die Identitätsbildung einnehmen. Zunächst gilt sie als unmittelbare Begründung für vollzogenes Handeln, danach als Begründung einer gegenwärtig eingenommenen Position.[140]

Entscheidend für das Verfahren ist die Aufdeckung von Neuem und nicht die Verallgemeinerung von bereits Bekanntem.[141] Dabei besteht das methodische Postulat der Fremdheit mit dem Ziel, Regelsysteme zu rekonstruieren. Die biographische Erzählung gibt den Rahmen vor, ermöglicht eine konzipierte Fokussierung und kann zur Preisgabe von Widersprüchen, Ambivalenzen oder Entscheidungsproblemen motivieren. Jedoch kann auch hierdurch nicht der ganze Prozess der Identitätskonstruktion abgebildet werden, sondern lediglich spezifische Identifikationsmöglichkeiten zu bestimmten Zeitpunkten. Berücksichtigt wird dabei die subjektive Form der Ereignisbewertung und -interpretation der Befragten, wobei unterschiedliche Identitätsstrategien deutlich werden.[142]

> *„Im Zuge einer Interaktion kann auch jüdische Identität ausgedrückt werden. Ihre Manifestation stellt keine Reflexion von etwas ontologisch Jüdischem dar, sondern ist eine Momentaufnahme einer Positionierung zu einem dynamischen kulturellen System. Das Jüdische offenbart sich je nach situativer Konstellation in unterschiedlicher Weise. Wenn das Jüdische beschrieben und zum Gegenstand eines Narrativs werden soll, muss eine Vielzahl von punktuellen Handlungsetzungen, durch die es artikuliert wird, untersucht werden.“*[143]

139 Keupp (1998): 244.
140 Frey / Haußer (1987): 11.
141 Bohnsack (1999): 204, 152.
142 Wölfing (1996): 42.
143 Hödl (2007): 66.

Schütze zufolge werden Erzählungen durch dreifache Zugzwänge gesteuert, welchen die Befragten bei ihren Narrationen ausgesetzt sind. Der Gestaltschließungszwang bringt den Befragten dazu, Erzählstränge zu generieren, begonnene Themen weiterzuführen und sie abzuschließen. Der Kondensierungszwang trägt zur Verdichtung der Narration bei, während der Detaillierungszwang zur Preisgabe zusätzlicher Details motiviert. Durch quantitative Nennung, die Häufigkeit, Art und Detailliertheit der angesprochenen Themen legen sie den Stellenwert der biographischen Bedeutungen selbst fest. Zugleich erfolgt hierdurch eine Reduktion des Materials auf wesentliche Schwerpunkte.

Um die Prozessanalyse zu verdeutlichen, wird im Narrativen Interview zwischen Haupterzählungs- und Nachfrageteil unterschieden, wobei die Befragten möglichst frei über ihr Leben erzählen sollen. Da der Stellenwert jüdischer Identität erfragt werden sollte, wurde in den Interviews zunächst nicht explizit danach gefragt. Am Beginn stand statt dessen ein immer gleicher erzählungsgenerierender Stimulus, der eine Stegreiferzählung der Befragten hervorrufen sollte. Der thematische Schwerpunkt wurde hierdurch von den Befragten habituell gesetzt, wodurch ihre Bezugnahme zu kollektiven Orientierungsmustern abgeleitet werden konnte. Die Eingangserzählung wurde in ihrem Verlauf vom Interviewer nicht unterbrochen. Erst wenn der Befragte klar signalisiert hat, am Ende angekommen zu sein, galt diese Erhebungsphase als eindeutig abgeschlossen.

Danach wurden im immanenten Nachfrageteil, abgestimmt auf die Situation und die vom Interviewten selbst ins Spiel gebrachten Themenkomplexe, die unklar geblieben Passagen wiederholt angesprochen, was die Befragten zur Preisgabe von Ambivalenzen und Zusatzinformationen motivieren sollte. Falls diese nicht bereits thematisiert wurden, sind abschließend im exmanenten Nachfrageteil die restlichen wichtigen Hauptaspekte direkt eingebracht. Allgemein wurde sich jedoch bemüht, die exmanenten Nachfragen möglichst durch immanente Fragestellungen zu ersetzen. Als grobe Orientierungshilfe wurde für die Nachfragephase ein Interviewleitfaden entwickelt. Einige Gesprächspunkte blieben in manchen Interviews unberücksichtigt, auf andere wurde umso ausführlicher eingegangen.

## 4.2 Feldzugang und Interviewverlauf

Anhand der Definition des Untersuchungsgebietes und der Fragestellung kommt es zu Festlegungen der Zielgruppe, weshalb ein Sample stets selektive Elemente beinhaltet. Da die Grundgesamtheit im Fall der jüdischen Migranten aus den GUS-Staaten nicht bestimmbar ist, lässt sich keine Zufallsstichprobe ziehen, was die Gefahr einer Verzerrung beinhaltet. Die Samplebestimmung und Befragtenauswahl erfolgt nach dem Grundsatz des 'theoretical sampling', dem im Rahmen der Grounded Theory entwickelten Konzept der Samplebestimmung. Über die Analyse weniger, jedoch möglichst heterogener Fälle soll die Variationsbreite und Heterogenität des Feldes aufgezeigt werden, wobei die Auswahl von Befragungspersonen an den zu erwartenden Gehalt von Unbekanntem geknüpft wird.[144]

Eine nicht zu unterschätzende Schwierigkeit bei empirischen Untersuchungen ist es, geeignete Personen zu finden und sie zur Mitarbeit zu gewinnen. Hierfür wurde auf verschiedene Strategien zurückgegriffen, wobei die Interviewpartner über persönliche oder telefonische Anfragen und über Kontaktpersonen gefunden wurden. Persönlich bekannte Personen wurden bei der Auswahl geeigneter Interviewpartner bewusst außen vor gelassen. Da den Befragten im Vorfeld nicht so viel Kontextwissen vermittelt werden sollte, wurde ihnen zunächst lediglich mitgeteilt, es ginge in der Befragung um die allgemeine Thematik der Migration und Integration, mit dem Fokus auf Migranten aus den GUS-Staaten, ohne auf weitere Besonderheiten der Gruppe einzugehen. Hierdurch kam es neben dem Kontakt zu den neun Interviewpartnern zu zahlreichen Interviewanfragen bei Personen, wo sich erst beim zweiten Kontakt herausstellte, dass sie nicht der Gruppe der Kontingentflüchtlinge angehörten.[145]

Daneben erfolgte die Auswahl der Befragten unter Berücksichtigung folgender Kriterien. Die Auswahl der Befragten beschränkte sich auf die drei Städte Halle, Dessau und Magdeburg, wobei aus jeder Stadt drei Personen befragt werden konnten, wobei auf ein ausgeglichenes Verhältnis von Frauen und Männern geachtet wurde. In allen diesen Städten gibt es eine oder mehrere jüdische Gemeinden.

Die Gemeinsamkeiten zwischen den befragten Personen bestehen darin, dass alle als jüdische Kontingentflüchtlinge oder deren Familienangehörige aus den GUS-Staaten in die BRD eingereist sind, wo sie seit mindestens 3 Jahren dauerhaft leben. Allen

144 Flick (1995): 87.

Befragten wurde die Zuwanderung in die BRD demnach durch die spezifische Zuwanderungsregelung auf Grundlage des HumHAG[146] ermöglicht, die an den Nachweis der Zugehörigkeit zur jüdischen Gruppe geknüpft ist. Die Familien sind im Zeitraum zwischen 1991 und 2005 nach Deutschland migriert, wobei die Befragten zu diesem Zeitpunkt unterschiedlich alt waren.

Mit neun jungen Migranten wurden Interviews durchgeführt. Von den interviewten Personen waren vier weiblich und fünf männlich. Drei interviewte Personen waren unter 20 Jahre alt, vier befanden sich im Alter zwischen 20 und 25 Jahren. Die Dauer der Interviews betrug zwischen 35 Minuten und etwa 1 Stunde, wobei die vollständige Beantwortung der Nachfragen von einer starken Akzeptanz des Stimulus zeugte. Mit allen Interviewpartnern wurde sich auf ein gegenseitiges Du geeinigt. Die Teilnahme erfolgte in allen Fällen freiwillig und konnte jederzeit widerrufen werden. Ein solcher Interviewabbruch fand jedoch nicht statt. Dem gegenüber gab es nur eine Verweigerung zu Beginn der Recherche, was mit der Begründung erfolgte, dass kein Interesse vorliegt, für eine Studie über die familiäre Vergangenheit zu sprechen. Die Treffen fanden dabei alle in unmittelbarem Anschluss an den Erstkontakt statt, über die Interviewworte konnten die Befragten selbst entscheiden.

Nachdem die Bereitschaft zur Mitarbeit eingeholt wurde, entschieden die Befragten, in welcher Sprache, wahlweise auf Russisch oder Deutsch, das Interview geführt werden sollte. Die Sprachorientierung im Interview diente zudem als Hinweis zur Deutung der Orientierungsweise der Migranten.

### 4.3 Aufarbeitung des Materials und Auswertung mit der dokumentarischen Methode

Nach dem Abschluss der Erhebungsphase wurden die narrativen Interviews aufbereitet und analysiert. Die während der Interviews entstandenen Tonbandaufnahmen wurden anschliessend transkribiert, wobei hier die Namen und Orte anonymisiert, alle weiteren Angeben jedoch authentisch übernommen wurden. Zentral waren hierbei die freien Eingangserzählungen, in einigen Fällen wurde auch die Nachfragephase in die Analyse mit einbezogen. Die Transkription löst das Geschehen aus seiner Vergänglichkeit und macht es als empirisches Material der Interpretation zugänglich, führt aber immer auch zur spezifischen Organisation des Materials. Die russischspra-

145 Darunter eine Austauschstudentin und fünf Personen mit dem Einreisestatus Spätaussiedler.

chigen Interviews wurden dann teilweise übersetzt. Entscheidend war dabei die Aufdeckung von Neuem und nicht die Verallgemeinerung von bereits Bekanntem.[147] Die Befragten konnten darüber entscheiden, was mit den Aufnahmen im Nachhinein passiert. Die Angemessenheit der Auswertung ist stets an die Fragestellung und Zielsetzung der Untersuchung geknüpft. Die Art der Datenerhebung beeinflusst daher bereits mögliche Auswertungsverfahren. Für die vorliegende Untersuchung wurde dabei die dokumentarische Methode der Analyse qualitativer Daten ausgewählt.

> *„Die dokumentarische Methode ist ein Vorgehen, welches schrittweise das Material rekonstruiert und in Richtung einer Typenbildung auswertet. Dabei geht es um die Wiedergabe von Sinngehalten, die gesprochenen Äußerungen unterliegen, ihnen inhärent sind.“*[148]

Durch Hinzunahme von ergänzenden Informationen und theoriegeleiteten Erklärungsansätzen soll das Verständnis der Daten erweitert werden. Dies geschieht in zwei voneinander abgrenzbaren Arbeitsschritten der Textinterpretation, der formulierenden und reflektierenden Interpretation. Die formulierende Interpretation bezeichnet die paraphrasierende Rekonstruktion der thematischen Gliederung, wobei die Interpretation auf der Ebene des Ausdruckssinns verbleibt. Hierbei werden Oberbegriffe und Unterthemen gebildet und im Anschluss daran anhand der thematischen Relevanz Passagen ausgewählt, die als Fokussierungsmetaphern eine hohe inhaltliche Dichte aufweisen und in die reflektierende Interpretation einbezogen worden. Ziel einer thematischen Feingliederung ist es, nahe am immanenten Sinngehalt der Äußerungen zu bleiben, wobei die von den Akteuren im Forschungsfeld bereits selbst interpretierten, begrifflich explizierten Standpunkte zusammenfassend formuliert wurden. An dieser Stelle setzt die reflektierende Interpretation an. Um Bedeutung von Äußerungen im Gesamtkontext erschließen zu können, werden bei der komparativen Analyse Vergleichskriterien anhand kontrastierender Kontrollgruppen gebildet. Dabei werden zunächst in der fallinternen Kontrastierung einzelne Sequenzen miteinander verglichen. Bei dem fallübergreifenden Vergleich werden die Kommunikations- und Sinnhorizonte anderen Fällen gegenübergestellt, wobei nach Orientierungsmustern gesucht wird. Orientierungsmuster lassen sich anhand ihrer Gegenhorizonte bestim-

---

146 Gesetz über Maßnahmen für im Rahmen humanitärer Hilfsaktionen aufgenommene Flüchtlinge (Flüchtlingsmaßnahmengesetz)

147 Lamnek (2005): 2.

148 Vgl.: Marotzki (2003).

men und kennzeichnen sowohl bewusste als auch gewohnheitsmäßige Bereiche mit gemeinsamen und kollektiven Interessenpunkten der Gruppenmitglieder. Je mehr verschiedene Typen dabei herausgearbeitet werden, so dass sich unterschiedliche Typen überlagern, umso valider ist das Verfahren. Beides, die Orientierungsmuster sowie die Gegenhorizonte kommen in den Fokussierungsmetaphern am deutlichsten zum Ausdruck. Auf den fallinternen und fallexternen Vergleich dieser Fokussierungsmetaphern folgt zur Erhöhung der Validität die Kontrastierung mit anderen Sequenzen im Text. Hierdurch ist die Bildung darüber hinausgehender Aussagen möglich, wobei auch eine Anreicherung mit zusätzlichem Material erfolgt. Durch die Hinzunahme von Erläuterungen, ergänzenden Information, aber auch mittels theoriegeleiteter Erklärungsansätze wird das Verständnis der Daten erweitert.

Im letzten Schritt findet die Typenbildung statt, dabei werden Bezüge zwischen spezifischen Orientierungen und den individuellen und kollektiven Rahmenbedingungen herausgebildet und in Kontrast zu den Vergleichsgruppen gesetzt. Idealerweise im Verlauf der Interpretation wird immer wieder geprüft, inwiefern eine Sättigung der Kontraste erreicht wird und ob gegebenenfalls noch Kontrastgruppen erhoben werden müssten. Nach einer Grobauswertung aller Interviews lassen sich zwar individuelle Konzepte nachvollziehen, ihre tatsächliche Anwendbarkeit und ihre Umsetzung im Alltag jedoch nur bedingt überprüfen. Die geringe Befragtenanzahl kann stets nur eine geringe Teilmenge möglicher Variationen abbilden und hat demnach keinen Verallgemeinerungsanspruch. Auch ergibt sich in der zusammenführenden Aufbereitung der Analyseergebnisse ein Darstellungsproblem, auf das Flick mit seiner Feststellung, dass die Kommunizierbarkeit sozialwissenschaftlicher Forschungsergebnisse wesentlich von ihrer Darstellungsform abhängt, aufmerksam macht. Jede Verschriftlichung führt zumindest zu einer anderen Version des Geschehens. Daten stehen niemals für sich allein, bergen einen latenten Gehalt, auch durch die Benennungen werden bereits Perspektiven und Differenzierungen festgelegt.[149] Die schriftliche Fixierung zwingt zur Subsumption, weshalb sich die Komplexität des Deutungsvorganges nicht vollständig darstellen lässt. Dennoch soll die Darstellung der Forschungsergebnisse und die der Daten anschaulich und nachvollziehbar bleiben. Eine schriftliche Fixierung des Analysevorganges konnte so nur partiell erfolgen.

149 Flick (1995): 267, 194.

## 5. Rahmenbedingungen für die jüdische Emigration aus der ehemaligen UdSSR

Um ein realistisches Bild von der Lebenssituation der Auswanderer und ihren Auswanderungsmotiven zu erhalten, ist es wichtig die Migrationsbedingungen und den Ausreisekontext aus der ehemaligen UdSSR in die Betrachtungen mit einzubeziehen. Denn in den GUS-Staaten gehörte besonders in den Wendejahren der in Westeuropas weitgehend überwunden geglaubte offene Antisemitismus und Rassismus trotz Glasnost und Perestroika weiterhin zum Alltag eines nicht unerheblichen Teils der jüdischen Bevölkerung. Auch wenn hiervon weitaus nicht alle persönlich betroffen waren, sprachen sich Gerüchte über Boykotte jüdischer Geschäftsleute, Friedhofsschändungen oder Pogromaufrufe herum. Die Auswanderung in den Westen bot hierzu eine der wenigen Alternativen. Verstärkt wurde der Auswanderungswunsch vieler zudem nicht unerheblich von der instabilen wirtschaftlichen und politischen Lage sowie weiteren Faktoren.[150]

### 5.1 Rahmenbedingungen im Ausreiseland

Die wenigen jüdischen Gruppen und frühen Siedlungen auf russischem Territorium wurden durch die Invasion der mongolischen Stämme im 13. Jahrhundert zerstört. Nach dem Ende der mongolischen Herrschaft wurde bis Mitte des 18. Jahrhundert eine Ansiedlung von Juden auf dem Gebiet des russischen Imperiums weitgehend unterbunden, was nicht zuletzt einen religiösen Hintergrund hatte und dazu beitrug, dass Juden nur einen marginalen Anteil an der Gesamtbevölkerung stellten.[151] Durch die erste Teilung Polen-Litauens im Jahr 1772 wurden weitere Juden Bürger des Russischen Imperiums, was ihre Gesamtzahl auf ca. 60 Tausend anstiegen ließ und Russland erneut mit der „Judenfrage“ konfrontierte.[152] Nach der zweiten und dritten Teilung Polens in den Jahren 1792/93 sowie 1795 stieg ihre Anzahl auf eine knappe halbe Million und damit die Gesamtzahl der Juden Russlands auf knapp 800.000.[153] Die Geschichte russischsprachiger und sowjetischer Juden ist nach Lustiger dabei stets auch als Fortsetzung der Geschichte der polnischen und deutschen Juden zu sehen. Denn im Königreich Polen-Litauen, das damals große Teile der heutigen Ukraine und Weißrusslands umfasste, hatten zahlreiche Juden aus allen Gebieten Europas Zuflucht

150 Spiegel (2003): 86f.
151 Lustiger (2000): 24f.
152 Будницкий (2008): 9.
153 Kleinmann (2007): 55.

vor Pogromen gefunden, auch wenn hier zahlreiche religiöse Vorurteile bestanden. Sie bewahrten gegenüber der polnischen Bevölkerung eine kulturelle Eigenständigkeit, die sich nicht zuletzt im Gebrauch des Jiddischen zeigte.[154]
Obwohl ihnen im zaristischen Russland zunächst noch mehr Rechte gewährt wurden als in den restlichen europäischen Staaten, wurden Juden auch hier zunehmend Opfer antijüdischer zaristischer Politik. Obwohl einige Juden über Privilegien verfügten und gesellschaftlich gut integriert waren, blieben Juden im Allgemeinen eine rechtlose Minderheit, deren Existenz oftmals nur durch Migration und Separation gesichert werden konnte. Nach der damaligen Gesetzeslage, war es Personen mit hoher akademischer Ausbildung oder sog. „Kaufleuten erste Gilde"[155] gestattet ihren Wohnort frei zu bestimmen. Dieser Umstand liefert zusätzliche Hinweise für die Bildungs- und Aufstiegsorientierung der jüdischen Bevölkerung. Der Mehrheit wurden bestimmte Ansiedlungsgebiete zugewiesen, in den so genannten Schtetl konnten sie begünstigt durch die territoriale Konzentration eine ausgeprägte Identität und Sprache aufrechterhalten. Für das Leben in den Schtetl waren ein ausgeprägtes Zusammengehörigkeitsgefühl, kultureller Reichtum, tiefe Religiosität, aber auch eine stets anwachsende Bewohnerzahl, steigende Armut und Entrechtung sowie die Angst vor Übergriffen charakteristisch.[156]

Dennoch stieg in absoluten Ziffern die Zahl der Schtetlbewohner weiterhin an, was nicht zuletzt den religiös bedingten, hohen Geburtenraten zu verdanken war und dazu führte, dass russische Juden 1850 bereits über die Hälfte der gesamten jüdischen Weltbevölkerung stellten. Mit der Erteilung von Ausreisegenehmigungen ab 1881 kam es daneben zu einer riesigen Auswanderungswelle, die bis 1914 über zwei Millionen Juden umfasste. Den Auswanderern wurde eine Rückkehrmöglichkeit untersagt. Die Mehrheit zog es vor allem in die Vereinigten Staaten von Amerika und nach Palästina, wo sie um 1931 nahezu die Hälfte der jüdischen Bevölkerung stellten. Andere suchten in Argentinien, Kanada, in Großbritannien und im Deutschen Reich Asyl. In Folge des Ersten Weltkrieges und der Oktoberrevolution kam es zu weiteren Auswanderungen ins Deutsche Reich, die besonders Angehörige der gestürzten Elite umfassten und zur Entstehung einer bikulturellen jüdischen Gemeinschaft in Deutschland beitrugen. Mit der Oktoberrevolution und der Machtübernahme der Bol-

154 Lustiger (2000): 25.
155 Ein Ehrentitel, der nicht vererbt werden konnte.
156 Spiegel (2003): 85.

schewiki[157] wurde 1918 die diskriminierende Gesetzgebung zunächst aufgehoben und Verfassungsprinzipien etabliert, welche einheitliche Bürgerrechte zusicherten. Die UdSSR verstand sich als Vielvölkerstaat, bestehend aus fünfzehn Teilrepubliken, deren Bürger über 100 nationale Zugehörigkeiten umfassten. Dennoch flohen viele Sowjetjuden aus Angst vor weiteren Pogromen durch die neuen Machthaber. Beliebte Zielländer wurden die USA, Deutschland und Frankreich.[158] Einigen wenigen gelang die Flucht nach Palästina. Insgesamt vollzog sich diese Auswanderung in ihrem Umfang auf einer neuen Ebene, da nahezu die gesamte jüdische Intelektuellenschicht sowie die politische und wirtschaftliche jüdische Elite das Land verließen, hiervon auch über 60.000 nach Deutschland.

Sprache galt für das Sowjetregime als entscheidendes Merkmal für Nationalität und Zugehörigkeit, so dass besonders während der 1950er Jahren jüdische Schulen geschlossen wurden. Jiddisch und Hebräisch wurden verboten, wodurch das zuvor stark verbreitete Jiddisch fast vollständig an Bedeutung verlor sowie innerhalb der meisten jüdischen Familien nicht weiter gepflegt wurde. Auffällige jiddische und hebräische Vornamen wurden nicht mehr vergeben, obgleich sie vor dem Krieg häufig anzutreffen waren.[159]

In der UdSSR waren Millionen Juden zurückgeblieben, die zunehmend gezwungen waren, sich vollständig der sowjetischen Kultur unterzuordnen, denn Lenin verurteilte zwar den Antisemitismus öffentlich, wandte sich aber ebenso klar gegen ein jüdisches Identitätsbewusstsein. Die in den Anfangsjahren der Sowjetunion noch bestehenden nationalen Bildungsstätten und Kultureinrichtungen wurden geschlossen, wodurch die jüdische Minderheit zur sprachlich mit Abstand am stärksten assimilierten Ethnie der Sowjetunion wurde. Der Großteil der jüdischen Intellektuellenschicht wurde zerstört, ganze Gruppen wurden festgenommen, langjährig inhaftiert oder sogar hingerichtet.

Bereits 1924 begann die Kommunistische Partei eine Assimilationsinitiative, woraus eine spezifische staatlich verordnete jiddische Kultur hervorging, die gleichzeitig neben der hebräischen existierte. Die Errichtung des autonomen jüdischen Gebiets Birobidschan[160] im Jahr 1928, an der Grenze zu China, sollte unter staatlicher Kontrolle ein Alternativmodell zum Zionismus liefern.[161] Jedoch verschlug es nur einen

157 Fraktion der Sozialdemokratischen Arbeiterpartei Russlands (Большевики).
158 Hess / Kranz (2000): 37.
159 Steinbach (2000): 35f.
160 Биробиджан
161 Kessler (1996): 5f.

Bruchteil der jüdischen Bevölkerung dorthin. Insbesondere in den sowjetischen Metropolen erfuhren die Juden eine rasche Akkulturation und lösten sich von ihren jüdischen Wurzeln.

Seit den 1930er Jahren verschlimmerte sich die Situation, im stalinistischen Kampf gegen Trotzki fanden Schauprozesse und zahlreiche Pogrome statt, wobei die Verfolgungen, denen Tausende Bürger jüdischer Herkunft zum Opfer fielen, zunächst der politischen Opposition galten. Der Eintrag der jüdischen Nationalität in den Ausweispapieren trug nicht zuletzt zur Sichtbarmachung der Deskriditierbaren bei, die Staatsangehörigkeit ermöglichte eine einfache Identifizierung als Juden.[162] Zu der offiziellen Ausgrenzung in Form willkürlich eingeschränkter Zugänge zu Hochschulen, dem Arbeitsmarkt oder Militär gesellte sich zunehmend der Antisemitismus aus der Mitte der Bevölkerung, welchem viele Juden im Alltag ausgesetzt waren.[163]

Der Zweite Weltkrieg brachte weitere tragische Einbrüche für das sowjetische Judentum, nur wenige erfuhren seitens der nicht-jüdischen Sowjetbürger Unterstützung gegen die Deportationen oder der Vernichtung durch die deutsche Wehrmacht.[164]

Zusammenfassend kommt Messmer zu dem Schluss, dass seit der Stalin-Ära allen Sowjetführern eine mehr oder weniger offene staatliche Antisemitismuspolitik nachzuweisen ist, die antisemitische Vorfälle selten verfolgte und kaum Sanktionen verhängte.[165] Zwar wurde den gröbsten antijüdischen Übergriffen durch Chruschtschow 1957 Einhalt geboten, doch manifestierte sich der staatliche Antisemitismus erneut in der Diskriminierung der jüdischen Religion. Die Amtszeit Breschnews war gekennzeichnet von einer Verlagerung vom Antisemitismus auf den Antizionismus, letzterer als Deckmantel für den Ersteren.

Die sowjetische Propaganda brachte hierbei nach 1968 Judentum mit Zionismus und diesen wiederum mit Faschismus, Rassismus und Imperialismus in Verbindung und zwang die sowjetischen Juden, sich dem antiisraelischen Habitus anzuschließen. Mit einer Instrumentalisierung jüdischer Antizionisten mobilisierte die Regierung die Bevölkerung gegen die Auswanderungswilligen. Während die Integration also verwehrt blieb, war darüber hinaus auch die Möglichkeit der Ausreise oder Rückzug in die Eigengruppe

162 Schmidt-Weil (2007): 49f.
163 Doomernik (1997): 22.
164 Lustiger (2000): 23.
165 Vgl.: Messmer (1998)

nicht mehr gegeben. Eine beabsichtigte Ausreise in kapitalistische Länder wurde als Landesverrat gedeutet, wofür langjährige Haftstrafen drohten. Denn obwohl die Sowjetunion als Unterzeichner in der Deklaration der Menschenrechte 1948 die Freizügigkeit ihrer Staatsbürger versprach, waren Auswanderungen nur in minimalem Umfang möglich und erst ab 1971 wurden diese wieder im größeren Rahmen genehmigt.

Mit der Verschlechterung der Situation in der Sowjetunion und dem Aufschwung Israels gelang es den meisten zionistischen Aktivisten zwischen 1968 und 1973 und zwischen 1979 und 1986 nach Israel zu migrieren, sie machten jedoch nur einen Bruchteil der sowjetischen Juden aus.[166] Für die Antragstellung mussten umfangreiche Formulare eingereicht werden, darunter eine Bescheinigung der Hausverwaltung, Arbeitszeugnisse sowie schriftliche Stellungnahmen der Eltern. Nur ein Bruchteil der Ausreisebewerber erhielt die Ausreisegenehmigung auf Erstantrag hin, nur knapp 1000 Personen durften überhaupt das Land verlassen, obwohl allein in den Jahren 1969 bis 1979 ganze 32000 Einladungen aus Israel, sogenannte Vyzovi[167], eingereicht wurden. Die Ablehnungen der Ausreisebegehren wurden generell nur mündlich ausgesprochen.[168]

Ausreisen blieben in der UdSSR in der Regel problematisch und unterlagen der außerordentlich restriktiven Willkür der bearbeitenden Behörden. Für die Mehrheit manifestierten sich die starken Repressionen nicht zuletzt in Verhaftungen oder dem Verlust des Arbeitsplatzes, sowohl die Ausreise wie auch ein weiterer Verbleib in UdSSR wurden so unmöglich. Zahlreiche Ausreisewillige waren zur Passivität gezwungen, einige organisierten sich als Reaktion darauf in der Protestbewegung Otkasazniki,[169] durch welche im Laufe der 70er und 80er Jahre verstärkt öffentlichkeitswirksame Massenproteste im In- und Ausland initiiert wurden.

Ein besonderes Ausreisegesuch sollte zum Abweichen Israels vom bisherigen Kurs der stillen Diplomatie führen, nach dem es von der israelischen Parlamentsministerin Golda Meir 1969 in der Knesset verlesen wurde: In einer Petition an die UNO-Menschenrechtskommission begründeten 18 jüdische Familien aus Georgien ausführlich ihr von Sowjetbehörden seit Jahren verweigertes Ausreisegesuch nach Israel mit einer religiösen Bindung. Die erstmalige größere öffentliche Beachtung der Ausreise-

166 Armborst (2005): 47ff.; Burteisen (2003): 221.
167 Вызовы
168 Hess / Kranz (2000): 44f.

anträge beförderte weitere Antragstellungen.[170] Zusammenfassend ist anzumerken, dass in der UdSSR nicht zuletzt durch Diskriminierungen und Ausreiseverweigerungen das Jüdisch-Sein als Stigma erschien, dessen Entdeckung gravierende Folgen für den Lebenslauf nach sich ziehen konnte. Bei einer gezielte Hinwendung zum Judentum war mit starken Sanktionen zu rechnen, was letztendlich massiv zur Lockerung der individuellen Bindungen an die ethnische Gruppe beitrug und eine Assimilation an das sowjetische System beförderte. Die Wertvorstellungen vieler Juden näherten sich weitgehend denen der Mehrheitsgesellschaft an. Neben dem Zwang war die Assimilation für viele von ihnen auch das Ergebnis freiwilliger Enttraditionalisierungstendenzen seit der Haskalah, wobei das durch den Wegfall der Religion entstandene identifikatorische Vakuum sich im Laufe der Zeit mit Identifikationsangeboten aus der säkularen Umwelt füllte.[171]

Auch die Abwanderungstendenzen der Juden in große Industriezentren und die Zunahme interethnischer Ehen trugen zum Verlust eines selbstverständlich vorhandenen, jüdischen Milieus und zur Schwächung des zuvor stark ausgeprägten ethnischen und religiösen Bewusstseins bei. Mit der weitgehenden Durchsetzung einer atheistischen Weltanschauung und Schließung der Synagogen verlor auch der Bezug zur Religion seine identitätsstiftende Bedeutung. Nur eine Minderheit der sowjetischen Juden schätzte sich als religiös ein, mehr als jeder Zweite lebte nicht mehr nach religiösen Vorschriften, nur Wenige verfügten über umfangreichere Traditionskenntnisse. Abschließend lässt sich sagen, dass die verallgemeinernde Annahme einer relativ homogenen jüdischen Gruppe bereits in der UdSSR, trotz sowjetischer Sozialisation, Mischehen und Russifizierung, nur bedingt tragfähig ist. Auch wenn es unter Inkaufnahme massiver Repressionen nur bedingt möglich war diese nach Außen hin zu zeigen, bewahrten viele dennoch eine starke jüdische Identität, welche gegenüber den jüdischen Identitäten in westlichen Ländern jedoch deutliche Unterschiede aufwies.[172] Mit Gitelmans Trennung zwischen aktiver, von außen sichtbarer und passiver, nicht aktiv demonstrierter, innerer Identität lassen sich für die Juden in der UdSSR fünf unterschiedliche idealtypische Einstellungsmuster ausmachen.[173]Die ersten beiden jüdischen Gruppen weisen Charakteristika einer aktiven Identität auf, die eine konnte und

169 Отказники, „Abgelehnte“
170 Armborst (2005): 45ff.
171 Körber (2005): 175.; Schmidt-Weil (2007): 2f.
172 Vgl.: Doomernik (1997)
173 Gitelman (1991): 5.

die andere wollte die jüdische Identität bewahren. Hierzu zählen unter anderem religiöse Juden und die aktiven zionistischen Aktivisten, wobei diese nur eine Minderheit der Juden repräsentieren. Trotz staatlicher Repressionen rebellierten sie aktiv gegen die erzwungene Assimilation, engagierten sich für den Aufbau jüdischer Institutionen in der Sowjetunion und forderten die Errichtung eines jüdischen Staates.

Die dritte Gruppe flüchtete sich hingegen aus Angst vor Verfolgung und Diskriminierung in eine passive Identität. Eine vermeintliche äußerliche Assimilation um möglichst nicht aufzufallen ging mit dem Versuch einher das Stigma Jüdisch-Sein so gut es geht zu verbergen. Diese Gruppe wird von Gitelman als "innere Emigranten" bezeichnet, als jene Juden, die ihre jüdische Identität privat insgeheim bewahren konnten, diese jedoch nach Außen hin versteckten und so nicht als Juden auffielen. Bei der Mehrheit der sowjetischen Juden ging die jüdische Identität durch den Assimilationszwang und die gesellschaftlichen und politischen Verhältnisse gänzlich verloren, hierfür stehen die letzten zwei Gruppen.

Die vierte Gruppe verlor diese Identität auf Grund der äußeren Zwänge und des Assimilationsdrucks, die fünfte Gruppe zeichnet sich durch eine freiwillige Aufgabe jüdischer Identität, die Identifikation mit der sowjetische Kultur und den Eigenwillen zur vollständigen Assimilation aus. Das Jüdisch-Sein war für sie nicht viel mehr eine bürokratische Festlegung, die sie als "Nationalität" in den Ausweispapieren begleitete und eine vollständige Akzeptanz verhinderte, welche sie selbst anstrebten.[174]

174 Burteisen (2003): 221ff.; Steinbach (2000): 34ff.; Friedmann (1993): 44.

**Abb. 3: Jüdische Identitäten in der UdSSR.**

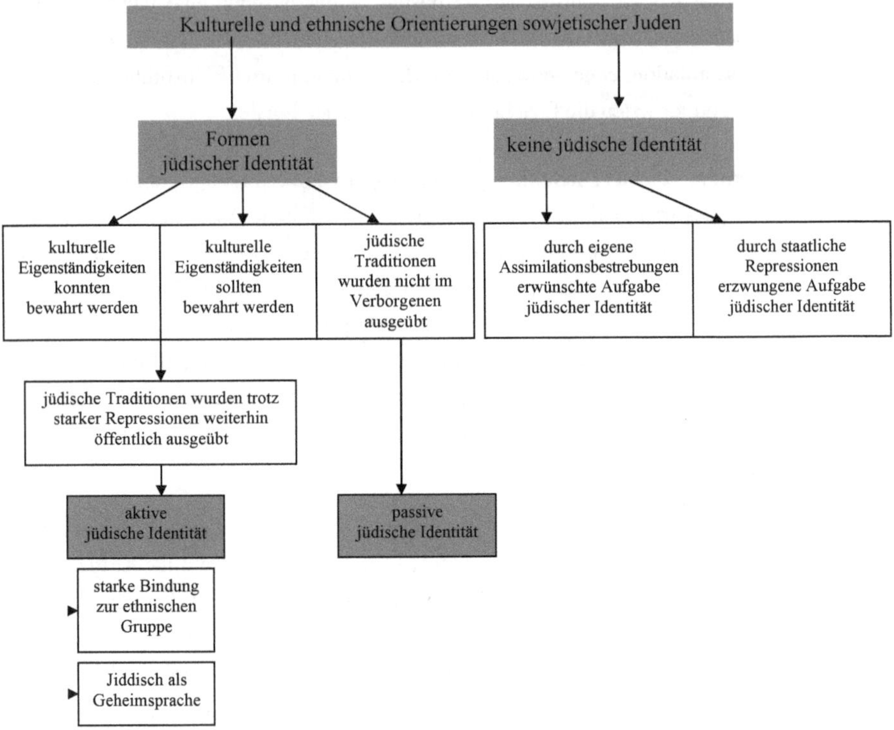

- Kulturelle und ethnische Orientierungen sowjetischer Juden
  - Formen jüdischer Identität
    - kulturelle Eigenständigkeiten konnten bewahrt werden
    - kulturelle Eigenständigkeiten sollten bewahrt werden
      - jüdische Traditionen wurden trotz starker Repressionen weiterhin öffentlich ausgeübt
        - aktive jüdische Identität
          - starke Bindung zur ethnischen Gruppe
          - Jiddisch als Geheimsprache
    - jüdische Traditionen wurden nicht im Verborgenen ausgeübt
      - passive jüdische Identität
  - keine jüdische Identität
    - durch eigene Assimilationsbestrebungen erwünschte Aufgabe jüdischer Identität
    - durch staatliche Repressionen erzwungene Aufgabe jüdischer Identität

Quelle: Frei nach Gitelman (1991).

## 5.2 Jüdische Migration aus der UdSSR im Kontext alternativer Ausreiseziele

Der Abbau der jahrzehntelangen staatlichen Unterdrückung begann erst in den 1990er Jahren mit der Glasnost/Perestroika unter Gorbatschow, als die jüdischen Organisationen wieder freier agieren konnten und die unbeschränkte Ausreise wieder gewährt wurde.[175] Das Fehlen demokratischer Werte und einer funktionierenden Zivilgesellschaft führte jedoch im Zuge der Umwandlung der postsowjetischen Gesellschaft und der De-Ideologisierung zur mangelhaften Aufarbeitung der Regierungsverbrechen und Kriegsgeschehnisse, besonders die Erinnerung an jüdische Opfer des totalitären

175 Schütze (2006): 306f.

Regimes wurde verzerrt dargestellt.[176] In der postkommunistischen Variante umfasst der Antisemitismus ein Konglomerat verschiedenster wiedererstarkter Formen traditioneller Anschuldigungen, bis hin zu neuen Ausprägungen wie dem intellektuellen Antisemitismus. Seine Entstehung wurde durch eine zunehmende Instrumentalisierung der Judenfeindschaft durch verschiedene Gruppen, Parteien und die russisch-orthodoxe Kirche begleitet. Rechtsextreme Bewegungen gewannen an Bedeutung und Gerüchte über erneute Judenpogrome breiteten sich aus, die Massenmedien veröffentlichten eventuelle Zeitpunkte und Tatorte.[177] Zudem führte der katastrophale ökonomische Einbruch am Ende UdSSR zur rasch ansteigenden Zahl hochqualifizierter Arbeitsloser, wovon die jüdische Bevölkerung überproportional stark betroffen war.[178] Neben der politischen und ökonomischen Instabilität und einer Zunahme von Kriminalität vermittelte besonders der demokratisch legitimierte Antisemitismus ein Gefühl von Perspektivlosigkeit. Der Wunsch nach Sicherheit, besseren Lebensbedingungen und Zukunft für die Kinder sowie Familienzusammenführung werden als weitere Ausreisegründe genannt. Durch beobachtete Migrationsentscheidung im eigenen sozialen Umfeld entschieden sich auch jene hierfür, die zuvor nicht daran dachten.[179]

Tolts stellt fest, dass die negativen Migrationsbilanzen durch Alijah* und Emigration seit 1989 sowie geringe Geburtenraten zum drastischen Rückgang der jüdischen Bevölkerung auf dem Gebiet der ehemaligen Sowjetunion führten.[180] Nur wenige Zuwanderer hatten vor der Migration direkte Erfahrungen mit der Shoa gesammelt, Antisemitismus gilt bei vielen als spezifisch sowjetische Erscheinung. Andere sind der Ansicht, die Deutschen hätten aus der Vergangenheit gelernt. Von der Mehrheit der Migranten wird die Situation in der BRD und Europa als sicherer, wirtschaftlich stabil und demokratischer wahrgenommen. Auch die geographische Nähe und das, im Vergleich zu Israel, angenehmere, europäische Klima sowie die Tatsache, dass viele von ihnen bereits Angehörige oder Freunde in der BRD hatten, machte die BRD zu einem attraktiven Zielland.[181]

> *„Welcher Grund auch immer den Ausschlag gegeben haben mag, so ist die Auswanderung doch für jeden Menschen, ob jung oder alt, eine weit*

176 Armborst (2005): 409.
177 Burteisen (2003): 223.
178 Hess / Kranz (2000): 8ff.
179 Körber (2005): 32.
180 Tolts (2005): 15.
181 Cohen / Haberfeld / Kogan (2008): 197.

*reichende, in ihren Auswirkungen nie ganz abschätzbare Entscheidung und eine echte Zäsur. Der Weggang ist fast immer ein Abschied für immer und für die meisten Emigranten ein schmerzlicher, trotz aller Hoffnungen auf ein besseres Leben, vielleicht in besonderem Maße für russische Emigranten.*"[182]

Die Entscheidung der Ausreisewilligen zur Zuwanderung in die BRD ist stets im Kontext alternativer Einreiseziele, besonders der Regelungen in Israel oder den USA zu sehen. In Israel erhielten die Migranten bei ihrer Ankunft die israelische Staatsbürgerschaft, wodurch sie jedoch auch jegliche Ansprüche zur Aufnahme als Flüchtling in einem anderen Land verloren. Hier genügte zu diesem Zeitpunkt der Nachweis über mindestens ein jüdisches Großelternteil, es gab eine zeitlich begrenzte staatliche Unterstützung, die jedoch nicht zur Sicherung des Grundbedarfs ausreichte.

Die USA beschränkten die Aufnahme jüdischer Zuwanderer aus der ehemaligen UdSSR nach 1989 auf jährlich 50.000 zugelassene Einwanderer, die erst nach mindestens 5 Jahren Wohnsitz die Möglichkeit bekamen, einen Antrag auf Einbürgerung stellen zu können und keinerlei materielle Unterstützung erhielten. Dies schreckte jedoch die qualifizierten Migranten wenig ab, so dass die USA für sie weiterhin ein attraktives Migrationziel darstellte.[183]

Kurz, nachdem die USA den Flüchtlingsstatus für jüdische Migranten entzog, entschied sich die BRD für die Einführung einer Flüchtlingsregelung, was in den 90er Jahren zu einer verstärkten Zuwanderung führte. Der Entscheidung in die BRD zu immigrieren liegen verschiedene Motivkomplexe zu Grunde. Für die Mehrheit der jüdischen Migranten waren pragmatische Gesichtspunkte bei der Entscheidung für die BRD ausschlaggebend, nicht zuletzt da Israel zu diesem Zeitpunkt vielen Juden als politisch und wirtschaftlich zu unsicher erschien. Zusätzlich ermutigend wirkte die für die wiedervereinte BRD im Jahr 1991 verabschiedete Einreisegesetzgebung, auf die im sechsten Abschnitt näher eingegangen wird. Die demographische Struktur der jüdischen Zuwanderer nach Deutschland ist typisch für klassische oder ethnische Migration, bei der in der Regel keine Rückkehroptionen offen gehalten werden und die Einreise im Familienverbund erfolgt. Der Großteil der über 18-jährigen Zuwanderer ist verheiratet, viele mit nicht-jüdischen Ehepartnern. Mit Ausnahme des höheren Frauenanteils unter den Älteren liegt eine ausgewogene Geschlechtsstruktur vor, auch alle Altersgruppen sind relativ gleichmäßig vertreten.

182 Spiegel (2003): 87.
183 Cohen / Haberfeld / Kogan (2008): 185f., 196f.

### 5.3 Rahmenbedingungen in der BRD

Allgemein zeichnen sich im Laufe des 20. Jahrhundert vier Migrationswellen vom Gebiet der ehemaligen UdSSR nach Deutschland ab. Mit der ersten Welle nach der Oktoberrevolution 1917 kamen etwa 500.000 russische Regimegegner zumindest zeitweise hier unter. Bis 1933 waren die ca. 570.000 im deutschen Raum lebenden Juden ungeachtet eines latent bestehenden Antisemitismus integrativer Bestandteil des kulturellen, politischen und wirtschaftlichen Lebens. In den zahlreichen jüdischen Einheitsgemeinden konnten unterschiedliche jüdische Strömungen ihre Traditionen gleichberechtigt pflegen. Nach der Schoah und der Vernichtung des Großteils des deutschen Judentums war eine Normalisierung des jüdischen Lebens in Deutschland zunächst undenkbar. Doch schon kurz nach 1945 entschieden sich einige wenige Juden zum Verbleib, wenn dieser auch nur temporär gedacht war.[184] Zu ihnen gesellten sich die von den Alliierten befreiten Re-Immigranten und Displaced Persons (DP), ehemaligen KZ-Insassen, Zwangsarbeiter oder Kriegsgefangene, so dass sich zu diesem Zeitpunkt insgesamt ca. 15.000 jüdische Überlebende in Deutschland aufhielten.[185] Auf ihre Situation in der Nachkriegszeit soll im folgenden Abschnitt eingegangen werden, da die Gruppe der jüdischen Verbliebenen maßgeblich zum Aufbau und der Ausgestaltung jüdischer Infrastruktur beitrug. Einzelne Mitglieder der dritten Migrationswelle kamen zwischen 1959 und 1990 im Zuge des Kalten Krieges, neben wenigen Zuwanderern mit jüdischem Hintergrund waren die Migranten mehrheitlich Dissidenten und Regimegegner.

Kessler verweist darauf, dass eine minimale Rück- und Einwanderung von Juden aus der Sowjetunion 1973-1980 und 1987-1989 ausschließlich nach West-Berlin stattfand, da hier Interimsregelungen zwischen dem Senat und Heinz Galinski, dem damaligen Vorsitzenden der Berliner Gemeinde und des Zentralrats der Juden in Deutschland ausgehandelt worden waren.[186] Die jüdischen Gemeinden verzeichneten einen geringen Mitgliederzuwachs, der mit knapp 30000 registrierten Mitgliedern mehr als drei Jahrzehnte lang relativ stabil, wenn auch gering blieb. Als „Vierte Welle“ wird die mit der Auflösung der Sowjetunion einsetzende Einwanderung seit 1991 bezeichnet. Mittlerweile leben wieder über 100.000 Juden in Deutschland, was jedoch im Vergleich zu anderen ethnischen Minoritäten immer noch eine verschwin-

184 Runge (1995): 61.; Schmidt-Weil (2007): 47.
185 Hess / Kranz (2000): 28.
186 Kessler (2003): 5.

dend kleine Minderheit darstellt. Als eine der größten jüdischen Gemeinschaften in Europa findet sie in der öffentlichen Wahrnehmung nur wenig Beachtung. 2003 und im Jahr darauf war Deutschland noch vor Israel und den USA Hauptzielland jüdischer Immigration. Die privilegierte Möglichkeit für russische Juden als Kontingentflüchtlinge nach Deutschland einzuwandern, kann nur vor ihrem historischen Entstehungskontext verstanden werden.

### 5.3.1 Doppelte Isolation

Die Wurzeln der jüdischen Sozialarbeit sind in den religiös-ethnischen Prinzipien gegenüber Notleidenden begründet und liefern das Fundament für den Aufbau des jüdischen Leben im Nachkriegsdeutschland. Mit dem Einzug der Amerikaner begann am 4. Juli 1945 die Aktivität der internationalen Hilfsorganisationen. Die UNRRA kümmerte sich ausschließlich um die DP.[187] Unterstützend wirkte auch die jüdische Wohltätigkeitsorganisation JOINT.[188] Diese organisierte unter anderem die Verpflegung.[189] Für die vorübergehende Unterbringung wurden Sammellager, die sog. DP-Camps, teils in ehemaligen Konzentrationslagern oder anderen Internierungslagern in der US-amerikanischen Besatzungszone eingerichtet. Dabei wurden die Flüchtlingsströme von der Fluchthelferorganisation BRICHA dorthin gelenkt um die USA hierdurch zu drängen mit Großbritannien über die Abschaffung der antijüdischen Einwanderungspolitik nach Palästina zu verhandeln.

Viele Überlebende legten einen großen Optimismus an den Tag, dessen Wesen widersprüchlich war und sich nach Arendt nur wenig von Verzweiflung trennen ließ.[190] Die Lager entwickelten sich zu Zentren jüdischer Kultur mit Religionsschulen, Theater, medizinischer Selbsthilfe und demokratisch gewählten Lagerselbstverwaltungen, doch wie erwartet blieb die Situation weiterhin problematisch. Im Juni 1945 gründete sich in den Camps der vereinigte zionistische Verband um die erstrebte Weiterwanderung der zumeist traditioneller orientierten, jiddisch-sprechenden DP vorzubereiten, die auf Auswanderung hofften. Zeitgleich versuchten einige der Überlebenden den Aufbau jüdischer Infrastruktur voranzutreiben, wofür die provisorische Gründung jüdi-

187 United Nations Relief and Rehabilitation Administration (UNRRA): Die Nothilfe- und Wiederaufbauverwaltung der Vereinten Nationen in Europa und dem Fernen Osten

188 *American Jewish Joint Distribution Committee* (JOINT): *Eine überwiegend in Europa tätige Hilfsorganisation US-amerikanischer Juden*

189 Nachama (1999): 100.

190 Arendt (1986): 7ff.

scher Gemeinden erfolgte. Zunächst als Übergangslösung bis zur Auswanderung konzipiert, entwickelten sie sich in allen Regionen mit Ausnahme der sowjetischen Besatzungszone zur funktionierenden Infrastruktur.

Die Gemeinden verstanden sich zunehmend als Schicksalsgemeinschaften und standen in keiner Tradition zu den vormals existierenden Gruppierungen. Sie waren als Rückzugsort zur Pflege und Vermittlung jüdischer Traditionen angelegt. Von Beginn an hatten sie mit inneren und äußeren Spannungen zu kämpfen, waren durch Überalterung und Abwanderung gekennzeichnet. Zudem mangelte es an Lehrern, Kantoren und Rabbinern.[191] Einer hohen Kontinuität politischer Repräsentanz stand demnach eine ständige personelle Veränderung gegenüber, so dass Zuwanderer bereits nach wenigen Jahren als Alteingesessene galten.

Die Wiederentdeckung der regionalen jüdischen Geschichte erleichterte eine Neukonstruktion der kollektiven Identität als Kontinuität. Trotz signifikanter Unterschiede erschien der Typus der Einheitsgemeinde am geeignetsten um die unterschiedlichen Glaubensströmungen zusammenzuhalten, da auch die amerikanischen Hilfsorganisationen auf einheitliche Adressaten für ihre Unterstützung drängten.[192] Die heutige Einheitsgemeinde ist demnach ein zeitgeschichtliches Konstrukt, dessen scheinbare Einigkeit täuscht, bereits seit 1945 sind politische und religiöse Pluralisierungsprozesse deutlich sichtbar. Im Zentrum der symbolischen Kämpfe stand stets die Definition um das Jüdisch-Sein. Theoretisch sind alle Richtungen anerkannt, faktisch wird jedoch die orthodoxe Interpretation bevorzugt, die öffentlich inszeniert wird.[193]

Beim Gemeindeaufbau wirkten neben den materiellen Bedingungen auch interne Skandale erschwerend, unter Anderem durch Veruntreuung von Geldern.[194] Um die äußerst heterogenen Gemeinden zu stabilisieren und ein Zeichen für einen dauerhaften Wiederaufbau des jüdischen Lebens in Deutschland zu setzen, sollten überregionale Organisation entstehen.[195] Dies gipfelte in der administrativen Konsolidierung der Gemeinden mit der Gründung des Zentralrats der Juden in Deutschland am 19. Juli 1950 als Dachorganisation und offizieller Sprecher aller jüdischen Gemein-

191 Benz (1999): 56f.; Bloch (1999): 176.
192 Hess / Kranz (2000): 95 ff., 206.
193 Körber (2005): 131ff.
194 Brenner (1999): 39.
195 Benz (1999 ): 57.

den und Landesverbände.[196] Der Zentralrat sollte als Körperschaft des öffentlichen Rechts gezielt für die Förderung und Pflege religiöser, kultureller und sozialer Aufgaben der jüdischen Gemeinden eintreten und im Falle von Streitangelegenheiten vermitteln.[197] Auch die jüdischen Gemeinden der DDR waren diesem zunächst angeschlossen, später erfolgte die politisch bedingte Spaltung der Berliner Gemeinde, was im Folgenden eine Verlagerung der weiteren Aktivitäten auf die westlichen Besatzungszonen nach sich zog.[198] Bereits im Januar des Folgejahres beschloss der Zentralrat den Wiederaufbau der Zentralwohlfahrtsstelle der Juden in Deutschland e.V.

Die Zentralwohlfahrtsstelle kümmerte sich vor ihrer Auflösung durch die Nationalsozialisten seit 1917 als Reichsorganisation um die Anliegen jüdischer Kriegsteilnehmer und ihrer Hinterbliebenen und sollte nun als unabhängige Dachorganisation und Träger der freien Wohlfahrtspflege die Sozialarbeit innerhalb einzelner Verbände und Gemeinden unterstützen. Die Eingliederung von Flüchtlingen aus Osteuropa und der Wiederaufbau des jüdischen Lebens durch die Vermittlung von Religion und Traditionen wurden wichtige Schwerpunkte.[199] Zur Koordination der Sozialarbeit und der Jugendarbeit wurde im Laufe der Jahre je ein eigenes Referat eingerichtet.

Mit der Auswanderung der meisten DP im Zuge der Staatsgründung Israels 1948, der Novellierung des amerikanischen Einwanderungsgesetzes und der Auflösung des letzten DP-Camps im Jahr 1957 endet das erste Kapitel der jüdischen Nachkriegsgeschichte.[200] Jedoch sind einige der DP in der BRD geblieben, viele schämten sich für ihre Verbleibentscheidung, die meisten von ihnen wurden zeitlebens nicht mehr wirklich heimisch.[201] Neben internen kulturellen und sprachlichen Unterschieden zwischen den Verbliebenen unterlagen die west- und osteuropäischen Juden gleichermaßen einer doppelten Isolation, sowohl von der deutschen, wie auch von der restlichen jüdischen Gemeinschaft, die sich gegen einen Wiederaufbau des jüdischen Lebens in Deutschland stellte.

Israelische Behörden und zionistische Organisationen wie die Jewish Agency erwarteten von jüdischen Auswanderern, dass sie nach Israel gehen. Im Jahr 1948 sprach

196 Bloch (1999): 177.
197 Hess / Kranz (2000): 87.; Körber (2005): 76.
198 Nachama (1999): 102.
199 Geller (2006): 71.
200 Hess / Kranz (2000): 31f.; Bloch (1999): 177.; Brenner (1999): 37.
201 Kahn (2006): 285ff.; Mendel (2007): 84.

sich der jüdische Weltkongress JWK in diesem Zusammenhang sogar dafür aus, dass nie wieder Juden in Deutschland, das als Land der Täter bezeichnet wurde, leben dürften.[202]

Anfang des Jahres 1950 wurde hierzu in Frankfurt am Main eine Resolution verabschiedet, nach der jüdische Organisationen in Deutschland nur Interimscharakter haben sollten. Daneben findet die Wiederentstehung des jüdisches Leben im Nachkriegsdeutschland vor allem vor dem Hintergrund der deutschen Umwelt statt, bei welcher zu dieser Zeit nicht zuletzt zahlreiche Ressentiments gegen die Überlebenden vorhanden waren.[203] Nach dem Wegfall der alliierten Obrigkeit gab es erneut Schändungen jüdischer Gräber und tätliche Übergriffe auf Migranten, was von der Regierung Adenauer kritisiert wurde, obgleich dieser zeitgleich weiterhin ehemalige hohe NS-Beamte in der Politik sowie im gehobeneren öffentlichen Dienst beschäftigte.[204] Auf der anderen Seite fungierten Juden als Stellvertreter und Mahnmal der deutschen Schuld.[205] Bis in die 80er Jahre hinein verhinderte ein moralisches Tabu einen ungezwungenen Umgang mit Deutschen, woraus sich der Zwang ergab ein Doppelleben zu führen, da ein Kontakt mit nichtjüdischen Institutionen auf Dauer unvermeidlich wurde und entgegen dem Wunsch der Kontaktvermeidung eine schnelle Integration erforderte.

### 5.3.2 Veränderter Umgang der DDR mit jüdischen Zuwanderern

Durch die anfänglich positiven Beziehungen zu den Staatsorganen in der Anfangszeit der SBZ konnten sich die Nachkriegsgemeinden zunächst rascher stabilisieren als in den westlichen Besatzungszonen.[206] Dies wandelte sich in Folge der Bündnispolitik mit der stalinistischen UdSSR. Nach der Gründung der DDR am 7. Oktober 1949 unterstand die jüdische Gemeinde als Religionsgemeinschaft administrativ dem Staatssekretariat für Kirchenfragen.[207] Die wenigen jüdischen Überlebenden waren hier nahezu ausschließlich Juden deutscher Herkunft, die sich auf längere Sicht niederlassen wollten und emigrierte jüdische Kommunisten. Einerseits fungierten die Überlebenden in

202 Geller (2006): 61.
203 Brenner (1999): 42.
204 Hess / Kranz (2000): 33.
205 Schmidt-Weil (2007): 47.
206 Vgl.: Spiegel (2001)
207 Runge (1995): 70.; Benz 1999: 62.

der DDR in der Rolle der personalisierten Schuld, daneben wurden Juden jedoch immer mehr zur Rechtfertigung der antizionistischen Staatspolitik instrumentalisiert.

Der antisemitische Prager Schauprozess im Dezember 1952, der Slánsky-Prozess sowie die als die „Ärzteverschwörung" bekannt gewordenen Repressionen gegen jüdische Professoren aus Moskau 1953, lösten auch in der DDR Verfolgungen aus.[208] Letztendlich wurden die Religionsgemeinschaften als Störfaktoren in der sozialistischen Gesellschaft betrachtet. Die politische Steuerung wurde durch das Ministerium für Staatssicherheit mitbestimmt, so dass inoffizielle Mitarbeiter auch in den jüdischen Gemeinden zu finden waren.[209]

Mit dem Zuspitzen der Situation schrumpfte die Zahl der in den jüdischen Gemeinden der DDR registrierten Juden auf 1500 Personen. Mehr als vierhundert Personen, darunter die Vorsitzenden fast aller Gemeinden, flüchteten nach Westdeutschland.[210] Die Verbliebenen verhielten sich möglichst unauffällig und begnügten sich mit der Aufrechterhaltung der acht jüdischen Gemeinden. Um politische Differenzen mit der UdSSR zu vermeiden, beschloss die DDR weiterhin jüdischen Zuwanderungswilligen mit gültigen Dokumenten lediglich eine unbefristete Aufenthaltserlaubnis zu gewähren.[211]

Mitte der 80er Jahre machte sich in der prinzipiell antiisraelisch eingestellten DDR eine politische Richtungsänderung bemerkbar. Motiviert durch stärkere Annäherungsversuche an den Westen, insbesondere zu den USA, begann sich die DDR erstmals um die Angelegenheiten der jüdischen Bevölkerung zu kümmern.[212]

Als sich Ende der 1980er Jahre die Berichte über den ansteigenden Antisemitismus in der Sowjetunion häuften, setzten sich engagierte Juden aus der DDR verstärkt für eine Einreisemöglichkeit der Betroffenen ein. Der „Runde Tisch" sowie Vertreter des Jüdischen Kulturvereins forderten so bereits am 6. Februar 1990 die Aufnahme sowjetischer Juden. Am 12. April 1990 gab die DDR zudem eine Entschuldigungserklärung

---

208 Bei der so genannten Ärzteverschwörung handelt es sich um ein vermeintliches Komplott von fünfzehn, überwiegend jüdischen Ärzten, das von der sowjetischen Staatsführung inszeniert wurde. Den Angeklagten wurde Spionage, Landesverrat und Umsturzbestrebungen vorgeworfen. Dreizehn ausgesprochene Todesurteile und eine Verbannung wurden vollstreckt. Das Verfahren des letzten Angeklagten, wurde ausgesetzt, da dieser infolge der Untersuchungshaft schwerst erkrankte. Er verstarb ein halbes Jahr nach dem Prozess. Vgl. Lustiger (2000): 231ff.

209 Guttmann (1999): 49.; Offenberg (1998): 148ff.

210 Nachama (1999:) 102.; Illichmann (1999): 130.; Offenberg (1998): 106.

211 Hess / Kranz (2000): 55.

212 Mertens (1993): 119.

ab, in der sie die schlechten politischen Beziehungen gegenüber Israel bedauerte.[213] In dieser Logik beschloss die letzte, demokratisch gewählte Regierung der DDR unter de Maizière am 11. Juli 1990 in einer gemeinsamen Erklärung der Volkskammerfraktionen, eine unbeschränkte Einreisemöglichkeit für jene Juden zu gewähren, denen Diskriminierung und Verfolgung droht, auch die Notwendigkeit zur Wiedererrichtung jüdischer Institutionen wurde aus der historisch bedingten Verantwortung abgeleitet.

Die sowjetisch-jüdischen Flüchtlinge sollten angesichts des wachsenden Nationalismus und Antisemitismus in den Ursprungsländern nach einer unbürokratischen Aufnahme dauerhaftes Bleiberecht erhalten. Hierfür stellte der Ministerrat der DDR die für eine Ausreise erforderlichen Einladungen aus.[214] Die neue Aufnahmemöglichkeit verbreitete sich schnell in der ehemaligen Sowjetunion, sowjetische Juden migrierten mit Touristenvisa verstärkt nach Ostberlin, wo sie von da an eine unbefristete Aufenthaltserlaubnis erwerben konnten und eine Unterbringung gestellt bekamen.[215]

Auch in Westberlin konnten sie eine Aufnahme finden, die jedoch nur eine Duldung einschloss. Bald darauf war Ostberlin mit der Einreise überfordert, was einheitliche Regelungen erforderlich machte. Das ungeregelte Flüchtlingsproblem wurde auf Bitten des Vorsitzenden des Zentralrates der Juden an die erste gesamtdeutsche Innenministerkonferenz verwiesen. In den Vereinigungsverhandlungen scheiterte die DDR-Delegation jedoch mit ihrem Versuch die bisherige Einreiseregelung beizubehalten, so dass mit der Wiedervereinigung theoretisch das bundesdeutsche Recht galt.

In der Praxis fand dies jedoch nur wenig Beachtung, da die Migration im Zuge der Vereinigung faktisch in einen rechtsfreien Raum geriet. Zwar erließ die Bundesregierung noch am 9. September 1990 einen Einreisestopp, dieser konnte die Zuwanderung jedoch nicht mehr verhindern.[216]

213 Erklärung der Volkskammerfraktionen vom 12. April 1990, zitiert in: Offenberg, (1995): 261.
214 Körber (2005): 54.
215 Schütze (2006): 305.
216 Kessler (2003): 6.

## 6. Problemgenerierende Einreiseregelungen der Nachwendezeit

Das von der Schoah geprägte deutsch-jüdische Verhältnis macht die jüdische Migration in der Nachwendezeit zu einer Besonderheit, was sich in den spezifischen Einwanderungsregelungen für die Zuwanderer widerspiegelt. Die jüdischen Gemeinden, als symbolische Orte kulturell-religiöser Vergemeinschaftung, sollten bei dem Aufbau eines demokratischen Systems eine repräsentative Rolle erfüllen. Die Wiederaufbaubestrebungen waren nicht zuletzt als Geste der politischen Verantwortung zur Wiedergutmachung gedacht. Die jüdischen Zuwanderer trugen zur Revitalisierung der Gemeinden bei und bewahrten sie vor Überalterung.[217] Die Integrationsproblematik hingegen wurde zunächst seitens der Regierung nicht genügend beachtet, die Gemeinden wurden mit der ihnen zugewiesenen Integrationsaufgabe häufig überfordert.[218] Die Übernahme der historischen Verantwortung zur Aufarbeitung der NS-Vergangenheit war eng verwoben mit politischen Kalkulationen sowie dem massiven politischen Druck verschiedener Gruppen, der Kirchen und vor allem des Zentralrats der Juden in Deutschland. Dieser historischen Verantwortung stand die Befürchtung eines Massenansturms gegenüber. Besonders im Zuge der Wiedervereinigung waren ansteigende latente und manifeste xenophobe Einstellungen zu beobachten, was sich in dem Aufschwung rechtsextremer und nationalistischer Gruppierungen sowie Überfällen auf Migrantenunterkünfte unter maßgeblichem Rückhalt der Bevölkerung zeigte.[219] Darüber hinaus äußerte sich auch Israel bezüglich der Einwanderung von Juden nach Deutschland skeptisch.[220]

### 6.1 Einführung der Kontingentflüchtlingsregelung

Am 5. Dezember 1990 beschlossen die Innenminister der Länder die Aufnahme jüdischer Zuwanderer aus der ehemaligen Sowjetunion. Die Einreisebestimmungen wurden seit dem 9. Januar 1991 analog dem Kontingentflüchtlingsgesetz über Maßnahmen im Rahmen humanitärer Hilfsaktionen aufgenommener Flüchtlinge der Genfer Flüchtlingskonvention angesiedelt (HumHAG vom 22. Juli 1980). Hierdurch konnte eine geregelte Zuwanderung erfolgen, wobei zugleich auf eine Quotenfestlegung ver-

---

217 Vgl.: Körber (2001)
218 Schütze (2006): 306.
219 Müller (2007): 12f.; Guttmann (1999): 52.; Leowy (1999): 25.
220 Körber (2005): 54f.

zichtet werden konnte.[221] Die Regelung trat ab dem 15. Februar 1991 in Kraft, wobei der Umgang mit den bisher eingewanderten Zuwanderern anhand eines Stichtags geregelt werden sollte. Hierfür wurde zuerst der 1. Februar 1991 anvisiert, daraufhin auf den 30. April und letztlich den 10. November 1991 vertagt.[222]

Alle jüdischen Zuwanderer, die bis dahin als Touristen nach Deutschland migriert waren und sich seitdem dauerhaft dort aufhielten, wurden auf Antrag mit den Zuwanderern nach der neuen Regelung rechtlich gleichgestellt. Der Gruppe der jüdischen Zuwanderer wurde ohne eine Einzelprüfung der privilegierte Aufenthaltsstatus politisch Verfolgter zuerkannt.[223] Dies bedeutete den Verzicht auf ein förmliches Asylverfahren, bei welchem die Bewerber kaum Chancen gehabt hätten. Trotz des zugeschriebenen Flüchtlingsstatus sind jüdische Migranten keine Flüchtlinge im klassischen Sinn, was sich auch und an der Sozialstruktur der Zuwanderer zeigt, die der einer klassischen Einwanderungsbewegung entspricht.

Nach Körber spiegelt die Aufnahme jüdischer Kontingentflüchtlinge die politische Linie der BRD vor der Verabschiedung des neuen Zuwanderungsgesetzes wider, wobei versucht wurde, Immigrationsprozesse nicht als solche erscheinen zu lassen. Damit wurde Deutschland zum Einwanderungsland für Juden, deren Aufnahme ohne zahlenmäßige und zeitliche Begrenzung aufgrund von Einzelfallentscheidungen geklärt werden sollte, eine einheitliche Rechtsgrundlage lag jedoch nicht vor.[224] Die rechtliche Konstruktion entspricht der Deutung der russischen Juden als Opfergemeinschaft vor dem Hintergrund der Schoah und des aktuellen Antisemitismus in den Nachfolgestaaten der Sowjetunion.[225]

Daneben ergab sich das Phänomen, dass die nichtreligiösen ethischen Grundsätze bei der Kontingentflüchtlingsregelung zur Aufnahme eines großen Anteils an Migranten führte, die von den jüdischen Gemeinden nicht als Mitglieder akzeptiert wurden. Zwar erfolgte die Aufnahme in die Gemeinden anfangs ohne eine Überprüfung der halachischen Regelungen, als aber erkannt wurde, dass eine Gefahr bestand, auch Nichtjuden aufzunehmen, wurden strengere Kontrollen etabliert. Die Zugehörigkeit

221 Körber (2005): 54.
222 Hess / Kranz (2000): 47ff.
223 Haug / Wolf (2005): 3f.; Bundesministerium des Innern (2008): 171, 179ff.
224 Leowy (1999): 27.
225 Körber (2005): 64.

wird seitdem nachträglich in langwierigen Verfahren überprüft und erweist sich schwieriger als die Einreise in die BRD. Nicht wenige Migranten sahen sich damit konfrontiert, dass ihre bisher geltenden Zugehörigkeitskriterien in Frage gestellt wurden und sie nach halachischen Vorschriften nicht als jüdisch anerkannt waren, weshalb sie nicht Gemeindemitglieder werden konnten.

Den meisten Neuankömmlingen blieb unklar, wieso diese Regelungen vor der Einreise keine Rolle spielten. Viele begegnen der ihrer Auffassung nach gespielten Orthodoxie und der halachischen Regelung zur jüdische Identität mit Unverständnis, zumal sie die strengen Speiseregelungen des Kaschruth* oder das Ruhegebot des Schabbat* nicht zu befolgen gewohnt sind. Während sich der Ausschluss Einiger durch Vorschriften oder die Ausrichtung der Gemeinden vollzieht, bleiben andere auch aus eigenem Antrieb auf Distanz und orientieren sich an der Mehrheitsgesellschaft oder anderen Migrantennetzwerken.[226] Wiederum andere sehen ihren Integrationsprozess durch eine Gemeindezugehörigkeit behindert oder haben kein Interesse, sich ohne ihre nichtjüdischen Angehörigen dort zu betätigen.[227] Viele Zuwanderer wurden auch einfach in Gegenden ohne jüdische Infrastruktur angesiedelt, für den Erhalt und die Ausprägung einer jüdische Identität in einer säkularen, nichtjüdischen Umwelt wäre jedoch eine Interaktion mit anderen Juden erforderlich.[228]

### 6.1.1 Zuwanderungsbestimmungen

Während andere potentielle Immigranten nach Deutschland komplizierten Quotenregelungen und aufwendigen Formularen unterworfen sind, besteht der Aufnahmeantrag für jüdische Kontingentflüchtlinge aus lediglich vier Seiten. Die Einwanderung erfolgt für alle anderen Zuwanderungswilligen über ein offizielles, jedoch ungeregeltes Verfahren, das mit der Antragstellung bei zuständigen deutschen Auslandsvertretungen zum Erwerb eines Visums für den Zweck eines Daueraufenthalts in Deutschland beginnt. Dies war zunächst nur in den Großstädten Moskau, Leningrad und Kiew möglich.[229]

Aufnahmeberechtigt waren Personen, welche anhand von Personenstandsurkunden, welche vor 1990 ausgestellten worden waren, jüdischer Nationalität sind oder min-

226 Kessler (2003): 55.
227 Vgl.: Runge (2002)
228 Schmidt-Weil (2007): 61.
229 Bundesministerium des Innern (2008): 137.

destens von einem jüdischen Elternteil abstammten. Nichtjüdische Ehegatten und minderjährige Kinder oder unverheiratete volljährige Kinder konnten in das Aufnahmegesuch mit einbezogen werden, wenn diese im Haushalt des Aufnahmeberechtigten lebten. Die Mehrheit der Zuwanderer reiste im Familienverbund ein, der häufig mehrere Generationen umfasste.[230] Unabhängig von den tatsächlichen Migrationsmotiven mussten sie ihr Aufnahmebegehren stets mit der jüdischen Herkunft begründen, was die ethnische Klassifikation mit der Rechtslage verknüpfte.[231] In vielen Fällen haben allerdings sowjetische Juden oder ihre Vorfahren entsprechende Urkunden vernichtet oder für eine andere Nationalität optiert und können ihre Herkunft nur schwer oder gar nicht mehr nachweisen. Nicht nur solche Aufnahmeverfahren konnten sich jahrelang hinziehen.[232]

Nicht alle Einreisezusagen wurde sofort eingelöst, schon die potentielle Ausreisemöglichkeit vermittelte vielen ein Gefühl der Sicherheit das Land jederzeit verlassen zu können, dies jedoch nicht zu müssen. Nach einer Änderung der Bestimmungen verfiel die Zusage nach spätestens einem Jahr.[233] Nach vollständiger Vorlage der Antragsunterlagen und Nachweise wurden die Anträge an das Bundesverwaltungsamt in Köln weitergeleitet, welches die Verteilung der Migranten nach dem sog. Königsteiner Schlüssel regelte, den Bundesländen oblag die Durchführung aller weiteren Aufnahmeangelegenheiten.[234] Die Aufteilung der Belastungen wird jährlich proportional zur Einwohnerzahl und zum Steueraufkommen von der Bund-Länder-Kommission für Bildungsplanung und Forschungsförderung berechnet.[235] Mit der Einreise in die BRD wurden die Zuwanderer zunächst einem Bundesland zugeordnet und in zentrale Aufnahmestellen verteilt, von wo aus sie anschließend in andere Wohnheime oder Wohnungen kamen. Entsprechend den Aufnahmekapazitäten gelangte der Großteil der Migranten nach Nordrhein-Westfalen, Bayern und Baden-Württemberg.[236]

---

230 Körber (2005): 56.
231 Hess / Kranz (2000): 190f.; Körber (2005): 55f.
232 Schütze (2006): 305.
233 Kessler (2003): 7.; Bundesministeriums des Innern (2008): 137f.
234 Bundesministerium des Innern (2008): 135.
235 Hess / Kranz (2000): 59.
236 Haug / Wolf (2005): 10.

**Abb. 4: Verteilung der jüdischen Zuwanderer nach dem *Königsteiner Schlüssel.***

| Bundesland | Anteil | Bundesland | Anteil |
|---|---|---|---|
| Baden-Württemberg | 12,2 % | Mecklenburg-Vorpommern | 2,8 % |
| Bayern | 13,9 % | Nordrhein-Westfalen | 22,4 % |
| Berlin | 2,3 % | Rheinland-Pfalz | 4,7 % |
| Brandenburg | 3,6 % | Saarland | 1,4 % |
| Bremen | 1,0 % | Sachsen | 6,4 % |
| Hamburg | 2,6 % | Sachsen-Anhalt | 3,9 % |
| Hessen | 7,4 % | Schleswig-Holstein | 2,8 % |
| Niedersachsen | 9,3 % | Thüringen | 3,3 % |

Quelle: In Haug / Schimany (2005): 7.

Ein Großteil der Migranten wurde in ländlichen Gegenden mit erschwerter Arbeitsmarktlage und mangelnder Infrastruktur untergebracht, so dass besonders hier die Abhängigkeit von staatlichen Leistungen verschärft wurde.[237] Der Umzug nach Westdeutschland gestaltete sich schwierig, neben einer Mietbescheinigung war ein Nachweis über eine Arbeitsstelle erforderlich, ansonsten war die Zuwanderung nur in Ausnahmen wie der Familienzusammenführung möglich. Hierbei entstanden die ersten Probleme auf Grund der meist abgelegenen Lage der Wohnheime, die schlechte Verkehrsanbindung erschwerte Behördengänge und den Bevölkerungskontakt zusätzlich.[238] Die soziale und räumliche Enge schränkte die Privatsphäre stark ein, das Zusammenleben mehrerer Generationen in einem Raum markiert für viele retrospektiv den Tiefpunkt ihrer neuen Existenz. Besonders konfliktreich war das Leben in den Unterkünften der ehemaligen Kasernen der NVA oder der Sowjetarmee durch die Belegung mit sehr heterogenen Migrantengruppen.[239]

Ansonsten waren jüdische Zuwanderer den Deutschen in allen grundsätzlichen sozial- und arbeitsrechtlichen Fragen formal gleichgestellt.[240] Es bestand Anspruch auf eine unbefristete Aufenthaltserlaubnis und eine unbefristete Arbeitserlaubnis. Auf den Ren-

237 Körber (2005): 59.
238 Bloch (1999): 180.
239 Kahn (2006): 284.

tenerwerb wirken sich lediglich die Beschäftigungszeiten in der BRD aus.[241] Nach sieben Jahren konnten sie die deutsche Staatsbürgerschaft beantragen und entsprechend den allgemeinen gesetzlichen Regelungen bei Erfüllung bestimmter Voraussetzungen nach acht Jahren eingebürgert werden. Dabei war der Besitz einer doppelten Staatsbürgerschaft gestattet, was in der BRD eine große Ausnahme darstellt. Den jüdischen Migranten standen vom Bund finanzierte Integrationsmaßnahmen im gesetzlichen Mindestrahmen staatlicher Integrationsangebote zu.[242] Hierzu gehörte die Migrationserstberatung sowie Sprach- und Orientierungskurse. Im Bedarfsfall hatten jüdische Kontingentflüchtlinge Anspruch auf Leistungen des Bundessozialhilfegesetzes. In Ausnahmefällen wurden berufliche Weiterbildungen oder Umschulungen bezuschusst.

Begünstigt durch das erleichterte Einreiseverfahren, mit niedrigen Zuzugsbeschränkungen und einem hohen Maß an staatlicher Unterstützung, reiste seit 1990 über eine Viertelmillion jüdischer Zuwanderer aus der ehemaligen Sowjetunion nach Deutschland ein. Anfangs waren dies überwiegend Familien mit Kindern, jedoch begann später die verstärkte Einreise auch älterer Menschen. Mehr als ein Fünftel der jüdischen Zuwanderer war zum Zeitpunkt ihres Zuzugs nach Deutschland bereits älter als 65 Jahre, ein weiteres Fünftel war zwischen 50 und 65 Jahren alt. Nur etwa 42 Prozent der jüdischen Zuwanderer war somit jünger als 40 Jahre.[243] Damit beginnt sich die relative sozialstrukturelle Homogenität der Migranten auszudifferenzieren. Die meisten sind durch städtisches Leben geprägt, der Großteil stammt aus urbanen Gegenden und zeigt alle ethnischen und kulturellen Besonderheiten ihrer jeweiligen Herkunftsumgebung.[244] Die Mehrheit kommt aus Moskau, St. Petersburg, Riga, Kiew, Dnepropetrowsk oder Odessa, mit der Ausnahme von Riga, alles Städte mit hohem jüdischen Bevölkerungsanteil.[245] Hier gab es gute Informationsmöglichkeiten sowie erreichbare deutsche Auslandsvertretungen. Auch finden sich Zuwanderer aus den asiatischen Republiken, insbesondere aus den muslimischen Usbekistan und Aserbaidschan. Bei den Migranten der 90er Jahre trat die freiwillige Segregation als Akkulturationsorientierung zunehmend in den Vordergrund. Eine ähnliche Zunahme der freiwilligen Segregation und ein Rückzug der neuankommenden Migranten in die russischsprachige Eigen-

240 Kessler (2003): 6.
241 Bundesministerium des Innern (2008): 138, 181f.
242 Vgl.: § 44 Absatz 1 Nr. 2 AufenthG
243 Bundesministerium des Innern (2008): 170.
244 Kessler (2003): 20.
245 Schoeps / Jasper / Vogt (1996): 137.

gruppe, lässt sich auch bei der Zuwanderung nach Israel beobachten. Demgegenüber zeichnet sich hier der Großteil der Einwanderer vor 1990 in Israel, entweder durch eine vollständige Integrationsorientierung oder eine bikulturelle Identität aus.[246]

**Abb. 5: Zusagen für die Aufnahme jüdischer Zuwanderer aus der ehemaligen UdSSR in die BRD nach Alter der Zuwanderer. Zeitraum: 1991- 2005.**

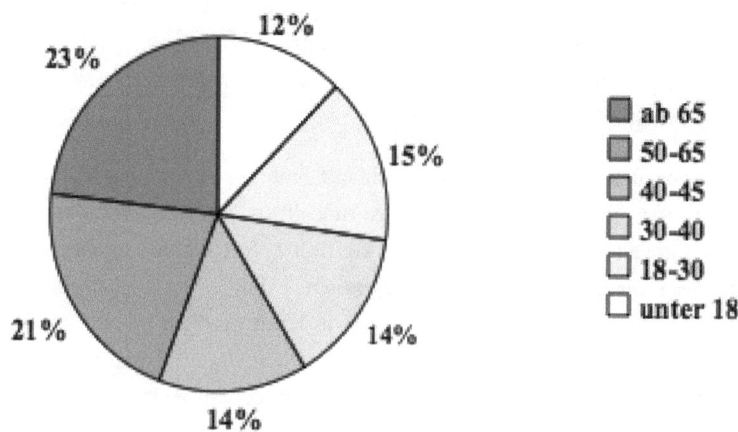


Quelle: Eigene Darstellung nach Haug, Sonja und Peter Schimany 2005: 8

### 6.1.2 Aufhebung durch das neue Zuwanderungsgesetz

Am 27. Januar 2003 wurde der Staatsvertrag zwischen der BRD und dem Zentralrat der Juden in Deutschland unterzeichnet, in welchem die bundesdeutsche Regierung Unterstützung in Form von großzügigen Staatssubventionen für jüdische Aktivitäten und Institutionen zusicherte und sich zum Erhalt des jüdischen Kulturerbes und der Förderung des Aufbaus einer jüdischen Gemeinschaft bereit erklärte. Wie auch schon im Jahr zuvor waren mehr Auswanderer aus der ehemaligen UdSSR nach Deutschland eingewandert als nach Israel oder in die USA, was starken Protest innerhalb der Israelischen Regierung und seitens jüdischer Organisationen hervorrief. Diese forderten die Abschaffung des speziellen Einwanderungsweges. Hierbei stand seitens Isra-

246 Burteisen (2003): 221.

els neben einem historischen Ressentiment der eigene Bevölkerungszuwachs im Vordergrund, was sich nach wie vor an der Einwanderungspolitik bemerkbar macht, die trotz aktueller Verschärfungen weiterhin vom Rückkehrrecht aller jüdischen Immigranten geprägt ist, um die auch aktiv geworben wird.[247]

Besonders wurde dagegen protestiert, dass Juden den Status heimatloser Flüchtlinge annahmen, die sie mit der Gründung Israels nicht mehr sein mussten. Auch innerhalb der jüdischen Gemeinden in Deutschland blieb die Zuwanderung umstritten. Der Einwanderungsstrom kam zum Zeitpunkt der Umstrukturierungen der jüdischen Gemeinden, und die sich ständig verändernden Gemeindezusammensetzungen wirkten hierbei erschwerend.[248]

Der Zentralrat der Juden in Deutschland hatte gefordert, nur noch halachische Ausreisebewerber aufzunehmen, was eine drastische Abnahme der Anzahl jüdischer Einwanderer um ca. 80% bewirken sollte. Nach mehreren parlamentarischen Anläufen verabschiedete der Bundesrat am 9. Juli 2004 das rot-grüne Zuwanderungsgesetz, welches am 1. Januar 2005 in Kraft getreten ist und zur Folge hatte, dass die deutschen Botschaften in der ehemaligen Sowjetunion nach dem 31. Dezember 2004 keine Auswanderungsanträge mehr annahmen.

Die Zuständigkeit für das neue Gesetz wurde dem Bundesamt für Migration und Flüchtlinge (BAMF) in Nürnberg übermittelt, welches bereits seit 2003 die Verteilungsfragen regelte. Der Umlaufbeschluss der Innenministerkonferenz vom 18. November 2005 bezüglich der Neuregelung des Aufnahmeverfahrens konnte jedoch wegen der neuen Zuständigkeit durch das BAMF vorerst nicht in Kraft treten. Am 15. Mai 2007 unterzeichnete der Bundespräsident nach Abschluss des parlamentarischen Gesetzgebungsverfahrens die Neuregelungen.[249]

Im neu gefassten und verschärften Zulassungsverfahren wird die Einreiseerlaubnis auf Basis eines Punktkataloges erteilt, wobei mindestens 50 von möglichen 105 Punkten erreicht werden müssen. Drei grobe Kriterien sind hierbei von entscheidender Bedeutung. Neu ist der benötigte Nachweis über ausreichende Grund-

---

247 Cohen / Haberfeld / Kogan (2008): 186ff.
248 Leowy (1999): 27.; Brenner (1999): 38.
249 Vgl.: Runge (2002)

kenntnisse der deutschen Sprache auf einem niedrigen Niveau (Einstufung A1 GER), was einen frühzeitigen Integrationsprozess fördern soll.

Diese Regelung bezieht sich auch auf den Ehegatten und ältere Kinder. Die Ehe mit einem nichtjüdischen Partner muss zum Zeitpunkt der Antragstellung seit mindestens drei Jahren bestehen. Ein weiteres Entscheidungskriterium ist die Aufnahmefähigkeit in eine jüdische Gemeinde. Dazu wird für den Antragsteller eine Integrationsprognose erstellt, welche Kriterien wie das familiäre Umfeld, berufliche Qualifikation, Berufserfahrung und Deutschkenntnisse, aber auch das Lebensalter, die Mitarbeit in einer jüdischen Organisation, ein Arbeitsplatzangebot in Deutschland sowie bereits in Deutschland lebende Verwandte berücksichtigt. Um den dauerhaften Bezug von Sozialleistungen zu vermeiden, wird ein Nachweis der absehbaren eigenständigen Sicherung des Lebensunterhalts verlangt. Auch hier liegt die Zuständigkeit bei der Zentralwohlfahrtsstelle der Juden in Deutschland.

Ausnahmen von den Neuregelungen gelten für Opfer von nationalsozialistischer Verfolgung sowie Zuwanderung im Rahmen von Familienzusammenführungen. Dabei wird zunächst pauschal angenommen, dass vor dem 1. Januar 1945 geborene Antragsberechtigte als Opfer nationalsozialistischer Verfolgung zu werten sind.

Die ca. 17.000 vor 2005 gestellten und bereits genehmigten Anträge bleiben nach der Altregelung gültig. Bei Übergangsfällen, also jenen Anträgen, die noch nicht abschließend bearbeitet sind, gilt eine Stichtagsregelung. Erfolgte die Antragstellung vor dem 1. Juli 2001, wird nach der alten Regelung entschieden. Wurden die Anträge zwischen dem 1. Juli 2001 und dem 31. Dezember 2004 gestellt, bekamen die Betroffenen die aktuellen Antragsformulare zugesandt.

**Abb. 6: Aufnahme jüdischer Migranten aus den GUS-Staaten und ihrer Familienangehörigen.**

| Stand | Einreise pro Jahr | Gesamt |
|---|---|---|
| Altfälle* | 8.535 | 8.535 |
| 1993 | 16.597 | 25.132 |
| 1994 | 8.811 | 33.943 |
| 1995 | 15.184 | 49.127 |
| 1996 | 15.959 | 65.086 |
| 1997 | 19.437 | 84.523 |
| 1998 | 17.788 | 102.311 |
| 1999 | 18.205 | 120.516 |
| 2000 | 16.538 | 137.054 |
| 2001 | 16.711 | 153.765 |
| 2002 | 19.262 | 173.027 |
| 2003 | 15.442 | 188.469 |
| 2004 | 11.208 | 199.677 |
| 2005 | 5.968 | 205.645 |
| 2006 | 1.079 | 206.724 |
| 2007 | 2.502 | 209.226 |

**vor Beginn beziehungsweise außerhalb des geregelten Aufnahmeverfahrens eingereiste Personen.*
Quelle: (BMI) 2008: 139.

Die Zuwanderer erhalten nach der Einreise von der zuständigen Ausländerbehörde eine Niederlassungserlaubnis; ihre mitreisenden nichtjüdischen Familienangehörigen eine zunächst auf ein Jahr befristete Aufenthaltserlaubnis nach § 23 Absatz 2 AufenthG.[250] Beide Aufenthaltstitel ermöglichten die Aufnahme einer beruflichen Tätigkeit in der BRD. Problematisch wird an dieser Stelle jedoch die erhöhte Abhängigkeit des nichtjüdischen Familienangehörigen vom Antragssteller. Zudem wird deutlich, dass ein großer Teil der Antragsteller durch die restriktiven Neuregelungen abgeschreckt wird und keine Folgeanträge stellt, wodurch die Zuwanderung auf ein Zehntel der bis 2004 jährlich Eingewanderten sinkt.[251] Die jüdische Einwanderung unterscheidet sich nunmehr nicht wesentlich von der sonstigen erschwerten Einwanderung nach Deutschland. Bis Ende 2007 wurden insgesamt ca. 209.226 jüdische Zuwanderer einschließlich ihrer Familienangehörigen aufgenommen, davon lediglich 9.549 auf der Grundlage des neuen Zuwanderungsgesetzes.[252]

---

250 Gesetz über den Aufenthalt, die Erwerbstätigkeit und die Integration von Ausländern im Bundesgebiet (Aufenthaltsgesetz)

251 Vgl.: Runge (2002)

252 Bundesministerium des Innern (2008): 170, 136f.

## 6.2 Auswirkungen auf die Gemeinden

Mit dem zahlenmäßigen Wachstum der jüdischen Minorität scheint sich die symbolische Funktion der jüdischen Gemeinschaft zu verändern. Zum einen ist die jüdische Minderheit intern durch Prozesse der Pluralisierung und Ausdifferenzierung gekennzeichnet, deren auffälligstes Beispiel die sowjetischen Juden darstellen. Zum anderen stellt dieser innere Wandel nur eine Facette der gesamtgesellschaftlichen Entwicklung hin zu einer modernen Einwanderungsgesellschaft dar.[253]

Mit der Aufgabe ausgestattet, jüdische Identität herzustellen und zu bewahren, gliederten sich die neu entstandenen und wieder gegründeten Gemeinden in zwei Instanzen: das religiöse Rabbinat und die sozialfürsorgende Gemeindeverwaltung, deren Aufgabe es war, die strukturelle und soziale Integration zu fördern.[254]

Bereits vor 1990 waren die jüdischen Gemeinden Einwanderungsgemeinden, die Situation nach der Wende brachte jedoch neue Herausforderungen mit sich, da die Mitgliederzahl der jüdischen Gemeinden in Deutschland von 29.089 im Jahr 1990 auf 105.733 im Jahr 2004 anstieg. Die ZWST unterstützt die Gemeinden bei ihrer Arbeit, organisiert eigenständige zentrale Angebote und betreut die Zuwanderer.

Neben Bildungs- und Kulturveranstaltungen wird Zuwanderern bei der Wohnungssuche, der Arbeitsplatzfindung und beim Erlernen der deutschen Sprache Unterstützung geboten. Bis zur zweiten Hälfte 1991 erhielten sie von der ZWST[255] und einzelnen Gemeinden sogar finanzielle Eingliederungshilfen, welche ohne feste Regelungen bedarfsorientiert ausgezahlt wurden.

Die materielle Hilfe musste jedoch eingestellt werden, da die vorhandenen Mittel für die hohe Anzahl der Zuwanderer nicht mehr ausreichten. Eine weitere Aufgabe war der Gemeindeaufbau auf dem Gebiet der ehemaligen DDR.

253 Vgl. Körber (2001)
254 Dietz (2005): 274.
255 Zentralwohlfahrtsstelle der Juden in Deutschland

**Abb. 7: Wachstum der jüdischen Gemeinden in LSA 1994/2007**

| Gemeinden | Mitglieder 1994 | Mitglieder 2007 |
|---|---|---|
| Dessau | 17 | 465 |
| Halle | 129 | 685 |
| Magdeburg | 99 | 591 |
| Summe LV* Sachsen-Anhalt | 244 | 1741 |

*Landesverband
Quelle: von Bassewitz / Rubinstein (2008): 65.

Seit der Wende können die rund 83 Gemeinden einen erheblichen Anstieg der Mitgliederzahl verzeichnen, der vor allem auf die Zuwanderung aus dem Gebiet der ehemaligen Sowjetunion zurückzuführen ist. Auch wenn nur ein Bruchteil der Migranten in die jüdischen Gemeinden aufgenommen werden konnte, lag ihr Anteil in vielen Gemeinden bereits zwischen 90 und 100 %, was nachhaltige Veränderungen bewirkte.[256] Die Integration wurde durch das zahlenmäßige Verhältnis der Alteingesessenen und Zuwanderer in besonderer Weise belastet, da eine Minderheit eine heterogene Mehrheit integrieren sollte.[257] Die Aufnahme der Zuwanderer in die Gemeindestrukturen geht mit einer strukturellen und vor allem sprachlichen Verschiebung einher.[258] Vielerorts beträgt der Anteil russischsprechender Gemeindemitglieder 80-100%, wodurch sich Russisch als Verkehrssprache behauptete, was einen Rückzug der zur Minderheit geschrumpften, deutschsprechenden Alteingesessenen nach sich zog. Waren 1990 in der alten BRD von rund 29.000 meist älteren Mitgliedern der jüdischen Gemeinden nur wenige Zuwanderer, kehrte sich das Verhältnis bis 2005 um: Von insgesamt rund 108.000 Mitgliedern in ganz Deutschland waren nun 97.700 Zuwanderer, die Mehrheit von ihnen russischsprachig.

Die Gemeinden, Landesverbände, der Zentralrat und die Zentralwohlfahrtsstelle der Juden in Deutschland (ZWST) arbeiten bei der Bewältigung des Zustroms an Migranten eng zusammen. Unterstützend wirken dabei bis heute der Bund, die Länder und Kommunen sowie eine große Anzahl an karitativen und kirchlichen Organisationen. In Ostdeutschland stellte sich jedoch auch die Problematik des kompletten Wiederaufbaus neuer Gemeindestrukturen. Die meisten jüdischen Gemeinden umfassen etwa 200 bis 400

256 Leowy (1999): 28.
257 Bloch (1999): 179.
258 Bornewasser / Wakenhut (1999): 42.

Mitglieder. Durch engagierte Mitglieder werden meist ehrenamtlich für unterschiedliche Altersgruppen Computer-, Deutsch- oder Sprachkurse sowie Veranstaltungen über jüdische Geschichte und Religion durchgeführt. Die größte jüdische Gemeinde befindet sich mit 13.000 Mitgliedern in Berlin, wobei hier im Gegensatz zu kleineren Gemeinden der Anteil deutschsprachiger Juden mit 30% noch recht hoch ist.[259] Ein zusätzliches Problem stellt der hohe Anteil älterer Migranten dar. Gemäß Mitgliederstatistik ist die Altersstruktur in den jüdischen Gemeinden in Deutschland 2003 von den höheren Altersgruppen dominiert, über die Hälfte der Mitglieder ist älter als 50 Jahre.[260] Hess/Kranz betonen, dass die Migration auch zur Annäherung an die Religion beitragen kann. Doch überwiegend säkular sozialisiert, hat die Mehrheit, besonders die Jüngeren, keinen Bezug zur jüdischen Religion und keine aktive jüdische Identität. Die in den Anfangsjahren noch gut gefüllten Synagogen klagen trotz Mitgliederzuwachs über eine sinkende Besucherzahl, trotz der Zuwanderung kommt oftmals kein Minjan* zustande.[261]

**Abb. 8: Entwicklung der Mitgliederzahlender jüdischen Gemeinden in der BRD mit und ohne Zuwanderung. Zeitraum: 1990 – 2007**

| Jahr (31. Dez.) | Mitglieder (ohne Zuwanderer) | Zuwanderer | Mitglieder gesamt |
|---|---|---|---|
| 1990 | 28.081 | 1.008 | 29.089 |
| 1991 | 27.486 | 6.206 | 33.692 |
| 1992 | 26.821 | 9.983 | 36.804 |
| 1993 | 25.729 | 15.188 | 40.917 |
| 1994 | 24.850 | 20.709 | 45.559 |
| 1995 | 24.237 | 29.560 | 53.797 |
| 1996 | 22.946 | 38.168 | 61.114 |
| 1997 | 22.211 | 45.260 | 67.471 |
| 1998 | 20.730 | 53.559 | 74.289 |
| 1999 | 19.251 | 62.488 | 81.739 |
| 2000 | 17.902 | 69.854 | 87.756 |
| 2001 | 16.320 | 77.006 | 93.326 |
| 2002 | 14.732 | 83.603 | 98.335 |
| 2003 | 12.653 | 89.819 | 102.472 |
| 2004 | 11.157 | 94.576 | 105.733 |
| 2005 | 9.977 | 97.700 | 107.677 |
| 2006 | 8.123 | 99.671 | 107.794 |
| 2007 | 6.363 | 100.967 | 107.330 |

Quelle: von Bassewitz / Rubinstein (2008): 2.

259 Spiegel (2003): 89f., 93.
260 Schmidt-Weil (2007): 52, 61.; Haug / Wolf (2005): 13ff.
261 Schmidt-Weil (2007): 3, 309.; Guttmann (1999): 47.

Im Kontext der Zuwanderung und eines Generationenwechsels sind verstärkt Differenzierungsprozesse der Gemeinden zu beobachten, es findet sich eine Vielzahl liberaler Gemeinden, die Mitglieder der Einheitsgemeinde sein können oder in der World Union for Progressive Judaism organisiert sind. Daneben gründeten sich im Laufe der Zeit jüdische Kulturvereine und zahlreiche jüdische Organisationen, die sich bemühen, die säkularen oder halachisch nicht einwandfreien Einwanderer zu integrieren. Die unterschiedlichen Strömungen verbindet ein positiver Israelbezug, denn die Thorah* schreibt vor, sich im Exil stets an Israel zu erinnern.

Eine säkulare jüdische Organisation jenseits des etablierten Zentralrats und des neu installierten liberalen Dachverbands konnte sich demgegenüber noch nicht etablieren. Wer demnach keine jüdische Mutter hat und auch nicht konvertieren will, dem bleibt eine Gemeindemitgliedschaft und damit die Anerkennung der religiösen jüdischen Identität verwehrt, da sich keine Gelegenheiten bieten, das nichtreligiöse jüdische Selbstverständnis in eine Religionsgemeinschaft einzubringen. So kam es durch die überstürzte Aufnahmepraxis Anfang der 90er Jahre in einigen Fällen dazu, dass eine Mitgliedschaft in einer jüdischer Gemeinde nicht an ein religiöses Bekenntnis gebunden war. Wie sich das Verhältnis der Zuwanderer zu den Gemeinden und damit die Ausrichtung dieser gestaltet, ist auf Grund der vergleichsweise kurzen Aufenthaltsdauer kaum absehbar.

## 7. Heterogene Identitätsentwürfe jüdischer Migranten

Während die Gemeinsamkeiten der Befragten im Abschnitt 4.2 geklärt wurden, sollen im Folgenden die unterschiedlichen Akkulturationsorientierungen mit Hilfe von idealtypischen Orientierungsweisen entlang der Abgrenzung oder Zuwendung der Migranten zur Aufnahmegesellschaft und zur Eigengruppe aufgezeigt werden. Hierfür dient eine knappe Zusammenfassung der Eingangserzählungen der Befragten sowie der für die Analyse wichtigen Interviewelemente der Nachfragephase. Anhand der Orientierungsformen und Bewältigungsstrategien der Migrartionssituation bei den befragten jungen Migranten lassen sich tendenziell drei Idealtypen unterscheiden: die assimilative Orientierung, die Herkunftsorientierung und bikulturelle Orientierungen.[262] Dabei gilt die Einordnung zu diesen Idealtypen lediglich als Momentaufnahme, da sich die Einstellungen der Migranten im Laufe der Zeit durchaus wandeln können. Auch ist nur eine tendenzielle Zuordnung möglich, da sich diese Idealtypen in der empirischen Betrachtung meist in modifizierter Art wiederfinden.

Die assimilative Akkulturationsorientierung der Befragten zeigt sich anhand ihrer Selbstbeschreibung. Jene Migranten, die sich diesem Typus zuordnen lassen, fühlen sich als Deutsche und wollen auch von ihrem deutschen Umfeld als solche wahrgenommen werden, da sie sich verstärkt mit der Aufnahmegesellschaft oder Teilen dieser identifizieren. Teils wird die Selbstbeschreibung als Deutsche mit dem Zusatz „mit Migrationshintergrund“ ergänzt. Dabei werden neben dem Erwerb der deutschen Sprache auch Wertvorstellungen der Aufnahmegesellschaft übernommen. Bei der Mediennutzung werden deutschsprachige Publikationen bevorzugt. Die assimilative Akkulturationsorientierung trägt dabei bei den Befragten nicht zuletzt zur Entfremdung von der Herkunftskultur bei. Diese geht mir einer starken Verminderung oder dem Verlust sozialer Kontakte zu Mitgliedern der Herkunftsgesellschaft mit Ausnahme der eigenen Familienangehörigen sowie zur Verschlechterung der Sprachfähigkeiten in der Muttersprache einher. Allgemein wird Bezug zur Herkunftsgesellschaft bei jugendlichen Migranten dieses Typus primär über familiäre Kontakte initiiert. Eine positive Einstellung und Unterstützung durch die Aufnahmegesellschaft und die Chance auf eine erfolgreiche gesellschaftliche Etablierung befördert die Identifizierung mit dieser Akkulturationsorientierung.

262 Vgl.: Kessler 2003: 55.

Befragte, die sich dem Typus Migrantenidentität zuordnen lassen, orientieren sich auch nach einem längeren Aufenthalt in der BRD weiterhin überwiegend an anderen Migranten, die sich erfolgreich etablieren konnten. Bei dem Aufbau sozialer Netzwerke orientiert sich dieser Typus überwiegend an russischsprachigen und jüdischen Migranten, in der alltäglichen Kommunikation wird die russische Sprache bevorzugt. Ausgrenzungserfahrungen seitens der deutschen Aufnahmegesellschaft oder Teilen dieser können eine Zuwendung zu dieser Orientierung begünstigen. Eine Separation von der deutschen Gesellschaft kann jedoch auch ohne das Vorhandensein dieser aus individuellen Beweggründen heraus von den Migranten selbst angestrebt werden. Als Unterscheidungskriterium werden dabei die als unterschiedlich wahrgenommene Mentalität und die damit einhergehenden Interessenlagen genannt. Auch die durch mangelnde Deutschkenntnisse bedingten Verständigungsschwierigkeiten fördern den Rückzug in die Eigengruppe, denn die Verständigung in der gewohnten Sprache fällt vielen wesentlich leichter. Sofern diese verfügbar sind, werden bei der Mediennutzung russischsprachige Publikationen bevorzugt. Dennoch findet bei den befragten jüdischen Migranten nur in einigen Fällen eine tiefere Auseinandersetzung mit der eigenen Geschichte, der jüdischen Religion und Vergangenheit statt. Dennoch ist dieser Typus in den jüdischen Gemeinden der BRD besonders stark repräsentiert, weshalb zahlreiche muttersprachliche Angebote für diese Zielgruppe entwickelt werden, was zu Integrationsproblemen führt.

Dem Idealtyp bikulturelle Orientierungen wurden in der vorliegenden Untersuchung jene Fälle zugeordnet, die keine eindeutige Präferenz bezüglich der Orientierung auf die Aufnahmegesellschaft oder die Herkunftsgesellschaft aufweisen. Statt dessen werden Elemente beider Gesellschaften individuell verknüpft, deren Außendarstellung jedoch situativ und mit unterschiedlicher Intensität erfolgt. Dieser Typus umfasst eine Vielzahl an unterschiedlichen Kombinationen und Variationen, denen gemeinsam ist, dass einseitige Zuordnungen abgelehnt werden. Neben dem Aufbau und der Aufrechterhaltung von regelmäßigen Kontakten zu beiden Kulturen wird auf den Erhalt und den Ausbau die Sprachfähigkeiten Wert gelegt. Bei der Medienwahl wird auf deutsche sowie muttersprachliche Publikationen zurückgegriffen.

## 7.1 Idealtyp: Assimilationsorientierung

### 7.1.1 Maksim: „Ich fühle mich als Deutscher mit anderen Wurzeln“

Das Interview mit Maksim kam nach einer persönlichen Anfrage bei einer Veranstaltung der jüdischen Gemeinde zustande und fand auch bereits wenige Tage später in deren Räumlichkeiten statt. Als Interviewsprache entschied sich Maksim ohne lange zu zögern für deutsch. Da er sich für eine kurzfristig angesetzte Prüfung vorbereiten musste, hatte er am vereinbarten Termin jedoch nur begrenzt Zeit. Dennoch wollte er seine Interviewzusage einhalten und bestand auf die Durchführung des Gespräches, im Verlauf dessen die Zeit dann keine Rolle mehr spielte, denn Maksim schaute während des gesamten Interviews nicht ein Mal auf die Uhr. Bald entstand eine sehr offene Gesprächsatmosphäre. Da es zudem keinerlei Unterbrechungen gab, konnte das Interview trotz der eingeschränkten Zeit vollständig durchgeführt werden. In der Eingangserzählung von Maksim stellt die Geschichte seiner Integration in der BRD das zentrale Hauptthema dar. Er weist darauf hin, dass ihm dies wesentlich leichter gefallen ist, als die Kontaktaufnahme zur jüdischen Gemeinde und die Akzeptanz der eigenen jüdischen Herkunft. In seinen Schilderungen geht Maksim beschreibend vor. Er stellt dabei zunächst dar, wie es dazu kam, dass seine Familie in die BRD migriert ist und geht im weiteren Verlauf auf seine eigene gute Aufnahme und Akzeptanz durch Deutsche ein. Der Abbruch seiner Beziehungen zum Herkunftsland wird durch den Nachzug der Großeltern eingeleitet. Zum Abschluss seiner Erzählung beschreibt Maksim sein positives Verhältnis zur Aufnahmekultur, aber auch zur Herkunftskultur, auch wenn er sich selbst mittlerweile als Deutscher fühlt und mit dieser nur noch selten in Kontakt kommt. Seine Familie hatte zunächst nicht die Absicht gehabt, nach Deutschland zu migrieren, besonders die Großeltern, welche ihre gesamte Verwandtschaft in der Schoah verloren hatten, stellten sich dagegen. Als jedoch die zuvor angestrebte Ausreise nach Israel missglückte, sahen die Eltern in der BRD die beste Ausreisealternative. In der Erwartung einer besseren und sichereren Zukunft stellten sie schließlich einen Antrag zur Einreise nach der Kontingentflüchtlingsregelung.

> *„Ich bin Maksim. Ich kam mit meiner Familie nach Deutschland. ... Also wir hatten anfangs ja auch gar keine andere Wahl, wohin ... Mein Großvater und meine Großmutter haben ... Also ich bin auch aus {Stadt, Anm. O.G., Ukraine wie sie, also wo sie damals mit uns zusammen gewohnt haben. Und eigentlich wollten wir nach Israel ziehen. ... Aber da hat mit den Papieren was nicht hingehauen, das hat damals ewig gedauert hin und*

*her. Und so stellten wir schließlich einen Antrag nach Deutschland (...) Mein Opa ... Mein Opa und meine Oma waren sehr dagegen, dass wir nach Deutschland gehen. Haben sich sehr aufgeregt. Mein Opa hätte fast die Papiere zerrissen. Aber mein Vater konnte sie überzeugen. Macht euch keine Sorgen, dass wird alles sehr gut." (Interview mit Maxim)*

Zum Zeitpunkt des Umzuges war Maksim sieben Jahre alt. Bereits wenige Tage nach seiner Ankunft in der BRD wurde er eingeschult. Er konnte zu diesem Zeitpunkt kein einziges Wort auf Deutsch sagen oder verstehen. Seine Mitschüler haben ihn dennoch sehr gut aufgenommen, gaben sich Mühe, ihm zunächst mit Gesten und Zeichen einzubinden und spielten mit ihm wie mit allen anderen. Auf Grund seiner Herkunft oder der mangelnden Sprachfähigkeiten hatte er keinerlei Probleme gehabt. So konnte er sehr schnell Anschluss finden und sich bereits nach kurzer Zeit gut verständigen. Jedoch ist ihm die Ausgrenzungsproblematik anderer Migranten durchaus bewusst, da er hiervon in seinem Stadtteil viel mitbekam. Er verweist jedoch darauf, dass er selbst immer wie ein Mensch behandelt wurde und nicht wie ein Ausländer, einen Status, welchen er mit Diskriminierung und Integrationsschwierigkeiten verbindet. Die Mehrheit seines Freundeskreises besteht aus Deutschen, mit den meisten von ihnen besuchte er gemeinsam die Schule, die anderen kennt er überwiegend aus dem Sportverein. Seine Selbstsicht als Deutscher begründet er mit seiner guten Aufnahme und seinem eigenen Integrationsempfinden, da er sich als ein vollwertiges Mitglied wahrnimmt und sich lediglich durch seine andere kulturelle Herkunft von den Deutschen abhebt.

*„Auch von den Kindern halt war es super, ich wurde gleich sehr gut empfangen, alle waren nett, ich wurde nicht beschimpft sage ich mal so Ich wurde wie ein Mensch aufgenommen, sage ich mal, nicht wie ein Aussiedler, einfach wie ein Mensch. Ich fand da sehr schnell Freunde und, wie soll ich sagen, die meisten meiner Freunde sind Deutsche. Auch mein bester Kumpel {Name des Freundes, Anm. O.G.} Auch meine Freundin. ... Ich von Natur aus fühle ich mich nicht mehr wie ein Ausländer. Ich fühle mich vielmehr wie ein Deutscher mir anderen eh Wurzeln also ich bin deutsch." (Interview mit Maksim)*

Trotz der anfänglichen Ablehnung einer Migration in das Land, wo ihre Vorfahren ermordet wurden, sind die Großeltern der Familie schließlich nach Deutschland gefolgt, was aus pragmatischen Gründen heraus geschah, da der Großvater sehr krank geworden ist und es für die Familie wesentlich einfacher ist, ihn hier zu versorgen. Die Wiederzusammenführung der Familie stellte für Maksim ein bedeutendes Ereignis dar, dass er in der Ukraine somit keinerlei Bezugspersonen mehr hat, stört ihn hingegen nicht besonders. Bereits nach kurzer Zeit fiel es ihm wesentlich leichter, sich auf Deutsch zu verständigen, was er überwiegend auf seine schulische Sozialisation in Deutschland und seinen deutschsprachigen Freundeskreis zurückführt, der sich stark auf seine eigenen Interessen auswirkt.

Mittlerweile lebt er bereits seit vierzehn Jahren in Deutschland und seine Russischkenntnisse bauen immer weiter ab, da er kaum russischsprachige Kontakte pflegt und auch keinerlei russischsprachige Medien nutzt. So hat er bislang nur ein russisches Buch gelesen, zusammen mit seinen deutschen Mitschülern im Russischunterricht am Gymnasium. Zwar ist ihm bewusst, dass die Beherrschung der russischen Sprache eine erhaltenswerte Qualifikation ist, dennoch fehlt ihm das eigene Interesse, sich umfassend mit der Sprache auseinanderzusetzen. Dennoch schätzt er die kulturellen Unterschiede und findet, dass beide Kulturen ihre Vorzüge haben und er sich zu beiden gleichermaßen positiv verhalten kann.

> *„Ich bin es gewöhnt mich mit ihnen {den Deutschen, Anm. O.G.} zu unterhalten. Meine russische Sprache geht immer mehr bergab, wie man so schön sagt. Ich verstehe natürlich alles, aber manchmal fällt mir ein Wort nicht ein oder wie ich den Satz baue. Und mit dem lesen, das geht schon. Aber schreiben ... ganz schlecht (lacht). Na ja, es eigentlich nicht gut aber man kann ja nicht alles können und ich spreche ja keinen Akzent im Deutschen. Einfach so, ja ich finde es mit ihnen interessanter. Meine Interessen haben sich stark verändert, ist ... sind gegenüber Russen ist nicht mehr so stark wie gegenüber Deutschen. Mein Freundeskreis hat sich überhaupt ziemlich verändert. Aber ich kann nicht sagen dass schlecht ist. ... Weil, ich würde sagen, die Deutschen haben ihren eigenen Humor und die Russen haben ihren Humor. Die Deutschen haben ihre Prinzipien wie sie leben und Russen auch. Ich kann nicht sagen, ich finde das eine gut und das andere schlecht. Ich glaube, das ist alles gleich gut, man kann sich zu den einen so verhalten wie zu dem Anderen. Auch wenn ich mich deutsch fühl." (Interview mit Maksim)*

Maksim fallen zahlreiche Mentalitätsunterschiede zwischen seiner Herkunftskultur auf, die er als russisch bezeichnet und der deutschen Aufnahmegesellschaft. An sich selbst bemerkt er mit zunehmender Aufenthaltsdauer eigene Interessenveränderungen, so dass ihn der Kontakt zu Deutschen mehr interessiert. Jedoch hält er mittlerweile, überwiegend durch die Initiative seiner Eltern, den Bezug zur Ursprungskultur aufrecht und schätzt die erlebten Unterschiede als bereichernd für seine persönliche Entwicklung ein. Als er jünger war, konnte ihn hingegen nichts dazu bewegen zur jüdischen Gemeinde zu gehen, da sich nicht als Jude wahrgenommen hat und sich auch dafür schämte.

> *„Mit der Gemeinde war das bei mir so, als ich klein war konnte mich nichts dazu bringen, da hin zu gehen. Ich habe mich selbst nicht als Jude wahrgenommen. Ich habe mich geschämt zu sagen, dass ich Jude bin. Das war als ich klein war. Ich wusste ja damals auch nicht, was es bedeutet Jude zu sein. Als ich älter wurde, habe ich verstanden, dass es nichts ist, wofür man sich schämt. Das es nicht peinlich ist Jude zu sein. Da habe ich die Gemeinde in Bulgarien auf einer Ferienfahrt kennen ... Da lernte ich welche von der Gemeinde besser kennen. Eh und nach und nach konnte ich damit normal umgehen, was meine Herkunft ist und fühlte mich immer mehr als Jude. Habe ich zumindest gesagt, es hat aber schon eine Weile gedauert bis es wirklich so war, irgendwie ein Übergang. So in Stufen. Das habe ich zunächst aber nur so gesagt, aber ich habe es nicht so empfunden."(Interview mit Maksim)*

Seine ersten positiven Erlebnisse mit der jüdischen Gemeinde hatte er auf einer Ferienfahrt, diese führten jedoch nicht zugleich zu einer intensiveren Bindungen oder engeren Freundschaften. Nach und nach verfestigte sich der Kontakt zur Gemeinde über intensivere Kontakte zu den dort verkehrenden Gleichaltrigen und durch die starke Initiative der Eltern ihn in die Gemeindestrukturen einzubinden. Ihnen war es wichtig, dass er neben Deutschen auch mit russischsprechenden jüdischen Jugendlichen Kontakt hat.

> *„Und meine Mutter zwang mich, wie soll ich sagen, hat mich nicht gezwungen, aber sie hat mich überredet dorthin zu fahren, Leute kennen zu lernen. Um nicht nur mit Deutschen was zu machen. Und auch damit ich etwas lerne. Was es bedeutet Jude zu sein und damit ich merke, es ist nichts schlechtes ein Jude zu sein, jüdisch sein ist jetzt auch normal für mich. So... Und nun finde ich es nicht schlecht (lacht). Auf Mutti soll man hören. Ja (lacht)" (Interview mit Maksim)*

Seine wenigen russischsprachigen Freunde sind alle Mitglieder der jüdischen Gemeinde, doch auch dort pflegt er eher Kontakte zu den deutschsprachigen Jugendlichen. Parallel zu seinem stärkeren Engagement in der Gemeinde, wo er durch die Erhöhung der Kontakthäufigkeit schnell gleichaltrige Freunde gefunden hat und derzeit an der Vorbereitung einer Bühnenaufführung beteiligt ist, begann sich Maksim intensiver mit seiner Herkunft auseinandersetzen und es gelang ihm, schrittweise diese zu akzeptieren. Gegenüber Deutschen thematisiert er seine jüdische Herkunft jedoch nicht. Dem liegt die mangelnde Bedeutung dieser Herkunft für seine Identitätskonstruktion und sein alltägliches Handeln zugrunde.

### 7.1.2 Roma: „Ich würd' sagen: ich bin säkularer Jude. Ich feier' halt die Feste"

Das Interview mit Roma kam über den im Laufe der Recherche entstandenen Kontakt mit seinem Vater zustande, welcher an der Herausgabe eines überregionalen russischsprachigen Magazins beteiligt ist. Nach einer kurzen Schilderung des Forschungsvorhabens bestätigte Roma bereits nach wenigen Minuten seine Teilnahme und so wurde gleich ein Interviewtermin vereinbart und ein Treffpunkt festgelegt. Einen Tag vor dem vereinbarten Termin rief er an, um diesen noch einmal zu bestätigen und zu fragen, ob er etwas mitnehmen sollte. Das Interview, welches auf Deutsch geführt wurde, fand in Romas Lieblingscafé statt, in welchem er bereits mit seiner Band mehrere Auftritte hatte. Im Gesprächsverlauf wirkte Roma sehr locker, so dass er eine sehr große Erzählbereitschaft an den Tag legte und sich auch nicht durch kleinere Störquellen vom Erzählen abbringen ließ. Auch die vielen Nachfragen von seiner Seite im Anschluss an das eigentliche Interview zeugen von großem Interesse an der Thematik, das sich nicht zuletzt auf persönliche Relevanz und die eigene Auseinandersetzung mit dem Themenbereichen Migration und Judentum zurückführen lässt. In dem Interview mit Roma findet sich zunächst die Thematik der Auseinandersetzung mit seiner Herkunft im Zuge von Ausgrenzungserfahrungen, denen er sowohl von Teilen der Aufnahmegesellschaft wie auch von den Gleichaltrigen in der jüdischen Gemeinde ausgesetzt war. In seiner Eingangserzählung schildert Roma sein Aufwachsen in der BRD, wobei er zunächst auf seine Eltern und sein aktuelles Leben eingeht. Er greift die Thematik seines Migrationshintergrundes und der damit zusammenhängenden Schwierigkeiten auf, denen er als Kind ausgesetzt war und die er bei seinen Eltern beobachten konnte. Danach beleuchtet er seine Identifikation mit der Aufnahmegesellschaft, deren Sprache er wesentlich besser beherrscht als Russisch und thematisiert sein Verhältnis zum Judentum. Dabei distanziert er sich von den russisch-jüdischen Migranten seines Alters in der Gemeinde, mit welchen ihn keinerlei gemeinsame Interessen verbinden. In der Nachfragephase geht er auf einige der besprochenen Argumente tiefgründiger ein.

Roma kam mit seiner Familie bereits Anfang der 90er Jahre als einjähriges Kind aus der Ukraine nach Deutschland, wo er den Kindergarten und die Realschule besuchte und nach seinem Abschluss eine duale Ausbildung begann. Diese möchte er schnellstmöglich beenden und im Anschluss sein Abitur nachzuholen, um ein Studium aufnehmen zu können. So lange hat er noch vor, weiterhin mit seiner Mutter und ihrem neuen Lebensgefährten in einer kleinen Dreiraumwohnung zu leben, da sich dies aus finanzieller Sicht nicht anders regeln lässt. Den Eltern fiel es lange Zeit sehr schwer, sich an die neue Situation zu gewöhnen und sich beruflich und sozial zu integrieren. Nach vielen Jahren und zahlreichen Anlaufschwierigkeiten haben sich beide jedoch beruflich etablieren können. Obwohl Roma von klein auf im Gegensatz zu Deutsch, was er schnell beherrschte, nur sehr schlecht Russisch sprach, hatte Roma in seiner Schulzeit mehrere Auseinandersetzungen auf Grund seiner Herkunft erfahren müssen. Auch wenn sich die Mehrheit seiner Mitschüler nicht besonders für seinen Migrationshintergrund interessierte und auch die meisten zunächst nichts darüber wussten, bekam er in der Schule Probleme mit einer kleinen Gruppe von xenophob eingestellten Jugendlichen. Da der russische Akzent seiner Eltern nicht zu überhören ist und dass besonders seine Mutter zunächst wenig Scheu hatte, sich in der Öffentlichkeit laut auf Russisch zu unterhalten, wurde seine Herkunft schnell entlarvt.

> *„Die Sache war, meine Mutter, nein anders... (lacht). Also unsere Wohnsituation, damals war halt, da war so ein Halbblock. Und in dem Halbblock haben sehr viele Menschen gewohnt. Und die {seine Mutter, Anm. O.G.} hat es immer für nötig gehalten ganz laut über den Hof „Roma idi domoj" zu schreien (lacht), das war so. Und natürlich hat das jeder dort mitbekommen. Und wenn ich dann als einziger aufstehe und nach Hause gehe, dann war klar, wer hier der Ausländer ist (lacht). Und deswegen ... Und deswegen die Schwierigkeiten. Sonst hätten die nie herausgefunden, dass ich nicht ... also halt russischer Abstammung bin." (Interview mit Roma)*

In der Schule wurde er von dieser Gruppe psychisch stark unter Druck gesetzt, wobei ihm unter anderem angedroht wurde, seiner Familie etwas anzutun, an die Haustür wurden Hakenkreuze und ein Galgen gemalt. Da er in seiner Schule keine engen Bezugspersonen unter seinen Mitschülern hatte, konnten oder wollten diese ihm auch nicht helfen, obwohl sie alles mitbekamen. Schließlich vertraute er sich zunächst seinen Eltern an, die mit ihm daraufhin zu seinem Klassenlehrer gingen. Dieser schritt sofort ein, was zur Folge hatte, dass es großen Ärger gab und die betroffenen Schüler schließlich sogar von der Schule verwiesen wurden. Dieses Erlebnis zeigte Roma nicht zuletzt, dass nicht alle Deutschen so sind wie die Gruppe, die etwas gegen ihn hatte. Er nahm sich darüber hinaus vor, sich so etwas in Zukunft nicht mehr gefallen zu lassen und sich rechtzeitig Hilfe zu suchen. In diesem Zeitraum begann er auf Initiative seiner Mutter mit dem Kampfsport in einem Verein. Anfänglich noch zurückhaltend und schüchtern, steigerten sich seine sportlichen Leistungen in kurzer Zeit enorm, was ihm mehr Selbstbewusstsein und ein sichereres Auftreten einbrachte. Nach zahlreichen erfolgreich absolvierten Kämpfen wurde ihm eine Leistungssportlaufbahn in diesem Bereich ermöglicht. Er dachte lange darüber nach, entschied sich letztendlich dennoch dagegen, da sich dies nicht mit seiner begonnenen Ausbildung vereinbaren ließ und er für seine Zukunft erst einmal einen sicheren Beruf erlernen möchte. Erst dann will er weiter überlegen, eventuell sogar ein Studium der Musik aufnehmen. Roma kann mit der Einstellung vieler Migranten nichts anfangen, sich von der deutschen Gesellschaft abzugrenzen. Er möchte in der BRD bleiben und in seinem Leben etwas erreichen, wofür er sich auch stark einsetzt und was er bei den russischsprachigen Jugendlichen in der Gemeinde vermisst.

Dem religiösen Judentum fühlt sich Roma nicht angehörig, er beschreibt selbst als säkularen Juden, mit der Begründung, er würde zwar die jüdischen Feste und Feiertage „befolgen", soweit dies mit seinem Alltag vereinbar ist, er ist jedoch selbst nicht gläubig. Roma sagt, er wurde als Jude geboren, konnte sich das nicht aussuchen und hieraus sei irgendwo das Interesse entstanden, sich mit der Geschichte des Judentums und seiner Herkunft auseinanderzusetzen. Diese Auseinandersetzung wurde von seinen Eltern stark unterstützt, diese kauften ihm Bücher und finanzierten ihm eine Reise nach Israel. Zu der jüdischen Gemeinde in Deutschland hält Roma jedoch weiterhin Abstand. Als Kind nahm er am dortigen Religionsunterricht teil und legte sogar seine Bar Mizwah* ab.

> *„Ich spreche auch jetzt noch relativ schlecht russisch und deswegen konnte ich mich auch immer nicht ausdrücken halt. Konnte ich mit den anderen Kindern nicht so in Kontakt treten, dazu noch sehr schüchtern, und dann noch ... und da kamen halt viele Sachen zusammen. Und ich wurde halt von der jüdischen Gemeinde, von den Jugendlichen dort ausgegrenzt. Meistens halt, als ich Kind war." (Interview mit Roma)*

Dabei hatte er sehr viele Probleme, da er nur sehr schlecht Russisch sprach und sich nicht mit den anderen Kindern verständigen konnte. Obwohl er den Kotakt zu den russischsprachigen Jugendlichen suchte, haben sie ihn abgelehnt und ausgegrenzt. Da er darüber hinaus auch sehr schüchtern war, gelang es ihm nicht sich mit ihnen anzufreunden, so dass er sich dort in Abwesenheit von Erwachsenen sehr unwohl fühlte und auch nur ungern hinging. Als er älter wurde, der Einfluss seiner Mutter auf seine Freizeit nicht mehr so maßgeblich war und er selbst entscheiden konnte, wie und mit wem er seine Zeit verbringt, brach er die Kontakte zur jüdischen Gemeinde ab. Er merkte immer mehr, wie wenig er mit den dortigen Jugendlichen anfangen konnte, von denen er die meisten als niveaulos beschreibt und von denen er sich stark abgrenzt. Er hat das Gefühl, sie würden in verschiedenen Welten leben und führt dies auch auf seinen überwiegend deutschsprachigen Freundeskreis, aber auch auf seine Erziehung zurück.

> *„Und wo man selber halt entscheiden kann, mit wem man seine Zeit verbringt, habe ich halt gemerkt, dass muss ich einfach so sagen, dass die, die in der jüdischen Gemeinde sind, also die russischen Einwanderer, also sehr, anders sind als ich. Und, dass ist auch mein Problem, warum ich mit denen nicht viel mach. Und ich weiß nicht, ich leb' irgendwie in 'ner anderen Welt, vielleicht bin ich zu deutsch ich kann's nicht beschreiben. ... Also, wir haben überhaupt keine Parallelen. Also, die Musik, die Sachen, die ich mir anschaue nicht (...)" {derbe russische Schimpfwörter, Anm. O.G.} (Interview mit Roma)*

Zwar hat er auch einige russische Bekannte, welche er fast alle über seinen Vater und dessen Bekannte kennen lernte, die Mehrheit seines Freundeskreises sind jedoch Deutsche, oder auch deutschsprechende Migranten aus anderen Ländern. Er betont aber, dass dies eher zufällig so entstanden ist und ihm die Herkunft an sich völlig unwichtig ist, eher zählen Charakter und Lebenseinstellung. Seine zweite Leidenschaft neben dem Sport, die Musik, lässt ihn mit seiner Band viel herumkommen. Dabei lernt er auch immer wieder verschiedenste Menschen aus unterschiedlichen Ländern kennen. Auch mit seinen Eltern unterhält er sich nach wie vor ausschließlich auf Russisch, da diese viel Wert darauf legen, und auch er mittlerweile eingesehen hat, dass es für seine Zukunft wichtig ist, die Sprache zu pflegen.

### 7.2 Idealtypus: Bikulturelle Orientierungen

#### 7.2.1 Irina: „Ich bin hier zuhause, aber ausländisch werde ich immer bleiben"

Das Interview mir Irina kam nach einem Erstkontakt bei einer Veranstaltung der jüdischen Gemeinde zustande, wobei der genaue Termin telefonisch vereinbart wurde und erst einige Wochen später stattfand, da Irina in der Zwischenzeit im Ausland war. Nach einer kurzen Verspätung von Irina herrschte auch während des Interviews trotz einiger Hintergrundgeräusche eine sehr lockere Atmosphäre. Das Gespräch, welches auf Deutsch durchgeführt wurde, fand in einem kleinen Café statt. Dabei gab es einige Unterbrechungen durch die Kellnerin, welche die Bestellungen aufnehmen wollte sowie durch mehrere Anrufe auf Irinas Mobiltelefon. Irina ließ sich durch diese Unterbrechungen nicht beirren und setzte ihre Erzählung fort. Erst als sie mit dem Reden fertig war, signalisierte sie, eine Pause zu benötigen und kümmerte sich um die Anrufe. Irinas Hauptthematik ist ihr Verhältnis zur Herkunftsgesellschaft und zur Aufnahmegesellschaft, wobei sie sich der Problematik ausgesetzt sieht, zwar einerseits sehr gut integriert zu sein und sich auch mit der Aufnahmegesellschaft zu identifizieren, andererseits verweist sie darauf, dennoch immer ausländisch zu bleiben. Dies bezieht sie sowohl auf die Fremdwahrnehmung, da sie manchmal auf ihre Herkunft angesprochen wird, wie auch auf die Selbstwahrnehmung als Migrantin in der BRD. In der Rolle eines erfolgreich integrierten Migranten bemüht sie sich, anderen Unterstützung zu leisten. In ihrer Eingangserzählung hebt Irina zunähst die Möglichkeiten einer freien Bildung als Migrationsmotivation für ihre Eltern, die eine bessere Perspektive für die Kinder wollten, hervor. Dies diente auch für sie als Motivation sich gut zu integrieren, wobei sie daraufhin schildert, dass sie sehr gut aufgenommen wurde.

Irina ist 20 Jahre alt und lebt seit ihrem 9. Lebensjahr in Deutschland. Geboren wurden sie in Aserbaidschan und hat bis zum Abschluss des Einbürgerungsverfahrens noch die aserbaidschanische Staatsangehörigkeit. Da die Familie dort keine Zukunftschancen sah und ihren Kindern eine gute Ausbildung ermöglichen wollte, sind sie nach Deutschland gekommen. Irina kam ohne jegliche Sprachkenntnisse in die vierte Klasse, wo sie von allen sehr gut aufgenommen wurde. Die anderen Kinder hatten Spaß daran, sie auszufragen und ihr Dinge beizubringen. Sie ist stolz darauf, die deutsche Sprache schneller und besser erlernt zu haben als die anderen russischen Mädchen in den Parallelklassen.

*„Dadurch, dass ich in die vierte Klasse kam und wir eigentlich alle Kinder sind und, ja, es lustig fanden, dass da jemand reinkommt, der halt nicht wirklich so die Sprache beherrscht, wurde ich halt mit Freude aufgenommen. Und ich denke, das Problem kommt halt erst wenn man älter wird, ja." (Interview mit Irina)*

Mit guten Noten schaffte sie auch den Übergang aufs Gymnasium, wo sie 2007 das Abitur ablegte und im Anschluss daran ein Studium aufnahm. Daneben ist sie in verschiedenen Vereinen engagiert, wo sie unter anderem Migranten bei der Eingliederung unterstützt. Seit ihrem Auszug aus der elterlichen Wohnung, der mit der Studienaufnahme zusammenhing, wohnt sie in einer Wohngemeinschaft mit internationaler Zusammensetzung. Ihr Freundeskreis besteht größtenteils aus Deutschen, die Freundschaften zu anderen Migrantenkindern entstanden überwiegend über die Eltern. Deutsch wird sie jedoch niemals vollständig sein, auch wenn sie sich sehr stark durch die deutsche Gesellschaft geprägt fühlt.

An den Veranstaltungen der jüdischen Gemeinde in Deutschland nimmt sie gelegentlich teil, wobei dies überwiegend Freizeitfahrten sind. Jüdisch zu sein ist ihr nur bedingt wichtig. Zwar steht sie dazu, wenn sie direkt darauf angesprochen wird, mit der Begründung, dass ihre Mutter jüdisch ist und sie demnach auch. Während ihr die Integration in die deutsche Gesellschaft leichtgefallen ist, kann sie bei ihren Eltern große Schwierigkeiten beobachten, da ihnen der Spracherwerb wesentlich schwerer fällt und es auch nicht leicht ist, eine feste Arbeitsstelle zu finden.

Ihre Eltern orientieren sich weiterhin an ihrem Ursprungsland. Ihr jüngerer Bruder, der mit vier Jahren nach Deutschland gekommen ist, spricht kaum noch Russisch und vertritt europäische Werte, was Irina durch seine deutsche Sozialisation begründet sieht. Der fünf Jahre ältere Bruder spricht hingegen noch sehr gut Russisch und auch etwas Aserbaidschanisch, was ihr wiederum zunehmend schwerer fällt. Irina ist der Meinung, dass er hin und her gerissen ist zwischen zwei Welten, weil er von der Zeit in Aserbaidschan sehr viel mitbekommen hat, während sie selbst sich in Deutschland sehr wohl fühlt. Sie kann sich sehr gut vorstellen, dauerhaft in Deutschland zu bleiben, auch wenn sie gern reisen und die Welt sehen möchte.

> *„Es ist unterschiedlich, ich würd' sagen, ich bin ganz gut reingekommen. Ausländisch werde ich irgendwie immer irgendwie sein, also direkt deutsch würde ich also nicht sagen, aber es ist, ja, es ist irgendwie gemischt, also ich würde jetzt nicht sagen, ich bin deutsch, weil ich bin ausländisch, und dass sehe ich ein, aber ich halt vieles deutsche mitgenommen, mitgenommen, in meiner Erziehung und ich bin zwar immer noch so ein Mischmasch, aber schon eingedeutscht, sag ich mal, ja." (Interview mit Irina)*

Nach Aserbaidschan will sie hingegen auf keinen Fall zurück, auch zu Besuch würde sie von sich aus nicht mehr freiwillig dorthin fahren, da sie dort keinerlei Freunde mehr hat und auch mit der dortigen Mentalität nicht wirklich klarkommt. Darüber hinaus sieht Irina wenig Perspektiven und Veränderungen dort und stört sich als säkular orientierter Mensch auch an der starken Religionsbezogenheit der Aserbaidschaner.

### 7.2.2 Tatjana: „In Deutschland kann man nicht so richtig religiös sein"

Der Kontakt zu Tatjana kam auf einer von der Jewish Agency organisierten Exkursion nach Israel zustande. Das Interview mit ihr fand einige Monate und zwei Telefonate später auf einer Sitzwiese im Park statt. Bei dem Gespräch hatte Tatjana ihren Hund dabei, welcher gelegentlich weglief oder beschäftigt werden wollte, so dass Tatjana das Gespräch mit mir für kurze Zeit unterbrechen musste, um sich mit ihm zu beschäftigen. Auffällig an Tatjana war ihr silberner Davidstern, den sie als Anhänger trug und an welchem sie nebenbei immer herumspielte. Unweit von uns saßen auf der Wiese Jugendliche, die gerade dabei waren einen Grill anzuzünden, sich unterhielten und lachten. Das Interview wurde auf Deutsch geführt. Tanjas Eingangserzählung behandelt ihre Etablierung in Deutschland zwischen der eigenen assimilativen Einstellung und den traditionelleren familiären Orientierungen.

Tatjana ist 19 und kommt aus Aserbaidschan, bei der Einwanderung war sie 5 Jahre alt. Derzeit besucht Tatjana die elfte Klasse eines Gymnasiums. Sie hat bereits das Einbürgerungsverfahren durchlaufen und verfügt seither über die deutsche Staatsbürgerschaft, worüber sie sehr froh ist. Die weiteren Verwandten sind bereits ein Jahr vor ihrem Umzug nach Deutschland nach Israel gezogen. Sie erinnert sich an die schweren Umstände und die Aufbruchsstimmung in Aserbaidschan, die in einer Auswanderungswelle gipfelte. Die Migration erlebte sie als überhaupt nicht belastend, wie ein Umzug aus einer Stadt in die andere, aber sie kann sich nur schlecht daran erinnern.

Mit ihren Geschwistern und ihren Eltern lebte sie eine Zeit lang in einem Übergangsheim, was ihr zunächst weniger Probleme bereitete, als ihren Eltern. Im Kindergarten konnte sie sich schnell auf Deutsch verständigen und sich schnell in die Gruppe integrieren, wo sie schließlich viele Freunde fand. In der Grundschule hat sie sich mit den Kindern der Nachbarn angefreundet, die mit ihr zusammen im Wohnheim untergebracht waren. Deutsche Freunde kamen für sie zu diesem Zeitpunkt nicht in Frage, da die Kontakte durch die Eltern nicht gezielt gefördert wurden und sich auf Grund der abgelegenen Wohnheimsituation auch keine Gelegenheiten hierzu ergaben.

Bis zur Oberstufe war sie auch zudem die einzige Ausländerin in ihrer Klasse, hatte auch kaum Kontakte zu anderen Migranten. Erst in der zehnten Klasse kam sie nach einem Schulwechsel in eine andere Klasse, wo ein Großteil ihrer neuen Mitschüler über einen Migrationshintergrund verfügte.

Ihr drei Jahre jüngerer Bruder hatte bei der Eingewöhnung in seiner Schule stärkere Schwierigkeiten als sie selbst erfahren müssen, aber nach einer Weile fand auch er Freunde, so dass er sich heute mittlerweile als Deutscher wahrnimmt.

> *„Also mein Vater hat nicht gedacht, dass er so eine Arbeit bekommt, wo er ja, also fristlos... Hätte er jetzt nicht gedacht. Ja also, größtenteils. Also ist der Grund, warum sie auch hergekommen sind. Auch wegen uns. Die wollte, dass wir eine bessere ... besseren Abschluss bekommen. Und ein besseres Leben. Ja deshalb. (...) Mein Vater arbeitet in der Universität, schon seit zehn Jahren. Der ist Systemadministrator. Meine Mutti sitzt Zuhause rum (lacht), wegen meiner kleinen Schwester. Eh, die ist drei Jahre alt und, na ja, die kann halt nicht viel machen. Weil die Kleine ist ziemlich anhänglich, sag ich mal." (Interview mit Irina)*

Ihre Eltern konnten sich in der BRD wesentlich besser beruflich etablieren, als sie sich zuvor erhofft hatten. Der Vater hat seit knapp 10 Jahren eine gut bezahlte Festanstellung in seinem erlernten Beruf, ihre Mutter kümmert sich derzeit den ganzen Tag um die kleine Schwester, welche in Deutschland geboren ist. Zuvor hat auch sie mehrere Anstellungen gehabt. Die Eltern können sich mittlerweile gut auf Deutsch verständigen. Ihr Vater spricht fließend deutsch, wenn auch mit einem leichten Akzent. Ihre Mutter hat hingegen weiterhin Schwierigkeiten mit der Grammatik. Ihre Eltern legen viel Wert darauf, dass Tatjana einen guten Schulabschluss macht und anschließend studiert.

Neben dem Erwerb der deutschen Sprache legen sie auch viel wert auf den Erhalt des Russischen. Die kleine Schwester wächst zweisprachig auf. Mit ihrem Bruder spricht Tatjana bereits seit langer Zeit eigentlich immer nur Deutsch, mit ihrem Vater mittlerweile auch. Mit ihrer Mutter unterhält sie sich hingegen weiterhin nur Russisch, im Fall der kleinen Schwester wechselt sie je nach Situation zwischen den zwei Sprachen.

Ihre Eltern bestehen darauf, dass Tatjanas zukünftiger Partner auch aus derselben Region kommt oder jüdisch ist. Ein Ehemann deutscher Herkunft würde für die Eltern, besonders für den Vater, keineswegs in Frage kommen. In den traditionellen Vorstellungen der Eltern muss eine Beziehung ihrer Tochter auch auf eine Hochzeit hinauslaufen. Tatjana selbst ist es eigentlich egal, welche Herkunft ihr Partner oder ihre Freunde haben, da sie sich entgegen den eher traditionelleren Vorstellungen der Eltern stark an der Aufnahmekultur orientiert. Aus Respekt vor den Ansichten ihrer Eltern hält sich aber an diese Vorgabe, auch wenn sie diese Einstellung nicht immer teilt und hat sich bereits darauf eingestellt, nur in bestimmten Kreisen nach einem potentiellen Partner zu suchen. So hat sie entgegen dem ausdrücklichen Wunsch ihres Vaters bereits mehrere heimliche Beziehungen geführt, jedoch ausschließlich mit anderen Migranten aus Aserbaidschan.

Tatjana fühlt sich als Tochter einer Jüdin auch dem jüdischen Glauben zugehörig. Sie hat keinerlei Scheu, dies nach außen hin darzustellen und mit anderen darüber zu sprechen. Die Ausübung der religiösen Gebote und jüdischen Traditionen wird jedoch innerhalb der Familie nicht entsprechend praktiziert, auch wenn sich besonders ihre Mutter sehr stark damit identifiziert. Tatjana findet es schwer, in Deutschland die jüdische Religion auszuüben, da ihrer Meinung nach die Mehrheit der Gesellschaft diese nicht versteht und auch selten Verständnis hierfür aufbringe und „es auch nicht so viele Angebote gibt.“ Sie hat zwar an einigen Veranstaltungen der jüdischen Gemeinde teilgenommen, wo es um die Darstellung jüdischer Bräuche ging, sich jedoch nicht weitergehend damit befasst.

> *„Ja, weiß nicht (überlegt). Also, es ist mir schon wichtig, jüdisch zu sein es bedeutet mir auch etwas, vor allem weil meine Mutter und meine Großeltern und so die sind ja so ziemlich stolz drauf, sag ich mal und aber [...] Was für uns hier ... ist es ... ja, es bedeutet uns schon was, aber wir halten uns da nicht so dran, deshalb. Also vor allem, ich finde in Deutschland kann man halt nicht so wirklich religiös sein. Da fehlt irgendwo auch ein bisschen, sag ich mal so blöd es auch klingen mag, sag ich mal, die Zeit (...)“ (Interview mit Irina)*

### 7.3 Idealtypus: Migrantenidentität und Separation

#### 7.3.1 Verena: „Ich habe nur russisch sprechende Freunde"

Das Interview mit Verena kam nach einer telefonischen Anfrage zustande, wobei der Kontakt über eine ehemalige Projektleiterin eines Kurses hergestellt wurde, an dem Verena kurze Zeit zuvor teilgenommen hatte. Bei dem Telefonat bedurfte es zunächst einiger Überzeugungsarbeit, Verena zur Teilnahme zu bewegen, denn nach einer Erstschilderung des Vorhabens fühlte sie sich zunächst nicht kompetent genug, Aussagen zu Migrationserfahrungen zu treffen, da sie der Ansicht war, hiervon zu wenig mitbekommen zu haben. Nachdem diese Missverständnisse ausgeräumt wurden und deutlich gemacht werden konnte, dass es in dem geplanten Interview um individuelle Erlebnisse und nicht um allgemeingültige Aussagen geht und das Interview auf Wunsch nicht in die Untersuchung einbezogen und anonym gehalten wird, bestätigte sie ihre Teilnahme. Ein Termin wurde zu diesem Zeitpunkt noch nicht vereinbart, Verena versprach sich in den folgenden Tagen zu melden und Terminvorschläge zu machen.

Knapp eine Woche später verabredeten wir uns und Verena schlug vor, das Interview bei ihr zu Hause durchzuführen. Vor dem eigentlichen Interview, dass auf Russisch stattfand, zeigte sie nicht ohne Stolz ihr neu bezogenes Zimmer einer Dreiraumwohnung, welche sie mit ihrer Schwester teilt. Entgegen meiner Erstannahme machte Verena bei dem Treffen einen sehr selbstbewussten Eindruck, der sich auch während des Interviews bestätigte.

Sie redete sehr schnell, nahm sich kaum Bedenkzeit, bevor sie antwortete. Auf Nachfragen meinerseits ging sie jedoch wenig ein. Verenas Eingangserzählung behandelt die Thematik ihrer Entfremdung vom Herkunftsland, die sie als Migrantin in Deutschland durchlebt und welche es ihr erschwert, ihre eigene Zugehörigkeit klar zu definieren. Verena, die im Alter von vierzehn Jahren zusammen mit ihrer Familie aus Usbekistan in die BRD migrierte, beginnt ihre Erzählung mit einem Hinweis darauf, dass die Migration nach Deutschland für sie einen entscheidenden Lebenseinschnitt darstellte. Dieser prägte sie stark, denn, obwohl sie selbst keinerlei Erfahrungen mit Diskriminierung machen musste, kennt sie jedoch viele Fälle, in denen ihre Bekannten von solchen Erfahrungen berichteten. Jedoch ist Verena der Ansicht, dass es bei der Ausgrenzung nicht immer zwangsläufig um den Migrantenstatus geht, mit dem

Hinweis darauf, dass so etwas in allen Gesellschaftsschichten und in unterschiedlichen Ländern vorkommt.

> „*Многие жалуются, что вот немцы, они русских не любят, они их обзывают или ещё что-то. Честно говоря, слава Богу, со мной такого никогда не было.*"[263] *(Interview mit Verena)*

Zwar wurde ihr oft Hilfe angeboten und niemals Unterstützung verweigert, dennoch grenzt sie sich von den Deutschen ab. Hiermit kommt sie jedoch gut zurecht. Wenn Deutsche sie als eine Fremde wahrnehmen, als die sie sich auch selbst fühlt, erscheint ihr dies nicht so problematisch. Wesentlich belastender findet sie, dass sich ihre ehemaligen Freunde in Usbekistan so verändert haben. Verena leidet stark unter den Veränderungen in ihrem Herkunftsland, das sie kaum wiedererkennt und wo sie sich mittlerweile ziemlich unwohl fühlt und fremd vorkommt. Dies begründet sie auch mit den nicht vorhandenen Sprachkenntnissen des Usbekischen, welches dort in den letzten Jahren gegenüber dem Russischen verstärkt an Bedeutung gewann, sowie mit ihrer eigenen Veränderung durch die Migration nach Deutschland. Als sie noch in Usbekistan lebte, wurde das Usbekische kaum gebraucht, da die Mehrheit der Usbeken, nicht zuletzt auf Grund der sprachlichen Assimilationsinitiative, Russisch beherrschte, was sich jedoch mit dem Zusammenbruch der UdSSR änderte.

Ihre Randposition als russischsprachige Jüdin gegenüber der usbekischen Gesellschaft vergleicht Verena mit ihrer aktuellen Situation in der deutschen Aufnahmegesellschaft, zu der sie sich ebenfalls nicht zugehörig fühlt.

> „*Когда мы приехали в Германию, у меня такое же ощущение было. Там я была вроде не там, и в Германии я тоже не там. Не знаю, куда я принадлежу толком, но я не могу сказать, что мне там плохо. У меня есть там друзья, к сожалению тоже русские, но мне это как бы не мешает.*"[264] *(Interview mit Verena)*

---

263 *„Viele beklagen sich darüber, dass die Deutschen etwas gegen die die Russen hätten. Sie würden über sie herziehen und so etwas. Ehrlich gesagt, ist mir, Gott sei Dank, so etwas niemals widerfahren."*

264 *„Als wir nach Deutschland kamen, fühlte ich mich genau so. Dort war ich fremd und in Deutschland bin ich auch fremd. Ich weiß nicht, wo ich wirklich hingehöre, aber ich kann nicht sagen, dass es mir schlecht geht. Ich habe Freunde, leider auch Russen, aber das stört mich nicht besonders."*

Sie ist der Meinung, dass die Integration auch vom Alter abhängt. Ein Migrationsalter von vierzehn empfindet sie als zu hoch, in ihrem Fall brachte es ihr zunächst Schwierigkeiten ein, im Unterricht mitzuarbeiten. Dass es ihr dennoch gelang, sich aktiv zu beteiligen, lag nicht zuletzt daran, dass von zwanzig Schülern ihrer Klasse neun russischsprachig waren und auch, bis auf eine Ausnahme, alle Schüler über einen Migrationshintergrund verfügten. Dieser Umstand erschwerte den Spracherwerb enorm, so dass es trotz der Ermahnungen der Lehrer und eigenen Bemühungen schwer war, außerhalb des Unterrichts Möglichkeiten zu finden, um im Alltag Deutsch zu lernen.

Zwar verstand sie und auch die anderen russischsprachigen Migranten, dass es für ihren Abiturabschluss unentbehrlich ist, die deutsche Sprache zu beherrschen. Aus Gewohnheit und der Einfachheit halber kippten die untereinander geführten Gespräche am Ende immer ins Russische. Verena betont, dass sie hierdurch bis heute mit einem starken russischen Akzent spricht. Neben der Entfremdung bezüglich der Herkunftskultur hat sie auch in der Aufnahmegesellschaft nicht das Gefühl, vollständig dazu zu gehören. Ihre unklare Zugehörigkeit führt letztendlich zur starken Hinwendung zu anderen russischsprachigen Migranten, die ihr beim Einleben beigestanden haben und mit denen sie ähnliche Erfahrungen teilt. Dennoch will sie sich auf Dauer nicht vollständig von der Aufnahmegesellschaft separieren, da sie sich auch gut vorstellen kann, weiterhin in Deutschland zu bleiben, was sie nicht zuletzt mit einer mangelnden Alternative begründet. Mit ihrer schwierigen Situation als Migrantin in Deutschland hat sie sich im Laufe der Jahre arrangieren können. Sie kann nicht behaupten sich schlecht zu fühlen.

### 7.3.2 Julia: „Schwer, eine gemeinsame Sprache zu finden"

Der Erstkontakt zu Julia erfolgte über ihr Profil in einem russischsprachigen Internetforum. Julia, die zu diesem Zeitpunkt über ihre Teilnahme noch unschlüssig war, stellte viele Nachfragen und erst nach einer längeren telefonischen Unterhaltung entschied sie sich schließlich zur Teilnahme an der Befragung. Auf ihren Wunsch hin verabredeten wir uns am Haupteingang ihrer Schule und gingen von dort aus in ein kleines Café, wo sie regelmäßig ihre Freistunden verbringt. In der letzten Schulstunde, kurz vor unserem Treffen, hatte Julia eine Klassenarbeit geschrieben, von der sie zunächst ausführlich berichtete, da die darin enthaltenen Fragestellungen sie immer noch beschäftigten und sie sich sorgte, nicht alles richtig beantwortet zu haben. Im eigentlichen Interview, dass auf Russisch stattfand, blieb Julia stellenweise distanziert. Es fiel ihr sichtlich schwer, über die Thematik der Migration zu sprechen.
Auch in der Nachfragephase fielen ihre Antworten eher knapp aus. Nachdem das Tonbandgerät ausgeschaltet wurde, blieben wir noch eine Weile sitzen und Julia ergänzte dabei ihre Angaben um einige Erläuterungen und Erklärungen. So fiel die Eingangserzählung von Julia vergleichsweise kurz aus. Hierin berichtete sie zunächst von ihrer Migration nach Deutschland und ihrer eigentlich positiven Aufnahme, ging danach zu den negativen Erfahrungen anderer Gruppenmitglieder über, um zum Schluss auf ihre eigene Distanz gegenüber den Deutschen einzugehen.

Julia fühlt sich in Deutschland trotz einer sehr positiven Aufnahme ihrer Umgebung nicht so recht wohl. Sie meint zwar, noch nicht richtig in der deutschen Gesellschaft angekommen zu sein, ist sich jedoch sicher, dass sich dies mit der Zeit von allein ändern wird. Julia kam erst im Alter von neunzehn Jahren nach Deutschland, da sich ihre Eltern gegen ihren eigenen Willen dafür entschieden und in der Ukraine keinerlei Perspektive für sich und ihre Kinder mehr sahen. Sie selbst fühlte sich dort jedoch durchaus wohl und wäre viel lieber weiterhin in ihrem gewohnten Umfeld geblieben. Der Abschied von ihren Freunden, die sie zum Teil bereits aus früher Kindheit kannte, fiel ihr enorm schwer. Auch fühlte sie sich lange von der Entscheidung der Eltern übergangen.

Eine weitere Enttäuschung erlebte sie kurz nach ihrer Ankunft, denn obwohl sie in der Ukraine bereits eine Hochschulreife erworben hatte und Wirtschaftswissenschaften studieren wollte, wurde sie in Deutschland vier Jahre in der Schule zurückgestuft, was einen weiteren schweren Einschnitt in ihre Lebensplanung darstellte und sie besonders anfänglich enorm belastete. Letztendlich konnte sie sich mit der neuen Situation einigermaßen arrangieren. Im Gymnasium wurde sie von ihren Mitschülern sofort gut aufgenommen. Julia ist sie sehr froh darüber, in eine Klasse gekommen zu sein, wo sie niemand beleidigte oder verletzte, wie sie von vielen anderen Migranten gehört hatte, besonders bei jenen, die auf die Realschule gingen oder in die unteren Klassen kamen.

> *„Я хожу в гимназию и очень рада, что сразу попала в класс, где не было таких людей, которые меня обижали, оскорбляли, как многих. Некоторых, я слышала, даже били, скорая увозила. Мне пришлось потерять четыре года, на Украине я бы уже могла пойти в институт, поступать в университет, а здесь должна была пойти в десятый класс, одиннадцатый и двенадцатый. Я расстроилась сначала, но как говорится, учёба это лучшие годы.“*[265] *(Interview mit Julia)*

In einigen Fällen, sagte sie, reichten die Auseinandersetzungen sogar bis zur schweren Körperverletzung, wodurch sich auch bei ihr eine Unsicherheit im Umgang mit ihren deutschen Mitschülern herausbildete. Mittlerweile wohnt Julia das vierte Jahr in Deutschland, hofft nach dem Schulabschluss dann doch noch ihren Studienwunsch zu verwirklichen. Doch die Unsicherheit in Bezug auf den Umgang mit Deutschen ist geblieben, obwohl ihre Klasse ihr gegenüber sehr aufgeschlossen war und sie oft eingeladen wurde, nachmittags gemeinsam mit ihren Mitschülern etwas zu unternehmen, schlug sie diese Angebote immer aus. Sie wollte von sich aus nicht mit ihnen weggehen, da sie sich nicht vorstellen konnte, sich in ihrer Gegenwart wohl zu fühlen. Dabei verweist sie auf Mentalitätsunterschiede, welche sie jedoch nicht näher anführte. Mittlerweile hat sie auch eine deutsche Freundin, mit der sie öfter etwas unternimmt. Daneben besteht ihr weiterer Freundeskreis nur aus russischsprachigen Migranten.

In der Schule hat sie bis jetzt Angst, etwas falsch zu sagen, was sie oft daran hindert, sich aktiv am Unterrichtsgeschehen zu beteiligen. Durch ihren starken russischen Akzent befürchtet sie zudem, dass die Mitschüler sich über sie lustig machen könnten,

---

265 *„Ich gehe aufs Gymnasium und bin sehr froh darüber, dass ich gleich in eine Klasse kam, wo es keinen gab, der mich ärgerte oder beleidigte, so wie bei vielen anderen. Einige wurden sogar zusammengeschlagen, mussten mit dem Krankenwagen abgeholt werden. Ich verlor vier Jahre. In der Ukraine hätte ich zu studieren begonnen, und hier war ich gezwungen in die zehnte Klasse zu gehen, in die elfte und zwölfte Klasse auch. Zuerst war ich sehr betrübt, aber wie sagt man: Schuljahre sind die besten Jahre.“*

wenn sie etwas sagen möchte und dabei Fehler begeht. Der Akzent verrät sie stets als Russin, wobei dies oft auch unangenehme Fragen nach sich zieht, warum sie denn nach Deutschland gezogen sei. Mit Russischsprachigen kann sie leicht Kontakt knüpfen, sie orientiert sich weiterhin stark an der russischen Mode, liest nur russische Magazine und hört meistens russische Musik. Säkular erzogen, hat sie keinerlei Bezug zur jüdischen Religion, auch ansonsten ist das Jüdisch-Sein für sie kein Thema, wenn sie auch seit ihrer Migration an vielen Veranstaltungen der jüdischen Gemeinde in der BRD teilnimmt, da der Großteil ihrer Freunde auch dort verkehrt. Auch ihren Freund hat sie in ihrer Anfangszeit in Deutschland dort kennen gelernt. Dieser wohnt bereits seit knapp 10 Jahren in der BRD und kommt ursprünglich sogar aus der selben Stadt wie sie, was sie als einen Wink des Schicksals betrachtet und was zudem die Akzeptanz seitens beider Familien enorm erhöht. Julias jüngere Schwester hat hingegen seit kurzem einen deutschen Freund. Julia könnte sich nicht vorstellen, selbst einen deutschen Freund zu haben, auch von den Eltern wird die Beziehung ihrer jüngsten Tochter eher skeptisch betrachtet. Ein gemeinsamer sprachlicher und kultureller Hintergrund ist für Julia, wie auch für ihre Eltern, sehr wichtig. Julia bemüht sich sehr intensiv den Kontakt zu ihren ehemaligen Mitschülern und guten Freunden aus der Ukraine aufrecht zu erhalten. Dies geschieht überwiegend über Telefongespräche, aber auch über russischsprachige Chat-Foren im Internet.

### 7.3.3 Aleksej: „Den Meisten hier ist es egal, wie es dir geht“

Das Interview mit Aleksej kam über eine telefonische Anfrage zustande. Nach einem kurzen Vorabgespräch in der Universität, verabredeten wir ein Treffen. Als Interviewort entschied sich Aleksej für seine Wohngemeinschaft, die er mit drei Freunden teilt. Aleksej öffnete die Tür und bat zunächst um Entschuldigung für die Verzögerung, da er gerade vom Training gekommen war und erst einmal etwas essen musste und auch für den Zustand seines Zimmers, weswegen wir das Gespräch in die Küche verlagerten. Bei einem Tee und lockerer Atmosphäre entstand zunächst ein kurzes Vorgespräch über allgemeine Dinge. Danach begann das eigentliche Interview, welches auf Russisch durchgeführt wurde. Die Eingangserzählung von Aleksej beginnt mit der Darstellung seiner zunächst problematischen Integration in der BRD nach der, hauptsächlich durch die Eltern getroffenen, Migrationsentscheidung. Er hatte keineswegs etwas gegen die Migration einzuwenden, da er sich perspektivisch nicht vorstellen wollte, sein Leben nur an einem Ort zu verbringen. Zwar hätte er es sich gewünscht, dass seine Familie in die USA zieht, sieht jedoch in der Migration nach Deutschland eine gute Alternative. In seiner Eingangserzählung schildert Aleksej seine Lebensumstände sehr ausführlich, betont einige Details, wie den mehrfachen Umzug innerhalb von Deutschland und die unterschiedlichen Aufnahmeerfahrungen oder das Engagement einzelner Personen, wie beispielsweise einer seiner Lehrerinnen. Zum Abschluss der Eingangserzählung begründet Aleksej seine eigene distanzierte Haltung gegenüber der deutschen Gesellschaft.

Aleksej zog mit seinen Eltern im Alter von 16 Jahren aus der Ukraine in die BRD. Durch den Umzug musste er einige Klassen wiederholen und mehrfach die Schule wechseln, was es ihm zusätzlich erschwerte, dauerhafte Bindungen zu seinen Mitschülern aufzubauen. Jedoch hatte er das Glück, dass seine bisherigen schulischen Leistungen weitgehend anerkannt wurden, so dass er letztendlich nur wenig in nachholen musste und sich auf den Erwerb notwendiger Sprachkenntnisse konzentrieren konnte. Die anfängliche Zeit der Familie im Wohnheim blieb ihm als besonders belastend in Erinnerung, was er jedoch erst in der Nachfragephase näher ausführte. Dass er mit Deutschen auch nach neun Jahren Aufenthaltsdauer und dem Erwerb der Staatsbürgerschaft kaum Kotakt hat, hat sich bei ihm, wie er sagt, nach ambivalenten Erfahrungen einfach so ergeben. In der Anfangszeit, als er noch kein Wort verstehen konnte, erfuhr er von seinen Mitschülern ein starkes Desinteresse. Da er in seinem Jahrgang als einziger einen Migrationshintergrund hatte und zu diesem Zeitpunkt kaum Deutsch sprach, fühlte er sich oft extrem einsam und hatte zu diesem Zeitpunkt eigentlich nur seine Eltern sowie den telefonischen Kontakt zu Freunden im Herkunftsland. Später kamen weitere Jugendliche seines Alters in das Wohnheim, mit welchen er sich anfreunden konnte. In der Schule blieb er dennoch weiterhin ausgeschlossen, saß fast ein ganzes Schuljahr allein ganz vorn in der Klasse und wurde von seinen Mitschülern einfach ignoriert, obwohl er sich stark um einen Kontakt zu ihnen bemühte.

Erst mit Wechsel auf eine andere Schule, wo er jedoch nur ein paar Monate blieb, knüpfte er einige Kontakte zu seinen Mitschülern. Die Klassenlehrerin und die neuen Mitschchüler gaben sich dabei viel Mühe, ihn zu integrieren, zeigten ehrliches Interesse und halfen ihm bei den Hausaufgaben. Auch saß Aleksej von jetzt an nicht mehr allein und bekam von der Klasse auch eine Tasse geschenkt, was ihn symbolisch in die Gruppe aufnehmen sollte. Schließlich musste die Familie jedoch ein weiteres Mal in eine andere Stadt umziehen. An der neuen Schule gab es eine Integrationsbeauftragte, selbst mit Migrationshintergrund, die sich stark für ihn einsetzte und jederzeit als Ansprechpartnerin zur Verfügung stand. Ihr großes Verständnis für seine Situation führt er auf ihre umfangreiche Lebenserfahrung und ihren hohen Bildungsstand zurück. Nach dem regulären Unterricht gab es an dieser Schule auch freiwillige zusätzliche Sprachkurse und Hilfe beim Aufarbeiten des Unterrichtsstoffs.

> *„Положительный эффект, в том плане, что преподавательница, которая у нас занималась иностранцами, сама была иностранкой. (...) Когда начинался предмет „Немецкий язык", то она повторяла ещё раз всем ребятам, ну раз в пару недель, что ребятам надо помочь, я не один был в классе такой.(...) Поэтому оценки ставились немного по-другому, то есть мы были немного в плюсе."*[266] *(Interview mit Aleksej)*

Andererseits traf er auch hier wieder auf viele Lehrer, denen es völlig egal war, wie es ihm ging, er hatte manchmal auch das Gefühl, sie hatten etwas gegen ihn. Richtige deutsche Freunde hat er auch an dieser Schule nicht gefunden, was er mit einem

266 *„Der positiver Aspekt bestand darin, dass die Lehrerin, die bei uns für Ausländer zuständig war, selbst einen Migrationshintergrund hatte. (...) Am Anfang des Deutschunterrichtes sagte sie der Klasse wiederholt, also alle paar Wochen, dass sie uns helfen sollten. Ich war damit*

mangelnden Interesse seinerseits begründet. Dafür hat er seitdem sehr viele russischsprachige Freunde, worunter auch einige Spätaussiedler sind.

> *„У меня много закадычных друзей, из немцев-переселенцев. В принципе в нашей компании не очень стремятся с местными познакомиться, видимо интересы не совсем совпадают. Видимо связано тоже с менталитетом."*[267] *(Interview mit Aleksej)*

Im Prinzip ist Aleksejs ganzes Umfeld nicht besonders an einem engen Kontakt mit Deutschen interessiert, was durch unterschiedliche Interessen und mit der unterschiedlichen Mentalität begründet wird. In Deutschland fühlt er sich im Gegensatz zur Ukraine kaum als Jude, da die Deutschen in seinem Umfeld ihn immer nur als Russen wahrnehmen, während er in seiner alten Heimat oft als Jude beschimpft wurde, weswegen er sich auch oft prügeln musste. In Deutschland wurde er als ein Einwanderer aus dem Land geführt, aus dem er einreiste. Zwar wurde er oft gefragt, aus welchem Land er käme, jedoch noch nie danach, ob er jüdisch sei. Sein einziges Bindeglied zur jüdischen Gemeinde stellte eine von der Gemeinde organisierte Fahrt nach Israel dar, an welche er sich sehr gern zurückerinnert, auch wenn er zuvor große Bedenken hatte, an dieser teilzunehmen. Auch hat dieses positive Erlebnis nicht zu einem dauerhaften Kontakt geführt, denn seither besuchte er keine weiteren von der jüdischen Gemeinde organisierten Veranstaltungen mehr, da ihm das Interesse dazu fehlt und er auch mit der dortigen Jugend keinerlei Kontakt haben will. Seit kurzem trainiert er in einem gemeindenahen Sportverein, wobei für ihn einzig die günstigen Trainingsbedingungen relevant sind. Da es ihm sehr wichtig ist, dass seine spätere Partnerin jüdisch sein soll, steht für ihn hierzu nicht im Widerspruch, denn er möchte, dass seine Kinder jüdisch werden.

---

*nicht allein (als Migrant, Anm. O.G.). Darum wurden wir anders bewertet, darum waren wir etwas im Vorteil."*

267 *„Ich habe viele gute Freunde unter den Spätaussiedlern. In Prinzip strebt unsere Clique nicht besonders nach Kontakten zu Einheimischen. Scheinbar passen die Interessen nicht so zusammen. Scheinbar hängt das auch mit Mentalität zusammen."*

### 7.3.4 Vladimir: „Die Anderen ließen mich spüren, dass ich nicht dazu gehöre"

Der Kontakt mit Vladimir kam bei einer Veranstaltung der jüdischen Gemeinde zustande. Er erklärte sich sofort bereit, sich für ein Interview zur Verfügung zu stellen, so dass schnell ein passender Termin vereinbart werden konnte. Das Interview, das ebenfalls in den Räumlichkeiten der jüdischen Gemeinde stattfand, wurde auf Russisch geführt. Vladimirs Thema ist seine Ausgrenzung in Deutschland, welcher er sowohl mit Unverständnis wie auch mit seiner Offenheit entgegentritt.

In seiner umfangreichen Eingangserzählung beginnt er mit der Schilderung seiner Ausgrenzungserfahrungen, wobei er diese durch Wiederholung verstärkt. Danach verweist er auf die Erweiterung seines Kontaktfeldes, zunächst auf andere Migranten, zu denen sich im Laufe der Zeit auch einige wenige deutsche Bekannte gesellten. Zum Schluss geht er auf sein Verhältnis zur jüdischen Gemeinde ein und seine Auseinandersetzung mit der Definition des Jüdisch-Seins.

Vladimir kam mit elf Jahren aus einer moldawischen Großstadt in ein kleines Dorf nach Deutschland und wenig später in die fünfte Klasse. Seine Erfahrungen mit den Mitschülern schildert er als sehr negativ, er fühlte sich starken Vorurteilen ausgesetzt und erlitt tätliche Angriffe. Seine Separation gegenüber der deutschen Aufnahmegesellschaft ging nicht von ihm aus, sondern war auf die negativen Umwelterfahrungen zurückzuführen. Für seine Mitschüler waren Russen, als welchen sie auch ihn wahrnahmen, ein Feindbild. Dies war für ihn auch der Anlass, jegliche Versuche seine Herkunft zu erklären, zu unterlassen. Er hat es, sagte er, gar nicht erst probiert, seinen Mitschülern zu erklären, dass er sich nicht als Russe fühlt, da er glaubte, es würde doch niemanden interessieren und sie würden ihn trotzdem in diese Schublade stecken.

Die fremdenfeindliche Einstellung führt Vladimir nicht zuletzt auf die Mentalitätsunterschiede zwischen Stadt und Land zurück, wobei er mit der städtischen Einstellung gegenüber der dörflichen eine höhere Offenheit und Toleranz verbindet und seine Integrationsschwierigkeit nicht nur als ein deutsches Phänomen, sondern auch als typisch dörfliches Ablehnen von Fremdem betrachtet. Auf Grund der Ausgrenzung sah er keine andere Möglichkeit, als sich aktiv gegen diese zur Wehr zu setzen. Da Argumente hierfür ineffektiv erschienen, wehrte er sich mit Gewalt, was ihm einerseits Respekt innerhalb der Dorfjugend und der Schule einbrachte, aber die Distanz zu den Einheimischen zusätzlich vergrößerte.

Die andauernde Ausgrenzungssituation führte bei Vladimir zur stärkeren Auseinandersetzung mit der Familiengeschichte und der eigenen Identität, aus Provokation bezieht er sich in Streitsituationen auch auf die Niederlage der Deutschen gegenüber der UdSSR. Er dachte eine Zeit lang, Jüdisch-Sein sei untrennbar mit einer Religionszugehörigkeit verbunden. Da er diese Zugehörigkeit für wichtig empfand und glaubte, es gehöre einfach dazu, konnte er sich als Kind auch „stückweise" mit der jüdischen Religion identifizieren, ohne sich zu diesem Zeitpunkt jedoch tiefergehend mit den dazugehörigen Inhalten auseinanderzusetzen. Als ein Gespräch mit seinem Vater Vladimir im Alter von vierzehn aufzeigte, dass er nicht notwendigerweise religiös sein muss, um sich als Jude zu fühlen, fühlte er sich erleichtert, da er auch zuvor nicht wirklich gläubig war.

> *„Ты не должен верить во всё, что говорят люди. Он мне сказал, когда мне было четырнадцать лет, что он не верит в Бога. Почему ты не веришь в Боги, ты же еврей?, спросил я. Он ответил: я просто не верю в него. Нет никакого Бога. Я верю только в факты. Не было доказано, что Бог существует. Я и до четырнадцати лет толком не верил, а тут совсем перестал."*[268] *(Interview mit Vladimir)*

Sein Vater wies ihn darüber hinaus an, seine jüdische Herkunft zu achten und auch gegen Widerstände von anderen dazu zu stehen. Dennoch spielt seine jüdische Herkunft für Vladimir auch weiterhin nur eine nachrangige Rolle. Seine ersten richtigen Freunde in der BRD waren Jugendliche, die ebenfalls über einen Migrationshintergrund verfügten. Der Kontakt zu ihnen ergab sich in der Schule, die Annäherung erfolgte zunächst über das klischeebeladene Interesse an der russischen Lebensweise. So wurden sie beispielsweise nach den Trinkgewohnheiten und anderen Stereotypen befragt. Unter seinen Freunden, von denen die Mehrheit aus Großstädten in seine Gegend gezogen ist, finden sich auch zahlreiche Kurden und Araber. Die Religionszugehörigkeit und Herkunft anderer Menschen ist Vladimir prinzipiell gleichgültig, solange er von ihnen akzeptiert wird. Über seine jüdische Herkunft spricht er nur mit

268 *„Du muss nicht alles glauben, was die Leute sagen. Er sagte mir, als ich vierzehn Jahre war, dass er nicht an Gott glaubt. Warum glaubst du nicht an Gott, du bist doch ein Jude, fragte ich. Er antwortete, ich glaube einfach nicht an ihn. Es gibt kein Gott. Ich glaube nur an Fakten. Es ist nicht bewiesen, dass es Gott gibt. Bis ich vierzehn Jahre war, war ich auch schon eigentlich nicht besonders gläubig, seitdem verlor ich den Glauben endgültig."*

seinen engen Freunden, Deutschen gegenüber versucht er diese zu verbergen, da er keine Lust auf Auseinandersetzungen hat und sich nicht immer erklären möchte.

> *„Потом появились действительно хорошие ребята, из больших городов. Они говорили: вот вы русские ребята, расскажите, как там в России на самом деле? Рассказывайте. Мы начали рассказывать. [...] Первый вопрос, любят ли русские водку. Любят пить, только в компаниях, очень даже сильно. Вот так мой брат и я нашли друзей. Но большинство наших друзей тоже приезжие, они не только русские: курды, арабы и так далее. (...) Они знают, что я еврей, но восприняли и меня и брата очень хорошо. Немцы нас восприняли очень плохо, и я к ним тоже отношусь очень плохо. (...).Немецких друзей у меня очень мало, в основном русские друзья. Я очень рад, что у меня много русских друзей, что я познакомился с ребятами из (...). Ребята из (...) просто супер!“*[269] *(Interview mit Vladimir)*

Mit seinen Freunden verbinden ihn die gemeinsamen Ausschlusserlebnisse in Deutschland sowie das gegenseitige Verständnis für die spezifische Situation als Migrant in der BRD, was ungefähr dem entspricht, was Goffman als die gemeinsame Orientierung einer stigmatisierten Gruppe auf Grund teilnehmender Mitbetroffenheit bezeichnet. Vladimirs Beziehung zu Deutschland ist dennoch im allgemeinen positiv, er hat nur etwas gegen solche Menschen, die ihn persönlich beleidigen, hegt jedoch keine allgemeine Ablehnung gegenüber der Aufnahmegesellschaft aufgrund ihrer Geschichte. Seine Separationsorientierung war von ihm zunächst nicht angestrebt, sondern wurde durch die zahlreichen Ausgrenzungserfahrungen bedingt. So haben sich bei ihm auch nach langer Aufenthaltsdauer bislang nur wenige deutsche Bekanntschaften ergeben, welche er jedoch wiederum besonders schätzt, was auf seine tendenziell positive Einstellung gegenüber der deutschen Aufnahmegesellschaft hindeutet. Dies nicht nur, weil seine

269 *„Später tauchten wirklich tolle Leute aus Großstädten auf. Sie sagten, ihr seid also Russen. Erzählt mal, wie ist es da wirklich, in Russland? Erzählt. Wir begannen zu erzählen. Erste Frage, ob die Russen den Wodka mögen. Ja, sie trinken gerne mal einen, aber nur in Gesellschaft, sogar sehr gerne. Und so haben mein Bruder und ich Freunde gefunden. Aber die Mehrheit unserer Freunde sind auch Migranten, es sind nicht alles Russen: Kurden, Araber und so weiter. Sie wissen, dass ich jüdisch bin, aber sie haben meinen Bruder und mich sehr gut aufgenommen. Die Deutschen haben uns sehr schlecht aufgenommen und ich habe ein sehr schlechtes Verhältnis zu ihnen ... Deutsche Freunde habe ich kaum, überwiegend russische Freunde. Ich bin sehr froh, dass ich viele russische Freunde habe, dass ich die Leute aus (...) kennen gelernt habe - einfach Super!“*

deutschen Freunde ihm halfen die deutsche Sprache zu erlernen, was ihm zuvor sehr schwer fiel und zahlreiche Probleme in der Schule einbrachte, sondern auch weil sich seine Kontaktmöglichkeiten damit allgemein stark erweiterten.

> *„Но есть немцы, они появились позже, которые очень много помогали. [...] И я очень рад, что нашёл их, с ними познакомился. Потому что если бы я из не встретил, я бы не выучил немецкий. Я за шесть месяцев выучил немецкий язык, начал говорить.*[270] *(Interview mit Vladimir)*

Jedoch unterhält er sich auch weiterhin lieber in der russischen Sprache, ein Bedürfnis, dem der Umstand entgegen kommt, ohnehin mit russischsprachigen Migranten befreundet zu sein. In Alltagssituationen stellt Vladimir jedoch in letzter Zeit zunehmend fest, dass er bei Gesprächen auf Russisch manchmal deutsche Ausdrücke verwendet, was er als Erweiterung der Sprache betrachtet, die zum besseren Verständnis beitragen soll. Seine russischsprachigen Freunde lernte er anfangs überwiegend über die jüdische Gemeinde kennen, wohin ihn seine Eltern oft mitnahmen. Als sie älter wurden, begannen die Jugendlichen dann unabhängig von den Eltern ihre Freizeit zusammen zu verbringen und freundeten sich an, wodurch sich ihre gemeinsamen Aktivitäten nicht mehr nur auf die Räumlichkeiten der jüdischen Gemeinde beschränkten.

Obwohl die jüdische Gemeinde für ihn somit besonders anfangs einen wichtigen Bezugspunkt darstellte, änderte sich dies im Laufe der Zeit, da viele seiner Freunde inzwischen zum Studieren oder Arbeiten in andere Städte gezogen waren, so dass seine Bezugspersonen in der Gemeinde wegfielen. Da er weder mit den Kindern, noch mit den Angeboten für die Erwachsenen in der jüdischen Gemeinde viel anfangen kann und sich lieber mit Gleichaltrigen umgibt, geht auch er nur noch gelegentlich zu Veranstaltungen dieser.

---

270 *„Aber es gibt Deutsche, die ich später kennen lernte, die mir sehr viel geholfen haben. Und ich bin sehr froh, sie gefunden zu haben, sie kennen gelernt zu haben. Denn, wenn ich sie nicht getroffen hätte, hätte ich kein Deutsch gelernt. Ich habe innerhalb von sechs Monaten Deutsch gelernt, konnte mich unterhalten."*

### 7.3.5 Michail: „Engeren Kontakt mit Deutschen will ich nicht"

Der Kontakt zu Michail kam bei einem Vortrag zum Thema Antisemitismus an der Universität zustande, an welcher er selbst studiert. Sehr an der Thematik Migration interessiert, erklärte er sich sofort zu einem Interview bereit. Dieses konnte jedoch erst einige Wochen später realisiert werden. Nachdem wir uns wie verabredet am Bahnhof getroffen hatten, setzten wir uns auf eine Bank in einem kleinen, abgelegenen Park. Hier trifft sich Michail manchmal mit seinen Freunden, zum Fußballspielen oder um von hier aus in eine Bar zu gehen. Das Interview fand auf Russisch statt.

Seine Eingangserzählung beginnt Michail mit der Feststellung, auch nach einigen Jahren in der BRD keinen einzigen deutschen Freund gefunden zu haben. Seine Abgrenzung erfolgt dabei bewusst, was er anhand seiner jüdischen Sozialisation und mit Mentalitätsunterschieden gegenüber Deutschen begründet. Zum Abschluss verweist er darauf, sich auch für die Zukunft keinen engeren Kontakt mit Deutschen zu wünschen. Er betont, dass dies seine persönliche Einstellung ist, die von seinem Umfeld nicht notwendigerweise geteilt wird, was er am Beispiel eines Freundes verdeutlicht.

Michail kam erst mit achtzehn Jahren aus Russland nach Deutschland, wo er nach der Absolvierung eines Sprachkurses, ein Studium an einer deutschen Hochschule aufnahm. Sein hervorragender Abschluss, den er in Russland an einer internationalen Schule erwarb, wurde vollständig anerkannt. Zunächst lebte er mit seinen Eltern im Übergangsheim, wo er auch die Mehrheit seiner Freunde kennenlernte, mit denen er auch heute noch Kontakt pflegt. Mit einem dieser Freunde, der sich an der selben Universität eingeschrieben hatte wie er, teilt sich Michail seit einigen Monaten eine Wohnung im Studentenwohnheim. Ausgrenzungen auf Grund seiner Herkunft hat er selbst nie erfahren müssen, und meint, dass es nicht einmal Versuche hierzu gab. Dabei ist er sich im Klaren darüber, dass viele seiner Freunde diesbezüglich andere Erfahrungen gemacht haben. Er macht die Behandlung durch andere überwiegend von eigenem Verhalten abhängig, hat selbst auch von sich aus keinerlei Interesse an Auseinandersetzungen und ist sich recht sicher, dass er so etwas auch nicht befürchten muss.

Jedoch hat er auch nach fünf Jahren in der BRD keinen einzigen deutschen Freund und nur wenige oberflächliche Bekannte. Dies führt er auf ein mangelndes Interesse seinerseits zurück und betont dabei, mit Deutschen nichts gemeinsam zu haben und sich eher mit Juden verbunden zu fühlen, weshalb er einen näheren Kontakt zu der deutschen Aufnahmegesellschaft auch von sich aus nicht anstrebt. Auch die deutsche Vergangenheit, insbesondere die Zeit des Nationalsozialismus, nimmt für ihn eine distanzbildende Rolle ein. Das entscheidendste Differenzierungskriterium stellen für ihn jedoch kulturelle Unterschiede zwischen der Mentalität russischer oder russisch-jüdischer Zuwanderer im Kontrast zur deutschen dar. So wollte er von Anfang an von sich aus keinen Kontakt zu Deutschen aufbauen und glaubt auch nicht, dass sich seine Einstellung diesbezüglich in Zukunft ändern wird.

> *„Я учусь в университете, в немецком. В (...). Никогда меня никто не трогал, не обижал. Я уверен, что это зависит от человека от самого. Знаю это на сто процентов. Не было даже попыток, если бы и были, они бы сразу пресекались. С немцами у меня нет ничего общего совершенно. Во-первых. Во-вторых, я с четырнадцатьи лет был в России связан с евреями.“*[271] *(Interview mit Michail)*

Nach seiner Migration absolvierte er zunächst einen Sprachkurs an der Universität, wo er sich auch mit zahlreichen anderen Migranten anfreundete. Mit diesen pflegt er auch weiterhin Kontakt, findet es gut, dass sich sein Englisch hierdurch verbessert. Seit seinem vierzehnten Lebensjahr pflegt die Kontakte zur jüdischen Gruppe sehr intensiv und war vor seiner Migration sehr aktiv in dieser und in einem jüdischen Verein aktiv, wo viele Aktivitäten angeboten wurden. So nahm er als Kind, noch vor seiner Migration auch am religiösen Unterricht in der jüdischen Gemeinde seiner Stadt teil. Dennoch bezeichnet er sich selbst als nicht religiös, findet eine orthodoxe Auslegung des jüdischen Glaubens albern. In der BRD hat sich sein Kontakt auch auf andere russischsprechende Migranten erweitert, wobei die gemeinsame Sprache als wichtigeres Verbindungskriterium angesehen wird, als die Nationalität in der ehemaligen UdSSR.

---

271 *„Ich gehe auf die Universität, eine deutsche. Niemals hat mir jemand etwas getan, mich beleidigt. Ich bin mir sicher, dass es von einem selbst abhängt. Da bin ich mir zu hundert Prozent sicher. Es gab keine Versuche diesbezüglich, wenn es diese doch gegeben hätte, hätten sie es sofort sein gelassen. Das zum Ersten. Zweitens verkehrte ich in Russland seit meinem vierzehnten Lebensjahr mit Juden.“*

Allgemein ist Michail sehr froh nach Deutschland migriert zu sein, sieht hierin nicht zuletzt eine Erweiterung des eigenen Wissens und der Erfahrung. Auch seine Studienrichtung suchte er sich dahingehend aus, dass er seine Kenntnisse der russischen Sprache einbringen kann und er sich auch inhaltlich stark mit den aktuellen Entwicklungen in den GUS-Staaten beschäftigt. In seinem Herkunftsland ist er regelmäßig für längere Zeit zu Besuch, trifft alte Mitschüler und Familienfreunde.

Zwar kann er sich durchaus vorstellen, sein weiteres Leben in Deutschland zu verbringen, jedoch nur mit der Maßgabe, weiterhin mehrheitlich mit russischsprachigen Migranten zu verkehren. Ebenso kann er sich auch durchaus vorstellen, dauerhaft oder temporär nach Russland zurückzugehen. Für ihn ist es nicht so entscheidend, in welchem Land er lebt, solange er seine bestehenden Kontakte, die überwiegend aus russischsprachigen Juden bestehen, weiter aufrechterhalten kann. Jedoch strebt er auf jeden Fall an, zunächst sein angefangenes Studium in Deutschland zu beenden. Das in der BRD verbreitete Verständnis vom Judentum, das Jüdisch-Sein lediglich auf eine Religionszugehörigkeit reduziert, regt ihn sehr stark auf. Dieser Sicht nach werden assimilierte Juden nicht als Juden akzeptiert, ihre bedeutenden Leistungen werden hierdurch vereinnahmt. Daneben zeugt es für ihn vom Unverständnis dessen, was Jüdisch-Sein ausmacht. In seiner Vorstellung bezeichnet das Jüdisch-Sein eine Nationalität, welche durch die Eltern weitergegeben wird. Er selbst legt viel Wert darauf, dass seine Partnerin jüdisch oder zumindest russischsprachig ist und führt seit einigen Jahren eine Fernbeziehung mit seiner Freundin in Russland.

## 8. Lebenssituation und Identitätskonstruktionen junger jüdischer Migranten in der BRD

Nachdem die Heterogenität der Gruppe anhand unterschiedlicher Akkulturationsorientierungen hervorgehoben wurde, geht es im letzten Abschnitt dieser Arbeit um die Betrachtung der Beziehungen zwischen den jüdischen Migranten und der Mehrheitsgesellschaft sowie ihres Verhältnisses zu den jüdischen Gemeinden in der BRD. Hierbei wird analysiert, wodurch die unterschiedlichen Akkulturationsformen zwischen Herkunfts- und Assimilationsorientierung beeinflusst werden. Die Integration von Migranten erfolgt keineswegs automatisch, setzt stets eine hohe Aufnahmebereitschaft seitens der deutschen Gesellschaft voraus, sowie ein Interesse seitens der Zuwanderer sich integrieren zu wollen, wodurch Fragen nach Integrationsangeboten und Gelegenheitsstrukturen für interkulturelle soziale Kontakte auf der einen Seite, sowie Fragen nach der Integrationsbereitschaft der Migranten auf der anderen aufgeworfen werden.[272]

Denn wie bereits diskutiert, bedarf die Identität einer aktiven und fortwährenden Ausgestaltung und situativen Anpassung, wodurch die Lebenssituation der Migranten in die Betrachtung ihrer Identitätskonstruktionen mit einbezogen werden muss. Eine analytische Fokussierung auf selbstgestaltende Individuen beinhaltet stets die Gefahr, gesellschaftliche Macht- und Ungleichheitsverhältnisse aus dem Blick zu verlieren, welche in Form spezifischer sozialer und politischer Rahmenbedingungen, unterschiedliche Aufnahmechancen bewirken und somit Einfluss auf die Identitätskonstruktionen und weitere Lebensentwürfe der Migranten nehmen. Kumulative Ausgrenzungserfahrungen und wahrgenommene Mentalitätsdifferenzen befördern dabei einen Rückzug in die Eigengruppe. Eine positive Aufnahme und erhöhte Kontakthäufigkeit können hingegen Integrationschancen befördern. Jedoch muss auch eine tendenziell positive Aufnahme durch die deutsche Gesellschaft nicht zwangsläufig mit einer Akkulturationsorientierung der Migranten einhergehen, denn der Erfolg von Akkulturationsprozessen hängt, wie bereits diskutiert, nicht zuletzt von persönlichen Merkmalen der Migranten ab, wie beispielsweise dem Alter, dem Geschlecht, dem sozio-ökonomischen und familiären Status, der Sprachkompetenz und dem Integrationswillen. Auf einige dieser individuellen Merkmale können die Migranten, wenn auch begrenzt, Einfluss nehmen, indem sie beispielsweise ihre Sprachkompetenzen

272 Esser (1980): 83.

ausbauen. Andere Merkmale hingegen, wie beispielsweise das Alter, entziehen sich individueller Einflussnahme.

Alles in allem lässt sich festhalten, dass erst durch kompatible Kontaktangebote und Interessenlagen eine erfolgreiche Annäherung der Migranten an die Aufnahmegesellschaft ermöglicht wird.[273] In diesem Zusammenhang drängt sich die Frage auf, was die Migranten selbst unter einer erfolgreichen Integration verstehen, wer für sie anhand welcher Kriterien und ab welchem Zeitpunkt als integriert gilt.

## 8.1 Integration jüdischer Migranten in die Aufnahmegesellschaft

In Bezug auf jüdische Zuwanderer aus der ehemaligen UdSSR in der BRD ist zunächst allgemein festzuhalten, dass sich diese mit einem insgesamt sehr hohen Bildungs- und Qualifikationsniveau deutlich sowohl von anderen Zuwanderergruppen, wie auch von der einheimischen und der ausländischen Bevölkerung in der BRD abheben. Doch die erhoffte gesellschaftliche Integration blieb für die Mehrheit vielfach aus, nur die wenigsten konnten sich, wie die Eltern von Tatjana, beruflich etablieren. Statt dessen sind die jüdischen Zuwanderer häufig von Arbeitslosigkeit betroffen und verhältnismäßig oft von staatlichen Transferleistungen abhängig, die beschäftigte Minderheit geht überwiegend ihrer Ausbildung inadäquaten Tätigkeiten nach. Die anhaltenden Integrationsschwierigkeiten in den deutschen Arbeitsmarkt hängen unter anderem mit einer mangelnden Anerkennung der im Herkunftsland erworbenen Berufsqualifikationen, kaum vorhandenen Weiterbildungsmöglichkeiten nach der Migration, sowie einer generell angespannten Arbeitsmarktlage in der BRD zusammen. Viele Zuwanderer haben in der ehemaligen UdSSR berufliche Spezialisierungen erworben, welche auf dem deutschen Arbeitsmarkt keine Verwendung finden. Auch individuelle Merkmale der Migranten, wie unzureichende Deutschkenntnisse, ein hohes Einwanderungsalter und das fehlende Wissen um die spezifischen Marktstrukturen, können hierbei eine Rolle spielen. Besonders älteren Migranten fällt die Umstellung vom sozialistischen System oder der Wechsel aus den gewohnten beruflichen Position schwer.[274]

Durch die Migrationserfahrung und den Aufenthalt in einem neuen kulturellen Umfeld findet bei vielen Migranten eine Verunsicherung statt, da die bestehenden sozialen Netzwerke schrumpfen und zumindest in Teilen erst mühevoll wieder neu aufge-

273 Oswald (2007): 111f.
274 Haug / Wolf (2005): 3.

baut werden müssen. Durch den Zerfall bestehender Bindungen wird in der Aufnahmegesellschaft zunächst verstärkt ein geringeres Ausmaß an interner Kontrolle erlebt, besonders wenn die Migration unfreiwillig und spontan erfolgte. Je unsicherer die Stellung in der Fremde erscheint und umso restriktiver der Ressourcenzugang geregelt wird, desto wichtiger wird das Vorhandensein verlässlicher Bezugspersonen in der Aufnahmegesellschaft.

Die Herausbildung und Verfestigung ethnischer Gruppierungen in der Aufnahmegesellschaft kann so als eine Reaktion auf die Migrationssituation gesehen werden, wobei die vorhandenen Bindungen zum Vorschein kommen oder bewusster wahrgenommen werden. Besonders familiäre Gruppenbindungen nehmen für die Mehrheit der Migranten einen beträchtlichen Stellenwert für den Verlauf des Eingliederungsprozesses ein. Im Vergleich dazu kommt ethnischen Institutionen, welche sich bemühen, ein Interesse an der eigenen Kultur und Religion zu stärken, sowie sozialen, religiösen, kulturellen oder politischen Selbstorganisationen und externen sozialen Stützsystemen ein geringerer Stellenwert zu.[275] Jedoch können auch diese eine Minderung des Anpassungsdruckes bewirken oder als Interessenvertretung der Migranten auftreten und dazu beitragen, Orientierungswissen für die Bewältigung der Migrationssituation zu liefern und soziale Isolation aufzuheben.[276]

Die Diskontunitätserfahrung in der Migration und die damit einhergehende Notwendigkeit der gesellschaftlichen Integration ist um so größer, je mehr sich die Herkunfts- und die Einwanderungsumgebung voneinander unterscheiden. Die unterschiedlichen kulturellen Anforderungen, denen Migranten häufig ausgesetzt sind, erfordern eine stark ausgebildete Ambiguitätstoleranz und Fähigkeit zur Rollendistanz. Dabei werden Migranten wiederholt auf ihre Herkunft angesprochen und sind dabei häufig mit der Erwartung konfrontiert, hierauf eine eindeutige Antwort zu geben, was ihr Bewusstsein für kulturelle Differenzen schärfen und eine verstärkte Auseinandersetzung mit der eigenen Herkunft bedingen kann.[277] Die teils übersteigerten Erwartungen der jüdischen Migranten, die sich nicht zuletzt auf den, aus der sojwetischen Sozialisation resultierenden Wunsch nach beruflicher Etablierung zurückführen lassen, konnten in vielen Fällen nicht erfüllt werden. Auf die drastischen Umstellungen

275 Fassmann (2003): 437.
276 Oswald (2007): 119f.
277 Uslucan (2005): 9.

der persönliche Lebensgestaltung und die komplette Entwertung ganzer Lebensläufe und Selbstbilder waren viele nicht eingestellt.[278]

Die meisten Bestimmungsmerkmale, die in der Vergangenheit zur Orientierung in der sowjetischen Gesellschaft beitrugen, wie die berufliche und soziale Stellung, sowie nahezu die gesamte Lebenserfahrung wurden entwertet, was eine Neuorientierung und Umstellung erfordert. Besonders die älteren Zuwanderer leiden nach ihrer Migration daher häufig unter Isolation und dem Verlust von Handlungssicherheiten. Auf Grund ihrer starken emotionalen Bindung an das Heimatland stellen die Angehörigen der Herkunftsgesellschaft für diesen Teil der jüdischen Migranten in der BRD weiterhin die oft einzigen Bezugspunkte. Daneben wird die Kontaktaufnahme zu Deutschen durch die oft unzureichende Sprachbeherrschung erschwert, die teils mit Scham einhergeht und zur Folge hat, dass solche Kontakte möglichst vermieden werden. Eine Verbesserung der angespannten Lage steht für die Mehrheit dieser älteren Migranten nicht in Aussicht.

### 8.1.1 Besondere Situation junger Migranten

Die jüngeren Migranten unterliegen einer anderen Situation als ihre Eltern, absolvierten mindestens einen Teil ihrer Ausbildungszeit in der BRD, wobei sie anerkannte Abschlüsse und bessere Sprachkenntnisse erwerben. Einige der befragten jungen Migranten verbrachten einen bedeutenden Lebensabschnitt in der UdSSR bzw. in deren Nachfolgestaaten und durchlebten die Migration erst im Jugendalter, wodurch sie einiges von der Umbruchsituation in ihren Herkunftsländern erlebten und ähnlichen Sozialisationserfahrungen ausgesetzt waren.

Maksim und Roma leben bereits seit langer Zeit in Deutschland oder sind in einem jungen Alter eingewandert, so dass sie nur wenige konkrete Erinnerungen vom dortigen Leben haben. Durch die lange Aufenthaltsdauer und die Schulpflicht kommen junge Migranten stärker in Kontakt mit ihrer deutschen Umwelt als ihre Eltern und fühlen sich stärker als diese in der BRD integriert. Durch die unterschiedlichen Ausgangsvoraussetzungen kommt es daher häufig zu unterschiedlich schnell verlaufenden Akkulturationen zwischen den Familienmitgliedern, was wiederum, vermittelt über die umgekehrten Kompetenzverhältnisse, innerfamiliäre Spannungen fördern kann.[279]

278 Zumindest die älteren und mittleren Generationen haben die Systemumbruchphase bewusst miterlebt und sind in der BRD mit einem grundlegend anderem politischen, wirtschaftlichen und kulturellen System konfrontiert als in ihren Herkunftsstaaten.

279 Vgl.: Kizilhan (2005)

Auf die jungen Migranten kann die beobachtete Desintegration der älteren Zuwanderer abschreckend oder motivierend wirken. Aus dem Zwiespalt zwischen elterlicher kultureller Identität und der außerfamiliären Sozialisation in der BRD können, durch die andauernde Konfrontation mit divergierenden Rollenerwartungen und Orientierungsangeboten, bei jungen Migranten besondere Schwierigkeiten für die Aufrechterhaltung der Identitätsbalance entstehen.

In den Interviews zeichnete sich ab, dass, je jünger die Befragten bei ihrer Einreise waren, um so die Integration in der BRD unproblematischer zu verlaufen schien. Ein unbelasteter Zugang ermöglichte ihnen eine schnellere Aneignung der deutschen Sprache, der Verkehrsformen und alltagspraktischer Details, so dass sie sich diesbezüglich kaum von gleichaltrigen Deutschen unterscheiden. So auch bei Tatjana, die mit fünf Jahren nach Deutschland gekommen ist. Der Fortzug aus der gewohnten Umgebung, der anfängliche Aufenthalt der Familie im Wohnheim, in welchem sich die Eltern mit den Kindern ein Zimmer teilen mussten, sowie die anfänglichen sprachlichen Probleme im Kindergarten stellen für sie rückblickend keine große Belastung dar.

> *„Und, das ging dann schnell, wir sind dann nach Deutschland gekommen und haben in so 'nem Heim zunächst gelebt. So wie das halt so üblich ist, wenn man herkommt. Ich war fünf Jahre alt, und deshalb war das für mich nicht so... nicht so ein großer Schock, dass, ich sage mal, es eher was Neues ist. Und so, na ja.(..). Probleme gab 's dann bei mir mit der Sprache im Kindergarten. Aber ich hab'..., innerhalb von drei Monaten konnte ich schon so 'n bisschen was, also ich konnte mich verständigen (...)" (Interview mit Tatjana)*

Ihre anfängliche Unsicherheit in Bezug auf den Umgang mit Deutschen hielt nicht lange an, bereits nach drei Monaten konnte sie sich etwas auf Deutsch verständigen und, auch wenn sie zu diesem Zeitpunkt noch keine deutsche Freunde hatte. Dies lag jedoch weniger an ihrer eigenen Einstellung oder gar Abneigung, sondern viel mehr an den Gelegenheitsstrukturen. Ihre damaligen Freunde waren alle im selben Wohnheim untergebracht wie sie, die räumliche Nähe, eine gemeinsame Muttersprache und die intensiven elterlichen Kontakte ließen engere Freundschaftsbeziehungen leichter, als zu den deutschen Kindern im Kindergarten, entstehen. Erst mit der Einschulung begann sie, sich mit ihren deutschen Mitschülern anzufreunden und besuchte daraufhin das erste Mal eine Freundin zu Hause. In der Grundschule erlebte Tatjana alle

Mitschüler als offen und aufgeschlossen ihr gegenüber. Ihre Herkunft spielte dabei nie eine Rolle, so dass sie deswegen keinerlei Probleme hatte und einen großen Bekanntenkreis aufbauen konnte. Rückbesuche waren jedoch, solange sie im Wohnheim lebte, nicht möglich, da die Eltern dies untersagten und sich vor ihren Mitschülern, die alle ein eigenes Zimmer besaßen, für ihre Wohnsituation schämten.

> *„Na ja, so von Freunden her hatte ich immer nur die, die im Heim waren. Das waren halt so, ich sage mal, Russen und so. Und deutsche Freunde waren da für mich so ... Kamen da nicht in Frage. Bis ich dann siebenundneunzig in die Grundschule kam. Und da fing es auch schon an mit den ganzen deutschen Freunden. Und ich kam eigentlich gut mit ihnen zurecht, da gab es halt irgendwie keine Probleme, von wegen was weiß ich, ich bin eine Ausländerin oder so was ja."(Interview mit Tatjana)*

Unter einer gelungenen Integration versteht Irina neben dem Aufbau sozialer Kontakte auch die strukturelle Etablierung. Die Zuweisung des Ausländerstatus gilt dabei für sie als Stigma, welches die Eingliederung enorm erschwert oder gar verhindert. Daneben sieht sie in den Integrationsschwierigkeiten auch ein generelles Problem des Alters und weist auf die erhöhte Schwierigkeit erwachsener Migranten hin, sich in der neuen Umgebung zurechtzufinden, die deutsche Sprache zu erlernen und eine feste Anstellung zu bekommen, was sie am Beispiel ihres Vaters deutlich macht.

> *„Ich kann halt sagen, dass von meinem Vater aus, dass er sich eigentlich, sage ich mal, weniger gut integriert hat, als ich. Er kann die Sprache nicht so gut wie ich, es ist auch schwierig für ihn, eine Arbeit zu finden. Wenn er eine hat, dann auch nicht länger als ein Jahr. Das ist immer so das Problem, sage ich mal, so bei älteren Menschen." (Interview mit Irina)*

Einige der jüngeren Migranten nehmen bereits in frühem Alter zahlreiche familiären Pflichten wahr. So übernahm Roma beispielsweise in seiner Familie bereits in sehr jungem Alter häufig die Funktion des Dolmetschers, musste immer ans Telefon gehen, wenn jemand anrief, da sich seine Eltern in den ersten Jahren nach der Migration noch schämten, Deutsch zu sprechen. Trotz seiner eigenen, damals noch sehr schlechten Deutschkenntnisse, begleitete er seine Eltern zum Sozialamt und bei anderen Behördengängen, bei denen er übersetzte. Dies fiel ihm damals sehr schwer, er beneidete seine Mitschüler für ihre zahlreichen Freiräume. Rückblickend beurteilt er diese Situation jedoch als eine wichtige Erfahrung, die sein Selbstbewusstsein stärkte und ihn selbstständiger machte. Mittlerweile haben sich die Eltern besser eingelebt und deutsch gelernt. Wie sich auch in den Interviews zeigte, können solche anfänglich bestehenden Kontaktschwierigkeiten der Migranten mit der Zeit abnehmen, wofür die Akzeptanz durch die Aufnahmegesellschaft eine wichtige Voraussetzung darstellt. Dies bestätigt der leichte Einstellungswandel durch die Erweiterung des Kontaktes bei Tatjana durch die Einschulung und auch bei Vladimir durch den Zuzug neuer Freunde aus anderen Städten. Auch Aleksej machte nach einer starken Ablehnung an seiner zweiten Schule in der BRD, auf welche er nach einem Umzug der Familie gewechselt war, positive Erfahrungen. Er wurde diesmal von seinen Mitschülern gut aufgenommen und begann sich langsam auf Deutsch zu verständigen. Da er erst wenige Monate in Deutschland war, hatte er Schwierigkeiten sich zu erklären und war auf die Unterstützung anderer angewiesen, die ihm hier auch zuteil wurde. Einige Schüler aus seiner Klasse zeigten diesmal starkes Verständnis für ihn und seine Situation und bemühten sich, ihm zu helfen, wo immer es nur ging, auch wenn ein anderer Teil der Klasse weiterhin weniger oder gar kein Interesse zeigte. So fand er diesmal leichter Anschluss an seine Mitschüler und fühlte sich viel wohler.

> *„После этого у меня был положительный опыт в том плане, что в другой гимназии, где тоже пару месяцев я находился, но ребята совершенно по-другому встретили. То есть, при встрече чашку подарили, то есть там... с таким вдохновлением, что новый ученик, ему сложно с языком, надо помочь... Как-то по-другому на тот вопрос смотрели, совершенно иначе, общение какое-то было. Понятно, что это как раз такой момент был, что только пару месяцев прошло, как я в Германии находился, с языком было не акти-как, но можно было уже как-то объясняться. Понятно, что в общении язык изучается лучше всего. (Interview mit Aleksej)“*[280]

Zudem gab es an dieser Schule eine spezielle Beauftragte für die zugewanderten Schüler. Diese animierte die anderen zur Unterstützung und bewertete zunächst

280 *„Danach habe ich eine positive Erfahrung gemacht, in dem Sinne, dass ich auf einem Gymnasium, auf dem ich auch ein paar Monate blieb, von den Leuten völlig anders aufgenommen wurde. Also, beim ersten Treffen schenkten sie mir eine Tasse, also so ... mit einer solchen Begeisterung, dass ein neuer Schüler in die Klasse kommt, der es schwer hat, mit der Sprache, dem man helfen müsse... Sie dachten irgendwie anders darüber, völlig anders, versuchten mich einzubinden in (sein soziales Milieu, Anm. O.G.). Klar, dass war zu einem Zeitpunkt, an dem erst ein paar Monate vergangen sind, seitdem ich in Deutschland*

auch nach einem anderen Maßstab, der die mangelnden Deutschkenntnisse berücksichtigte. Daneben wurde Nachhilfeunterricht in der deutschen Sprache angeboten. Doch dann erschwerte unter anderem der mehrfache Umzug seiner Eltern die Herausbildung engerer Kontakte zu Deutschen, nähere Freundschaften haben sich dauerhaft nicht ergeben.

Strukturelle Voraussetzungen, wie die schulische Situation, können bei einer Kontaktaufnahme auch erschwerend wirken, so wie im Fall vom Verena. Sie kam bereits wenige Tage nach ihrer Migration in die BRD auf die Schule, am Ende des ersten Halbjahres. Sie wurde einer Klasse zugewiesen, in welcher, neben einer einzigen Deutschen, ausschließlich Migranten waren, wodurch sich keine alltäglichen Umgangsmöglichkeiten mit Deutschen ergaben. Neun Schüler aus ihrer Klasse sprachen zudem Russisch, was erschwerte Bedingungen beim Erlernen der deutschen Sprache bewirkte. Die Lehrer drängten die russischsprachigen Schüler, sich untereinander auf Deutsch zu verständigen, was diesen jedoch enorm schwer fiel, auch wenn sie verstanden, dass sie Deutsch beherrschen müssen, um das Abitur ablegen zu können. Spätestens am Ende kippten die Unterhaltungen immer ins Russische, der vertrauteren Sprache, worunter Verenas Deutschkenntnisse dauerhaft litten. Dennoch gelang es ihr, ein gutes Abitur abzulegen, was ihr jedoch sehr viel persönliches Engagement abverlangte.

> *„У нас в класс засунули девять русских. Из двадцати человек девять русских. Только одна немка была! Нам не было с кем общаться на немецком языке. Конечно же мы общались по-русски. [...] Нам говорили: почему вы говорите по-русски, ведь в школе нужно говорить по-немецки! Мы понимали, что это нам нужно, но даже если мы начинали разговор по-немецки, переходило всё на русский ... Это было невозможно переделать ... И немецкий пострадал, я до сих пор говорю с акцентом.“*[281] *(Interview mit Verena)*

---

*war, mit der Sprache lief es nicht besonders, aber ich konnte mich bereits etwas verständigen. Klar, dass sich eine Sprache am besten durch Gespräche lernen lässt. Darum war es besser.“*

281 *„In unsere Klasse wurden neun Russen gesteckt. Von zwanzig Leuten, neun Russen. Es gab nur eine Deutsche! Wir hatten niemanden, mir dem wir uns hätten auf Deutsch unterhalten können. Natürlich unterhielten wir uns auf Russisch. Es wurde gesagt: Warum redet ihr Russisch, in der Schule wird Deutsch gesprochen! Wir verstanden, dass es wichtig war, aber selbst wenn wir das Gespräch auf Deutsch anfingen, ging alles ins Russische über. Es war unmöglich, das zu verändern. Und mein Deutsch litt darunter, ich spreche auch noch bis heute mit Akzent.“*

### 8.1.2 Spracherwerb und Kontakt zur Aufnahmegesellschaft

Die sprachliche Kompetenz bildet eine der Grundvoraussetzungen für die Partizipation an den verschiedensten Bereichen der Gesellschaft. Das Medium Sprache gilt somit sowohl in der Selbst-, wie auch in der Fremdzuschreibung als ein wichtiges Kennzeichen ethnischer bzw. kultureller Identität. Sie konserviert kollektive Erinnerungen und ermöglicht intersubjektive Verständigung. Aus der Perspektive des symbolischen Interaktionismus entwickelt sich in der Interaktion mit anderen stets auch eine soziale Orientierung, da sprachliche Symbole auch mit spezifischen Bedeutungen assoziiert werden. Durch Verwendung bekannter Symbole werden in den Individuen gleiche Reaktionen wachgerufen.[282] Der Spracherwerb geschieht stets in einem kulturellen Umfeld, wobei soziale Wirklichkeiten konstruiert und internalisiert werden.[283] Die kognitive Assimilationsdimension ist somit ein relevanter Aspekt bei der Betrachtung von Integrationsvorgängen, denn alle Migranten sind zumindest am Anfang mit der Notwendigkeit einer Neuorientierung in der Aufnahmegesellschaft konfrontiert, wobei besonders die Sprachaneignung zu einer besonderen Herausforderung wird.[284]

Alle Befragten beherrschen mindestens zwei Sprachen, Russisch und Deutsch, wobei sich hier große Niveauunterschiede und ein großes Spektrum an Sprachorientierungen finden, auch die Einschätzung über die eigenen Sprachkenntnisse variiert. Migranten, die in sehr jungem Alter migriert sind, haben es daher oftmals leichter die deutsche Sprache zu erlernen, hingegen verliert sich bei ihnen auch die Herkunftssprache schneller, wenn sie nicht aktiv gepflegt wird. Mit der überwiegend deutschen Sozialisation geht auch eine verstärkte Orientierung an europäischen Werten einher, deutschsprachige Medien werden präferiert. Ältere haben es leichter, die Herkunftssprache beizubehalten, allerdings gestaltet sich der Erwerb der neuen Sprache schwieriger. Im Umgang mit den verschiedenen Familienmitglieder finden sich so oft unterschiedliche Sprachorientierungen. So auch bei Tatjana. Die Geschwister unterhalten sich untereinander mit zunehmender Aufenthaltsdauer verstärkt auf Russisch, da dies ihnen einfacher erscheint.

> *„Also, mit meinem Bruder spreche ich deutsch, mit meiner kleinen Schwester ist immer so gemischt. Mit meiner Mutter russisch und mit meinem Vater halt auch deutsch... größtenteils eigentlich. Ja." (Interview mit Tatjana)*

282 Vgl. Mead (1980)
283 Treibel (1999): 109.

Auch unter Geschwistern können sich dabei unterschiedliche Orientierungen herausbilden. Über den Einfluss der Sozialisation in der BRD auf sie und ihre Brüder berichtet beispielsweise Irina.

> *„Mein jüngerer Bruder war drei, als er mit hierher kam. Er spricht kaum noch Russisch. Nur noch die deutsche Sprache und hat diese europäischen Werte und ist auch Deutsch irgendwie. Mein älterer Bruder... Er kann noch sehr gut Russisch, auch Teile Aserbaidschanisch, was ich nur sehr passiv verstehen, kann." (Interview mit Irina)*

Der Erwerb von Kenntnissen der deutschen Sprache vollzieht sich, neben dem Besuch von Sprachkursen oder im Schulunterricht, nicht zuletzt über enge Kontakte zu Einheimischen. Mit zunehmender Aufenthaltsdauer im Aufnahmeland können sich die Sprachkenntnisse langfristig verbessern. So bezeichnet Irina die deutsche Sprache, die sie erst nach und nach erlernen musste, mittlerweile als ihre Muttersprache.

> *„In der Klasse wurde ich sehr gut aufgenommen. Ich hatte kaum deutsche Kenntnisse, ich konnte kaum bis zehn zählen und so grob meinen Namen sagen, aber mehr auch nicht. Ich habe sehr, sehr schnell meine Sprache, also die deutsche Sprache, gelernt. Spreche total, also jetzt auch einwandfrei." (Interview mit Irina)*

Irina begründet ihren erfolgreichen Spracherwerb mit ihrer guten Aufnahme in der Schule und betont dabei auch ihre eigene Aufgeschlossenheit und ihr Engagement, so dass sie sich sehr schnell verständigen konnte und deutsche Freunde fand. Erlebte Diskriminierungen und empfundene Ausgrenzung können die Motivation zum Spracherwerb wiederum mindern, wobei die Kompetenzen von Migranten in der eigenen Sprache oft systematische Nicht-Anerkennung oder gar Abwertung erfahren. Hierdurch ergibt sich auch bei einigen Migranten, die in jungen Jahren nach Deutschland gekommen sind, oft eine mangelnde Motivation zur Auseinandersetzung mit der russischen Sprache. Durch geringe Kontakte zu Deutschen bieten sich für einige Migranten kaum Gelegenheiten der Vermittlung, vielfach werden sie in ihrem Wohnumfeld mit der Alltagssprache und Verhaltensweisen unterer sozialer Schichten konfrontiert.[285] Dies soll am Beispiel von Vladimir beleuchtet werden. Da er kaum engere Kontakte zu Deutschen hatte, fiel Vladimir der Spracherwerb zunächst enorm

---

284 Alheit (2005): 23.
285 Jost (1996): 134.

schwer, was ihm zusätzliche Schwierigkeiten in der Schule einbrachte. Erst durch den späten Kontakt zu Deutschen, stieg auch bei ihm die Motivation, sich die deutsche Sprache schneller anzueignen. Nach langer Zeit im Aufnahmeland begann er in Unterhaltungen seinen Ausdruck intensiver zu trainieren und baute seinen Wortschatz aus, so dass er sich innerhalb eines halben Jahres bereits deutlich besser verständigen konnte als zuvor. Heute freut er sich über Gelegenheiten, Deutsch zu sprechen und hat sich vorgenommen, noch besser zu werden, da er sich hiervon auch bessere Arbeitsmarktchancen erhofft.

> *„Я говорил очень плохо, действительно плохо ... Ребята, с которыми я познакомился, сидели просто и со мной разговаривали, и я выучил немецкий. Мой язык начал улучшаться [...] В учёбе было тоже очень тяжело, тоже из-за языка. В основном, из-за языка."*[286] *(Interview mit Vladimir)*

Die Offenheit gegenüber Neuem und die Kontaktbereitschaft scheinen im jüngeren Alter stärker ausgeprägt zu sein, während die Aufnahmefähigkeit mit zunehmendem Alter abnimmt und die Unsicherheit zunimmt. Kommunikationsmöglichkeiten werden dann häufig gemieden, wie dies bei Verena oder Julia zu beobachten ist. Durch die mangelnden Ausdrucksfähigkeiten fällt es Julia schwer, mit Deutschen eine gemeinsame Sprache zu finden, sie hat Komplexe wegen ihrer Deutschkenntnisse, obwohl diese mittlerweile gar nicht so schlecht sind. Sie kann inzwischen relativ frei sprechen, dennoch weiterhin mit einem starken russischen Akzent, welcher ihr sehr unangenehm ist, da er ihre nichtdeutsche Herkunft verrät, welche sie nicht jedem gegenüber offenbaren möchte.

> *„Так же я не могу сказать, что нахожу общий язык. Когда человек говорит по-русски, мне легко с ним общаться, а с ними мне нелегко находить общее. У меня есть комплексы из-за моего немецкого языка. Язык уже неплох, но есть сильный акцент, сразу слышно, что я русская."*[287] *(Interview mit Julia)*

---

286 *„Ich habe sehr schlecht gesprochen, wirklich schlecht. Die Leute, mit denen ich mich anfreundete, setzten sich einfach mit mir hin und unterhielten sich mit mir. Und so habe ich Deutsch gelernt. Mein Deutsch wurde zunehmend besser. In der Schule war es auch sehr schwer für mich, auch wegen der Sprache. Vor allem wegen der Sprache."*

287 *„Ebenso kann ich nicht sagen, dass wir dieselbe Sprache sprechen. Wenn jemand Russisch spricht, ist es für mich leicht, mit ihm ins Gespräch zu kommen, aber mit ihnen ist es nicht einfach, was*

Durch die Vermeidung von Kontakten zu Deutschen und den Rückzug in die Eigengruppe wird der weitere Spracherwerb behindert, da auch die Kommunikation unter den älteren Familienmitgliedern überwiegend auf Russisch erfolgt. Auch bereits erworbene Kenntnisse können sich so wieder verlieren.[288] Dies bestätigt auch Irina, die bei den anderen Migranten an ihrer Schule beobachtet, dass diese sich nicht so gut in die Klasse integrieren konnten, da sie die deutsche Sprache nicht beherrschten und sich auch nicht darum bemühten, diese durch tägliche Kommunikation auszubauen. Sie grenzten sich auf dem Schulhof von den Deutschen ab und unterhielten sich ausschließlich untereinander, weshalb sie mit ihnen nicht viel zu tun hat. Andere Migranten an ihrer Schule erfuhren auch kein Verständnis von ihren Mitschülern, was den Spracherwerb und Kontaktchancen behinderte, dies war jedoch ihrer Erfahrung nach eher in den höheren Klassenstufen der Fall.

> *„Ich weiß halt von anderen Migranten, die halt, nicht so gut in der Klasse integr ... in die Klasse reingekommen sind, weil sie die Sprache nicht konnten. Und nicht kommunizieren konnten. Und kein Verständnis von den Schülern her kam, aber es ist eher so in den älteren Klassen.“ (Interview mit Irina)*

Der hohe Stellenwert des Spracherwerbs und der Erlangung von Ausbildungsabschlüssen für eine berufliche und soziale Zukunft ist allen Befragten bewusst. Dennoch erfolgen die Anstrengungen Deutsch zu erlernen mit unterschiedlicher Intensität. Verena führt ihre Sprechschwierigkeiten neben den mangelnden Umgangsmöglichkeiten auf ihr Migrationsalter zurück. Anders als Julia versuchte Verena jedoch bereits nach kurzer Zeit, aktiver dagegen vorzugehen und bemühte sich um möglichst viel Sprachpraxis, indem sie sich auch zur Zufriedenheit der Lehrer stärker im Unterricht beteiligte. Dabei orientierte sie sich nicht an der Reaktion ihrer Mitschüler.

> *„(...)считаю, что это очень от возраста зависит. У меня такая же проблема была. Я старалась на уроке быть поактивнее, поднимать руку, пусть это будет там с ошибками, но учителя в принципе были довольны“[289] (Interview mit Verena)*

---

*Verbindendes zu finden. Ich habe Komplexe wegen meinem Deutsch. Ich spreche zwar nicht schlecht, aber mit einem starken Akzent. Man kann sofort hören, dass ich russisch bin.“*

288 Spiegel (2003): 91f.

289 *„Ich finde, dass es sehr stark vom Alter abhängt. Ich hatte das gleiche Problem. Ich bemühte mich, im Unterricht aktiver mitzuarbeiten, mich zu melden, egal, ob dabei Fehler passieren, aber die Lehrer waren im Großen und Ganzen zufrieden.“*

Der gleichzeitige Erwerb zweier Sprachen führte bei Roma, der mit einem Jahr nach Deutschland kam, zu einer starken Überforderung. Es gelang ihm zwar sehr gut Deutsch zu erlernen, jedoch spricht er trotz der intensiven Bemühungen seiner Eltern um Spracherhalt, nur relativ schlecht Russisch, was er sehr bedauert. In der Jugendgruppe der jüdischen Gemeinde brachte ihm dies zahlreiche Probleme ein, da er sich mit den russischsprachigen Migranten nicht so gut verständigen konnte und von diesen ausgegrenzt wurde.

> *„Also ich hatte da in der jüdischen Gemeinde sehr, sehr viele Probleme, also als Kind war ich Spätzünder immer gewesen. Ich, ich (lacht) lege es immer darauf zurück, dass ich mit diesen zwei Sprachen einfach richtig überfordert war. Sehr, sehr sogar. Ich spreche auch jetzt noch relativ schlecht russisch und deswegen konnte ich mich auch immer nicht ausdrücken halt." (Interview mit Roma)*

### 8.1.3 Spracherhalt und Beziehungen zum Herkunftsland

Wie der Erwerb der deutschen Sprache, nimmt auch der Erhalt des Russischen für die jungen Migranten einen unterschiedlichen Stellenwert ein, wohingegen die Mehrheit der Eltern viel Wert darauf legt. So werden russische Medien nur von fünf der insgesamt neun Befragten bevorzugt, nur drei von ihnen lesen regelmäßig russische Bücher und Magazine. Einen Zugang zu russischsprachigen Fernsehkanälen haben vier der befragten Migranten. Bei Personen mit jüngerem Migrationsalter wird der Kontakt zur Herkunftsgesellschaft überwiegend durch die Eltern initiiert, teils gegen die eigenen Interessen der in Deutschland sozialisierten Jugendlichen. Bis auf Roma und Maksim sind alle nach ihrer Ausreise wiederholt im Herkunftsland gewesen. Selbst kaum einen Bezug zu ihrem Herkunftsland besitzend, erscheint die Reise dorthin für viele junge Migranten einzig als familiäre Pflicht, um den Kontakt zu Verwandten und Freunden der Familie aufrecht zu halten.

So fährt auch Irina nicht gern in ihr Ursprungsland, hat von sich aus keinerlei Interesse dazu und macht dies nur ihren Eltern und ihrer dortigen Verwandtschaft zuliebe, da sie es allgemein nicht besonders anziehend findet. Eigene Bekannte hat sie dort nicht, was ihr Interesse an solchen Besuchen weiterhin mindert, da sie ihre Freizeit und die Ferien lieber mit ihren gleichaltrigen Freunden, von denen die Mehrheit deutsch ist, verbringt. Irina ist, wie auch ihre jüngere Schwester, in Deutschland groß geworden und hat sich gut eingelebt, so dass sie nicht wirklich wegziehen möchte. Auch eine

Zukunft im Herkunftsland ist für sie nicht denkbar. Mittlerweile liegt Irinas letzter Aufenthalt dort einige Jahre zurück. Sie fühlt sich in Deutschland sehr wohl und möchte auch nicht in einem Land leben, zu dem sie keinerlei Beziehungen hat, außer der Tatsache dort geboren zu sein. Sie stört sich stark an den ihr fremden dortigen Verhältnissen, der starken Religionsbezogenheit und traditionellen Orientierung, welche ihr selbst widerstreben.

> *„Uh, das ist jetzt schon Jahre, Jahre her... Ehrlich gesagt, fahre ich da auch eigentlich gar nicht so gerne hin, also da sind zwar Verwandte dort von mir, aber irgendwie ist der Wille nach dem Land nicht so da, weil, ich weiß nicht, ist so ein Land, was wenig, echt wenig Fortschritte macht und... ja. Also, es ist irgendwie noch (lacht), auch so vom Glauben her und so Vorstellung von der Welt und vom Menschen her, also sehr glaubensbezogenes Land. Was mir halt nicht so passt, weil ich ungläubig bin und... Hm, es ist so, irgendwie nicht so wirklich schön. Ich würde da jetzt nicht freiwillig noch mal hingehen und dann irgendwie, da Zeit verbringen oder wohnen ja. Nein, das geht gar nicht klar." (Interview mit Irina)*

Für ihre Eltern gestaltet sich das Verhältnis zum Herkunftsland schwieriger, da sie sehr bestrebt sind, die dortigen sozialen Beziehungen aufrechtzuerhalten und teils mit dem Gedanken spielen, dort hin zurückzukehren, wenn sich die dortige Situation bessert und die Kinder aus dem Haus sind. Jedoch sind sie sich der Veränderungen im Herkunftsland bewusst und empfinden eine zunehmende Distanz. Während viele von ihnen in der Anfangszeit nach der Migration mehrfach im Herkunftsland waren und auch die Kinder dorthin mitnahmen, ließen die Aufenthalte bei der Mehrheit im Laufe der Zeit nach.

> *„Hm, also ich denke, für Eltern ist es halt immer so schwierig, weil sie halt immer zurück wollen, wenn die Kinder irgendwie ausgelernt haben. Ich denke bei meinem Vater ist es halt auch immer noch so, dass er zurück möchte. Bei den Kindern, also bei mir und meinem Bruder ist das so, dass wir hier, sage ich mal, groß geworden sind und hier nicht wirklich weg wollen. Zumindest nicht wieder zurück in unser Land." (Interview mit Irina)*

Über ihren älteren Bruder berichtet Irina, dass dieser wesentlich mehr als sie an ihrem Ursprungsland hängt und sich nicht klar für eins der Länder entscheiden kann, so dass er sich durchaus vorstellen könnte, einmal dorthin zurückzukehren. Er fährt so oft wie möglich dorthin, telefoniert regelmäßig mit seinen aserbaidschanischen Freunden. Dies bezeichnet sie mit dem Begriff „Leben zwischen zwei Welten".

> *„Mein älterer Bruder ist eher geteilt zwischen zwei Welten, weil er von Aserbaidschan sehr viel mitbekommen hat, also mehr als ich. Und ja, er ist so hin und hergerissen zwischen zwei Länder, sag ich mal, was bei mir nicht so ist, da ich mich hier sehr wohl fühle und eigentlich auch nicht mehr zurück möchte. Weil ich mich hier auch sehr gut eingelebt habe." (Interview mit Irina)*

Auch alle anderen Befragten, mit Ausnahme von Michail, habe keine näheren Pläne, in ihr Herkunftsland zurückzugehen, oder können sich dies auch keinesfalls mehr vorstellen. Die gesellschaftlichen Veränderungen im Herkunftsland, sowie die persönliche Weiterentwicklung und Veränderungen durch die Migration, vergrößern auch bei Tatjana die Distanz zum Herkunftsland. Dazu trägt bei ihr, ähnlich wie Verena oder Irina, der weitgehende Verlust des Aserbaidschanischen bei. Zwar konnte sie als Kind noch etwas Aserbaidschanisch verstehen, da ihr die Großeltern diese Sprache als Kind beibrachten, hat dies jedoch nach ihrer Migration in die BRD vollständig verlernt. Dies erschwert eine Verständigung mit den teils ausschließlich aserbaidschanisch sprechenden Verwandten. Aber auch mit der angespannte familiären Situation kommt sie nicht zurecht. Viele der dortigen Verwandten sind untereinander zerstritten, wobei besonders finanzielle Auseinandersetzungen im Vordergrund stehen. Dies hat sie von früher, als ihre Großeltern noch am Leben waren, anders in Erinnerung,

> *„Das letzte mal zweinullvier. Ja, das war wegen der Sprache, ja... ja, ich hab die Sprache ein bisschen verlernt, was heißt ein bisschen. So größtenteils, und es war schwierig mit den ganzen Verwandten und so, die sprechen Aserbaidschanisch... auch... Na also, es gibt auch welche, die Russisch sprechen, da fiel es mir auch leichter. Und, aber sonst so... (lacht). Also ich habe mich da nicht wohlgefühlt, weil da viele von denen auch verstritten sind. Bei denen, da geht es halt nur noch um Geld-Geld-Geld. Und, mit der Schwester von meinem Vater gab es da halt Krach. Also, ziemlich dolle. Also, es ist nicht mehr so wie es früher war, als die Großeltern noch gelebt haben, ja... Ich bin irgendwie raus da... ja." (Interview mit Tatjana)*

Von den Migranten, die im höheren Alter migriert sind, pflegen durchgängig alle eigene Kontakte zur Herkunftsgesellschaft. Dies geschieht überwiegend über einschlägige Internetportale, aber auch über telefonische Kontakte und gelegentliche Besuche im Herkunftsland.[290] Jedoch beobachten auch sie Veränderungen in ihren Herkunftsländern. Verena, die aus Usbekistan stammt und sich ausschließlich mit russischsprachigen Migranten umgibt, berichtet ebenfalls von Entfremdungserfahrungen ihrem Herkunftsland gegenüber, welches sich nach ihrer Abreise stark verändert hat, so dass sie sich auch dort nicht mehr zuhause fühlt. In der ehemaligen Sowjetrepublik gab es damals viele Russen, von denen mittlerweile sehr viele migriert sind, teils auch nach Deutschland. Sie selbst hatte usbekisch nie gelernt. Da die Usbeken zu dem Zeitpunkt, als sie dort lebte, Russisch sowie Usbekisch beherrschten, war es nicht notwendig. Diese Situation änderte sich jedoch in letzter Zeit drastisch, das Usbekische wurde für eine Verständigung unentbehrlich. Daneben stellt Verena auch individuelle Veränderungen bei sich fest und bemerkt, wie das Leben in Deutschland sie in positiver Hinsicht prägt.

> *„Я считаю, что Германия точно изменяет людей. Я в четырнадцать лет приехала и я знаю, что я стала другой и думаю, что в лучшую сторону. Я могу также добавить, что я приехала из Узбекистана ... Несмотря на то, что это часть Советского Союза и русских там тьма было, теперь конечно меньше, кто в Израиль уехал, кто в Германию, кто куда ... Не могу сказать, что я себя там хорошо чувствовала, я узбекского не знала, он нам там не нужен был. Узбеки знали русский и узбекский. Последнее время стало резко ухудшаться, и русские стали себя некомфортно чувствовать. Вдруг понадобился узбекский язык, который раньше никогда не требовали.“*[291] *(Interview mit Verena)*

---

290 Hierbei wurden Portale www.vkonakte.ru und www.odnoklassniki.ru mehrfach genannt.

291 *„Ich meine, dass Deutschland die Menschen ändert, sicher. Ich kam mit vierzehn und weiß, dass ich eine andere geworden bin, und zwar eine bessere. Dazu kann ich sagen, dass ich aus Usbekistan kam... Das war ein Teil der Sowjetunion, es gab abertausende Russen dort. Jetzt natürlich sind wenige da: viele sind nach Israel, Deutschland und sonst wohin... Ich kann nicht sagen, dass ich mich dort wohl gefühlt habe. Ich beherrschte kein Usbekisch, wir hatten das dort nicht gebraucht. Die Usbeken sprachen Russisch und Usbekisch. In der letzten Zeit wurde es immer schlechter, und die Russen begannen, sich immer unwohler zu fühlen. Auf einmal wurde Usbekisch notwendig, was zuvor niemals verlangt wurde.“*

## 8.2 Stellenwert von Ausgrenzungserfahrungen für die Identitätsbildung

Nachdem der Einfluss des Migrationsalters für die Kontaktchancen und den Spracherwerb diskutiert wurde, geht es im Folgenden um die Frage, inwieweit spezifische Ausschlusserfahrungen in der Aufnahmegesellschaft zum Rückzug der jungen Migranten in die russischsprachige oder jüdische Eigengruppe beitragen. Daneben soll analysiert werden, welche Ausprägungen solche Ausgrenzungen einnehmen können und wie sie von den Betroffenen individuell bewertet und verarbeitet werden. Einige der jungen Migranten müssen, wie auch Mitglieder der älteren Kohorten, eine Entwertung ihrer vorangegangenen Lebensentwürfe bewältigen und sich neu orientieren.

Eine verbreitete Schwierigkeit stellt hierbei die Verkennung der im Ursprungsland erbrachten schulischen Leistungen dar, was gekoppelt an die schlechten Deutschkenntnisse der Migranten, zur Zurückstufung in der Schule führt. So musste Julia in Deutschland vier Schuljahre wiederholen, obwohl sie in der Ukraine bereits eine Hochschulreife erworben hatte. Dies war besonders am Anfang ein großer Schock für sie, den sie erst langsam verarbeiten konnte. Letztendlich hat sie sich, auch aus Mangel an Alternativen, mit der Situation abfinden müssen. Neben strukturellen Ausgrenzungserfahrungen ist die Diskriminierung durch einzelne Personen oder Gruppen vorstellbar. Auch Roma, der in einem Neubaugebiet in Deutschland aufgewachsen ist, kennt diese Problematik. Im Hof befand sich ein Spielplatz, wo sich die Kinder der umliegenden Wohnblöcke nachmittags zum Spielen verabredeten. Dieser war auch Treffpunkt einer rechtsextremen Jugendclique. Die Vorliebe seiner Eltern, sich auch in der Öffentlichkeit lauf auf Russisch zu unterhalten, trug zur Entlarvung seiner Herkunft bei, wonach die Jugendlichen begannen ihn zu terrorisieren. Dabei sind ihm zwei Vorfälle besonders prägnant in Erinnerung verblieben.

An der Wohnungstür der Familie tauchten Schmierereien auf. Auch in der Schule, auf welche auch diese Jugendlichen gingen, wurde er psychisch schikaniert, mit Drohungen, auch seiner Familie etwas Schlimmes anzutun. Trotz seiner starken Identifikation mit der Aufnahmegesellschaft verdeutlichten ihm diese Vorfälle, dass er nicht von allen Mitgliedern dieser als vollwertiges Mitglied anerkannt wird.

> *„Also erlebt habe ich, muss ich sagen, als Kind ein paar Eindrücke, die sehr prägnant waren, einmal, dass wir halt in der {Stadtteil, Anm. O.G.} aufgewachsen und, wo eh es doch relativ, eh, Nazis gab, also Faschisten*

*und ich an der Schule sehr mit denen zu kämpfen hatte halt. Und irgendwann ich so, eh (überlegt), fertig gemacht wurde von denen... so psychisch. Also, nicht körperlich, sondern psychisch. Sie haben mir angedroht, dass sie meinen Eltern was antun. Und ich meine, in der fünften Klasse, da kann man das noch nicht einschätzen, ob das so eh... (überlegt). Inwiefern das ernst gemeint ist. Und dann bin ich halt zum Schuldirektor. Und es hat sich dann geklärt. Derjenige wurde von der Schule geschmissen, oder diejenigen. Und, das fand ich halt sehr gut, das weiß ich noch, darum. Was ich noch mitbekommen habe, eh, ist, dass meine Eltern mal ein Hakenkreuz und einen Galgen an die Tür gemalt bekommen haben. Und auch viel in Angst gelebt haben. Also, nicht in Angst, aber sehr vorsichtig gewesen sind." (Interview mit Roma)*

Während Roma die Ausgrenzung als eine individuelle Tat einzelner Personen betrachtet, die er als Minderheit ansieht und als „Nazis" oder „Faschisten" bezeichnet und durch welche er sich nicht beeinträchtigt fühlt, mit anderen Deutschen Kontakt zu haben, können erlebte Ausgrenzungserfahrungen auch langfristig zum Aufrechterhalten einer Distanz gegenüber der Aufnahmegesellschaft beitragen. Eine längerfristige, intensive Ausgrenzung durch die Jugendlichen in seinem Wohngebiet, durchlebte auch Vladimir, wobei die Spannweite der Diskriminierungserfahrungen von Beleidigungen über handgreifliche Auseinandersetzungen bis hin zu Ignoranz reicht. Zwar musste er in der Schule nicht zurückfallen, jedoch erlebte er die Ausgrenzung durch die örtlichen Jugendlichen ganz massiv. Für die Jugend in dem kleinen Dorf, wo seine Familie zunächst untergebracht wurde, waren Russen dass schlimmste auf der Welt, was sie ihn deutlich spüren ließen. Er führt dies auf generelle Stadt-Land-Unterscheide und die Einflussnahme der Eltern zurück, aber auch auf die Eigeninitiative der Jugendlichen. Nur ein Bruchteil der Menschen, die er in der BRD kennen lernte, nahm ihn gut auf, nahezu alle anderen hingegen sehr schlecht, sie griffen ihn an oder erniedrigten ihn.

*„Дети думали, что руские это самое плохое, что существует. Мы с братом приехали в деревню ... Из большого города жить в деревню. Люди действительно другие. Они совсем по-другому соображают. А дети вообще... Они какие-то другие. [...] Родители им, конечно же, говорили плохо о нас, но они сами так думали, даже делали так, чтобы мы это чувствовали. Они воспринимали нас очень плохо. Один процент из тех, с кем мы познакомились, приняли нас хорошо. (...) Все*

*остальные девяносто девять процентов приняли нас очень плохо.*"[292] *(Interview mit Vladimir)*

Er wurde von den deutschen Jugendlichen im Dorf viel provoziert und musste sich häufig gegen Beleidigungen und tätliche Angriffe verteidigen. Hierbei war er froh, seinen Bruder als einzigen Verbündeten an seiner Seite zu haben. Schließlich wurden die Brüder zwar weitgehend in Ruhe gelassen, blieben jedoch auch weiterhin ausgegrenzt, da keiner Interesse daran zeigte, mit ihnen etwas zu tun zu haben, so dass keine Annäherung zustande kam.

> *„Защищаться приходилось очень часто. [...] Наши кулаки им сказали: Если вы ещё раз нас тронете, или скажете, что мы русские сволочи, мы козлы, мы дерьмо, извиняюсь за выражение, то вы получите своё, как уже однажды получили от наших дедов. Что-то вроде этого. И они это получали. Многие ребята в школе нас провоцировали. Они доводили нас и получали своё. Всё. Потом они нас не трогали больше. Они нас не трогали больше, но и не разговаривали с нами.*"[293] *(Interview mit Vladimir)*

Neben offensichtlichen Ausgrenzungsmechanismen, kann der Ausschluss auch in einer subtilen Form erfolgen, sich für die Betroffenen durch Desinteresse und Ignoranz bemerkbar machen. Diese Erfahrungen machte Aleksej, der nach der Migration seiner Familie in die BRD den gesamten ersten Schulmonat in der Kleinstadt, wo er wohnte, ohne ein einziges Gespräch mit einem seiner deutschen Mitschüler verbrachte. Da es an seiner Schule zu diesem Zeitpunkt auch keine anderen russischsprachigen Schüler gab, blieben seine sozialen Kontakte in dieser Zeit überwiegend auf die Familie beschränkt. Im Klassenraum saß er allein ganz vorn in der rechten Reihe. Keiner seiner

---

292 *„Die Kinder waren der Meinung, dass Russen das Schlimmste auf der Welt seien. Mein Bruder und ich sind in ein Dorf gezogen. Aus einer großen Stadt aufs Land. Die Menschen sind wirklich anders. Sie haben eine völlig andere Wahrnehmung. Und die Kinder sowieso ... sie sind irgendwie anders. Die Eltern erzählten ihnen, natürlich, schlechte Dinge über uns, aber sie dachten auch selbst so. Verhielten sich sogar so, dass wir es fühlen konnten ... Ein Prozent derer, die wir kennen lernten, nahmen uns gut auf. Alle anderen neunundneunzig Prozent nahmen uns sehr schlecht auf."*

293 *„Wir mussten uns sehr oft verteidigen. Unsere Fäuste zeigten ihnen: Wenn ihr uns noch einmal etwas tut, oder etwas gegen uns sagt, dass wir russische {russische Schimpfwörter, Anm. O.G.}, - ich entschuldige mich für den Ausdruck - dann kriegt ihr euren Teil, so wie damals, von unseren Großvätern. Irgendetwas in der Art. Und sie bekamen ihren Teil. Viele aus der Schule provozierten uns, sie reizten uns und bekamen ihren Teil. So. Danach ließen sie uns in Ruhe. Sie ließen uns in Ruhe, sprachen aber auch nicht mit uns."*

Mitschüler wies auch nur geringes Interesse an ihm auf, einen ganzen Monat sprach ihn niemand an, so dass er sich total einsam fühlte, wie „eine Oase in der Wüste".

> *„Был у меня такой опыт, что в городе (...) в гимназии привели меня в класс, посадили, представили. И я как вот сидел один, на первой парте, сидел весь месяц, пока мы там находились. Ни один немец ко мне не подошел, ни спросил, ничего... И жил как оазис в пустыне ... Один совершенно. (...) На этих примерах можно сказать, что есть немцы, которые помогают, понимают твою проблему, помогают тебе в изучении языка, в адаптации, а есть немцы, которым это всё абсолютно пофиг, как можно сказать, их это не интересует. Живёшь, мне не мешаешь, уже хорошо."*[294] *(Interview mit Aleksej)*

Aus Ausgrenzungserfahrungen der Eltern und anderer Migranten wird häufig eine eigene Desintegration abgeleitet oder zumindest befürchtet, auch wenn diese bislang nicht vorliegt. So beobachtete Julia, die selbst keine schlechten Erfahrungen mit Deutschen gemacht hat, an ihrer Schule dieses Phänomen besonders in den unteren Klassen. Wie auch Verena verweist sie hierbei auf eine kollektive Gruppenerfahrung entgegen positiver, individueller Erlebnisse, wobei sie ihre eigene Situation als Ausnahme betrachtet und sich von der Ausgrenzung der anderen Migranten mitbetroffen fühlt. Die bestehende Kontaktunsicherheit verstärkt wiederum die eigene Abgrenzung in Bezug auf die Aufnahmegesellschaft. Im Umgang mit Deutschen ist sie sehr unsicher und hat zudem Angst, sich aktiv am Unterricht zu beteiligen, da sie fürchtet bei Fehlern von ihren Mitschülern verspottet zu werden, so wie sie es von anderen gehört hat. Da sie es vor ihrer Migration gewohnt war, in der Schule eine der Klassenbesten zu sein, fällt ihr diese Situation besonders schwer. Der Altersunterschied gegenüber ihren wesentlich jüngeren Mitschülern und die als unterschiedlich wahrgenommenen Interessenlagen tragen weiterhin zu einer Distanz ihnen gegenüber bei. Als sie nach einem Schulwechsel neu in die Klasse gekommen war, wurde sie von allen sehr freundlich empfangen, hatte aber von sich aus wenig Interesse, nach der Schule mit

---

294 *„Einmal machte ich die folgende Erfahrung. In der Stadt {Name der Stadt, Anm. O.G.}, im Gymnasium wurde ich in die Klasse gebracht, bekam einen Sitzplatz zugewiesen, wurde vorgestellt. Und so saß ich allein, in der ersten Reihe, die ganzen Monate über, so lange wir dort hatten. Kein einziger Deutscher kam auf mich zu oder fragte mich etwas. Nichts. Ich lebte vor mich hin, wie eine Oase in der Wüste ... Völlig allein. (...) man kann sagen, dass es Deutsche gibt, die helfen, dein Problem verstehen, helfen dir, die Sprache zu erlernen, dich einzuleben. Aber es gibt auch Deutsche, denen es völlig egal ist, wie sagt man das, sie interessieren sich nicht dafür. Lebst, kommst mir nicht in die Quere, auch gut."*

ihnen wegzugehen oder gemeinsam etwas zu unternehmen, obwohl sie mehrfach hierzu eingeladen wurde.

> *„Я боюсь на уроке поднимать руку и отвечать на весь класс, они могут посмеяться, если я что-то неправильно скажу. Я не обижаюсь. Когда я второй раз заново пришла в класс, я поменяла гимназию, все были очень приветливые. Меня звали, но я сама отказывалась идти на вечеринки, так как я знала, что будет не так. У каждого человека это, наверное, по-разному.“*[295] *(Interview mit Julia)*

Auch Verena machte nach ihrer Migration in die BRD ausschließlich positive Erfahrungen mit Deutschen, kennt aber auch die Erzählungen anderer Migranten, in welchen Gegensätzliches berichtet wird. Die Behauptung, alle Deutschen würden generell Vorbehalte gegen Migranten, haben lehnt sie jedoch ab, beschreibt es eher als ein generelles Problem von dem sie glaubt, dass so etwas überall vorkommt. Daher ist sie sehr froh, selbst keinerlei Beleidigungen erlebt und statt dessen immer Unterstützung von Deutschen bekommen zu haben.

> *„Я много раз убеждалась, что немцы между собой сговариваются, обсирают, извините за выражение, какю-либо подружку. Потом приходит эта самая подружка, другая уходит, и начинается уже с этой обкакивание другой ... Это нормально совершенно. Это явление есть во всех слоях населения как в России, так и в Германии, в Израиле. Мне так кажется.(...)Многие жалуются, что вот немцы, они русских не любят, они их обзывают или ещё что-то. Честно говоря, слава Богу, со мной такого никогда не было. Я всегда получала помощь от немцев, всё, что мне надо было, мне помогали. Иногда я просила, кто-то сам спрашивал, нужна ли помощь. Никто не отказывал. Ничего негативного я не могу сказать.“*[296] *(Interview mit Verena)*

---

295 *„Ich habe Angst, mich im Unterricht zu melden und vor der ganzen Klasse zu antworten, da ich fürchte, dass sie lachen könnten, wenn ich etwas Falsches sage. Ich bin nicht beleidigt. ... Als ich das zweite Mal neu in eine Klasse kam, ich hatte das Gymnasium gewechselt, waren alle sehr entgegenkommend. Ich wurde zwar eingeladen, aber ich habe selbst abgelehnt, etwas mit ihnen zu unternehmen, da ich wusste, dass ich mich da unwohl fühlen würde.“*

296 *„Ich habe wiederholt erlebt, dass sie sich untereinander verschwören und lästern, entschuldige den Ausdruck, über irgendeine Freundin. Dann kommt die besagte Freundin, eine andere geht weg und dann wird mit ihr über die andere hergezogen. Das ist völlig normal, denke ich. Dieses Phänomen findet sich in allen Bevölkerungsschichten, wie in Russland, so auch in Deutschland, in Israel. (...) Ich habe von Deutschen immer*

Auch bei Aleksej bewirkt der Rückzug in die über Sprache konstituierte Eigengruppe auf längere Sicht eine Distanz zur deutschen Aufnahmegesellschaft. Durch seine differenzierten Erfahrungen mit diesen, meidet er von sich aus engere Kontakt zu Deutschen. So wie er bleibt ein Großteil der jüdischen Migranten bewusst unter sich, legt starken Wert auf soziale Beziehungen innerhalb der eigenen Familie und dem russischsprachigen oder jüdischen Umfeld. Sein Freundeskreis ist überwiegend russischsprachig, wobei seine Freunde aus verschiedenen Gebieten der ehemaligen UdSSR stammen und viele von ihnen deutsche Spätaussiedler sind. Die Ursprungsnationalität ist ihm prinzipiell egal, viel wichtiger sind für ihn die gemeinsam erlebten Interessen, er verwendet hierfür die Bezeichnung „Mentalität", und eine gemeinsame sprachliche Grundlage, die unbeschwerte Konversation ermöglicht. Auch in seinem Freundeskreis wird ein näherer Kontakt zu den Einheimischen weitgehend nicht angestrebt. Die Annäherung an die deutsche Gesellschaft bleibt so lediglich partiell, auf formelle Beziehungen beschränkt.[297] Informelle Kontakte zu Deutschen bleiben selten und sind eher dort anzutreffen, wo sie durch Kontakthäufigkeit notwendig werden.

Diese Situation lässt sich anhand von Verena beobachten, sie fühlt sich weder der Herkunftsgesellschaft noch der deutschen Gesellschaft zugehörig. Trotz langer Lebensdauer in Deutschland fühlt sie sich dennoch nicht zuhause. Ihr Freundeskreis ist überwiegend russischsprachig, was sie zwar teils bedauert, ist jedoch auch gleichzeitig nicht bereit, etwas dagegen zu unternehmen. Der Kontakt zu Deutschen erscheint ihr nicht aus persönlichen Interessen heraus wichtig, sondern lediglich instrumentell um die deutsche Sprache zu erlernen.

Auch Michail lebt bereits mehrere Jahre in Deutschland, hat jedoch seither lediglich einige wenige oberflächliche Kontakte mit Deutschen geschlossen und grenzt sich von sich aus von ihnen ab. Er sagt, er hat mit ihnen überhaupt nichts gemeinsam, verweist auf die deutsche und seine eigene Vergangenheit. Relevanter sind für ihn jedoch viel mehr aktuelle Unterschiede zwischen der russischen und der deutschen Mentalität. Ein engerer Kontakt zu Deutschen ist für ihn auch in Zukunft nicht anstrebenswert und aus seiner jetzigen Perspektive kaum vorstellbar.

---

*Unterstützung erhalten, immer wenn ich etwas gebraucht habe, hatte ich Unterstützung. Manchmal bat ich darum. Einige fragten selber nach, ob ich Hilfe brauch. Niemand wies mich ab. Ich kann nichts negatives berichten."*

297 Spiegel (2003): 91f.

*„У меня нет ни одного друга немца. И буквально пару знакомых, так чисто визуально, немцев. (...) С немцами у меня нет ничего общего совершенно. (...) То, что было с тридцать девятого по сорок пятый год я тоже никогда не забуду. Но это играет в принципе не самую главную роль. Большую роль играют культурные различия между Россией и Германией, между русским менталитетом и немецким. Я не могу с ними общаться, никак. Я думаю, что и не буду никогда.(...) Я всегда буду общаться с евреями, с русскоязычными евреями, с русскими. Вряд ли я буду когда-то общаться с немцами. Хотя зарекаться не буду.“*[298] *(Interview mit Michail)*

Im Kontrast zu Julia und Verena weiß auch Maksim, der ebenfalls gut aufgenommen wurde, von der schlechten Aufnahme und der hierdurch bedingten Desintegration anderer Migranten, was ihn jedoch nicht daran hindert, sich als Deutscher mir anderen Wurzeln zu fühlen. So wie bei ihm findet auch bei Roma eine starke Identifikation mit der Aufnahmegesellschaft statt, wobei die erlebten Ausgrenzungserfahrungen im Gegensatz zu Julia als eine Tat einzelner Personen und somit als Ausnahme betrachtet werden. Auch Präferenzen bei der Partnerwahl stellen gegenüber der Wahl des Freundeskreises einen genaueren Integrationsindikator dar.

Während Roma, Irina und Maksim die Herkunft ihrer Partner prinzipiell egal ist, legen die anderen hierauf viel Wert. Grund hierfür ist unter anderem die eigene Herkunftsorientierung, wahrgenommene Mentalitätsunterschiede, aber auch familiäre Erwartungen. So wie im Fall von Tatjana, die sich selbst sehr assimiliert fühlt, für die jedoch die elterlichen Wertvorstellungen eine wichtige Bedeutung für eigene Entscheidungen spielen. Ihre Eltern hingegen behalten ihre Separationsorientierung weiterhin bei, denn auch wenn sie ihre Familie als wenig religiös bezeichnet, kommt ein deutscher Partner für ihre Tochter keineswegs in Frage. Tatjana hat sich mit dieser Situation abgefunden und sucht von sich aus keinen deutschen Partner.

298 *„Ich habe keinen einzigen deutschen Freund und nur eine Handvoll oberflächliche Bekanntschaften mit Deutschen. (...) Mit Deutschen habe ich überhaupt nichts gemeinsam. (...) Das was 1939 bis 1945 war, werde ich auch nie vergessen. Aber spielt im Prinzip nicht die ausschlaggebende Rolle. Eine große Rolle spielen die kulturellen Unterschiede zwischen Russland und Deutschland, zwischen der russischen Mentalität und der deutschen. Egal wie, ich kann mich mit ihnen nicht unterhalten und ich denke, ich werde es auch nie tun. (...) Ich werde immer mit Juden verkehren, mit russischsprachigen Juden, mit Russen. Wohl kaum werde ich irgendwann mit Deutschen verkehren. Obwohl, ich will nicht zu voreilig sein.“*

*„Ja, mein Partner sollte schon aus meinem Land kommen, also das ist halt auch wegen meinem Vater ein bisschen er ist so ein bisschen streng deswegen also es kann auch jemand aus Israel sein, aber auf jeden Fall aus unserer Religion, sage ich mal, also auch wenn die Religion bei uns jetzt nicht so eine große Rolle spielt, eh, und, ja, also deutsch würde da auf keinen Fall in Frage kommen, für meinen Vater nicht. Mir ist das eigentlich egal so. Ich meine, wenn man sich halt in denjenigen... aber ich guck dann schon gar nicht so sag ich jetzt mal, in dem Kreis (lacht).“ (Interview mit Tatjana*

### 8.3 Jüdische Identität und Auffassungen vom Jüdisch-Sein

Der Stellenwert des Jüdisch-Seins für den Alltag der Befragten variiert. So setzt sich Roma zwar aktiv mit seiner Familiengeschichte auseinander, betont jedoch auch die passiven Elemente. Er sagt, er wurde als Jude geboren, konnte sich dies praktisch nicht aussuchen.

*„Na ich mein, eh ja... Na, ich wurde als Jude geboren, also ich konnte es mir ja praktisch nicht aussuchen. Und irgendwo interessiert 's mich doch halt, wo meine Wurzeln sind und was meine Eltern sind. Und deswegen. Einfach aus Interesse an der Kultur und meinen Eltern habe ich mich damit auseinander gesetzt und ein paar Bücher gewälzt und gelesen.“ (Interview mit Roma)*

Positive Erfahrungen mit einer Mitarbeiterin der jüdischen Gemeinde, die ihn auf die Bar Mizwah vorbereitete, motivierten Roma zur tiefergehenden Auseinandersetzung mit dieser Thematik. In der Gemeinde lasen sie gemeinsam die Bücher Moses und diskutierten sie altersgemäß als „schöne Geschichte“. Auch darüber hinaus setzte er sich damit auseinander, las mehrere Bücher, darunter über den Krieg zwischen Israel und Palästina, um sich eine eigene Meinung zu bilden.

*„Also ich habe mal jüdischen Unterricht genommen, an der Gemeinde bei {Name der Lehrerin, Anm. O.G.}. Na, die ist jetzt leider weg. Na ja, sie war eine sehr tolle Lehrerin, hat mich auf die Bar Mizwah vorbereitet. Wir haben da so ersten paar Bücher Moses gelesen und so als schöne Geschichte getarnt, was ich sehr, sehr schön fand. Also, nicht so als, du musst, sondern so als Geschichte, Märchen. Das fand ich sehr schön. Es waren halt auch andere Bücher, hab' ich gelesen. Und dann hab' ich*

*später noch ein Buch über den Krieg zwischen Israel und Palästina gelesen. Ich hab 's nicht ganz verstanden, weil es sehr schwierig war. Ich glaube, ein sehr wissenschaftliches Buch. Aber um sich eine Meinung zu bilden, war es schon in Ordnung so." (Interview mit Roma)*

Auch Irina hat die elterliche Auffassung übernommen, das Jüdisch-Sein sei etwas, was sie über ihre Mutter und Großmutter vererbt bekommen habe. Diese Herkunft ist auch für sie lediglich im Bezug auf ihre familiäre Herkunft und Familiengeschichte relevant, spielt jedoch im Alltag keine Rolle.

*„Also, jüdisch sein, würde für mich bedeuten, das habe ich irgendwie, so auch von meiner Oma halt auch erzählt bekommen, dass meine Mutter jüdisch ist, weil ihre Mutter jüdisch ist. Und dass sich das unter Generationen so weitergibt. Dass, wenn die Mutter jüdisch ist, dass dann die Kinder jüdisch sind. Das habe ich für mich so, übernommen. Das ist für mich so, dass ich sehe, wenn meine Mutti jüdisch war, dann bin ich halt auch jüdisch." (Interview mit Irina)*

Irina bringt ihre starke Beziehung zu Israel mit ihrem Jüdisch-Sein in Verbindung, wobei sie Israel gegenüber ihrem Herkunftsland deutlich bevorzugt. Eine Notwendigkeit gläubig zu sein, um sich jüdisch zu fühlen, sieht sie nicht. Für sie ist die Bezugnahme auf den jüdischen Glauben und Traditionen nur im Hinblick auf die Religion und Herkunft ihrer Eltern relevant.

*„Was jetzt jüdisch sein für mich bedeutet? Na ja, ist schwierig zu sagen... Ich würde einfach sagen, dass ich dann irgendwie eine Verbindung auch zu dem Land Israel habe, also wenn ich nicht jüdisch wäre, würde ich mich nicht so sehr für das Land interessieren. Und, ich finde es auch angenehmer, nach Israel zu reisen, wo ich halt auch Verwandte habe, als zum Beispiel nach Aserbaidschan zu reisen, obwohl ich von da stamm, also ich denke, das verbinde ich halt mit dem Jüdisch-Sein. Dadurch, dass ich nicht wirklich gläubig bin, aber trotzdem mich als jüdisch sehe. Dass ich das, mit dem Land und meinen jüdischen Verwandten in Verbindung setze. Ja." (Interview mit Irina)*

Aleksej definiert sein Jüdisch-Sein nahezu ausschließlich über erlebte Ausgrenzungserfahrungen. Er verweist in diesem Kontext darauf, dass sich die Auswirkung seiner jüdischen Herkunft in seinem Herkunftsland durch Ausgrenzung und Diskriminierung stärker bemerkbar machte, obwohl er in der Hauptstadt lebte, wo sich solche Phänomene weniger zeigten, als im Rest des Landes. So kam es in seiner Schulzeit auch mehrfach vor, dass er sich gegen Beleidigungen zur Wehr setzen musste, wobei es auch zu tätlichen Auseinandersetzungen kam.

> *„Честно говоря, евреем я себя мало чувствую. Когда я жил в Украине, это чувствовалось, в том плане, что в Киеве не так сильно чувствовался национальный вопрос, как в других городах Украины. Меня называли жидом, я за это морду бил, это тоже было. Но когда я приехал сюда (?) Немцы вроде бы и не знают, что такое евреи, в том плане, что все, кто приезжает, будь то Украина, Россия, это все русские, все русские. Если что, ты русский, и все такие-сякие.“*[299] *(Interview mit Aleksej)*

In Deutschland hingegen erlebt er eine andere Situation. Die deutschen Behörden interessieren sich nach der Aufnahmezusage nicht dafür, ob jemand eine jüdische Herkunft hat, was für sie zählt, ist das Herkunftsland. Da er selbst einen ukrainischen Pass hat, gilt er für die Behörden somit als Ukrainer. Von seinen Mitschülern und anderen Deutschen, denen er begegnet, wird er wiederum als Russe wahrgenommen. Außer von anderen russischsprachigen Migranten wurde er in der BRD noch nie darauf angesprochen, ob er jüdisch ist, auch deswegen fühlt er sich in Deutschland nicht unbedingt als Jude. Auch er machte die Erfahrung, dass es Deutschen schwer fällt zu verstehen, was Jüdisch-Sein für die Migranten und Juden allgemein umfasst. Für ihn persönlich bedeutet es die Betonung seiner familiären Herkunft, Deutsche hingegen bringen Jüdisch-Sein oft mit Israel und Religion in Verbindung. Seiner Erfahrung nach werden jüdische Migranten aus den GUS-Staaten meistens als Russen abgestempelt.

> *„Для немцев до сих пор евреи это религия. Она не понимают: как это, ты еврей, а родился в России, ладно-ладно. Но твоя мать, она неверняка в Израиле родилась? Нет, тоже в России. Как же ты еврей? Это всё я испытывал на своих первых языковах курсах, затем на Otto-Benecke-*

---

299 *„Ehrlich gesagt, fühle ich mich kaum als Jude. Als ich in der Ukraine wohnte, merkte man, dass die Frage der Nationalität in Kiew nicht so relevant war wie in anderen ukrainischen Städten. Ich wurde als {abwertende Bezeichnung für jüdische Menschen, Anm. O.G.} bezeichnet, dafür verprügelte ich sie, das kam auch vor. Die Deutschen wissen scheinbar nicht, was Juden sind, also im Hinblick darauf, dass alle, die einwandern, lass es die Ukraine sein, Russland, das sind alles Russen, alles Russen. Wenn was ist - bist du Russe, und alle sind so oder so.“*

*курсах, в универе, в барах. Около пяти различных случаев было со мной. Когда заполняешь в какуой-либо анкете графу национальность, немцев не интересует твоя национальность, еврей ты или кто, их интересует, из какой страны ты приехал. Если ты еврей, но паспорт у тебя украинский, значит ты украинец. Я себя особенно не чувствую евреем здесь, в Германии.*"[300] *(Interview mit Aleksej)*

Verena betont, dass die Beachtung der Religion nicht unbedingte Voraussetzung dafür sein muss, um sich als vollwertiger Jude zu fühlen. Für sie ist die jüdische Religion kein zwingender Bestandteil einer jüdischen Identität. Denn es gibt Juden der Nationalität nach, es gibt religiöse Juden, die an Gott glauben und die Thorah befolgen, und es gibt Juden, die sich weder an das eine noch das andere halten.

> „*Есть евреи по национальности, есть иудеи, которые верят в Бога, соблюдают заповеди, прописанные в Торе. Есть евреи, не соблюдающие ни то, ни другое. Тем не менее, они считают себя евреями, хотя не соблюдают заповедей, но и не поддерживают христианства, они не носят кипу, не соблюдают шабат и вообще никакие приздники. Но тем не менее внутри души они считают себя евреями.*"[301] *(Interview mit Verena)*

Nach deutschem Rechtsverständnis wird das Judentum ausschließlich als Religionszugehörigkeit gesehen, beruht somit theoretisch auch auf einer freien Entscheidung für oder gegen diesen Glauben und bleibt damit in der privaten Sphäre verhaftet.[302] Vladimirs Verständnis vom Judentum entsprach nach seiner Migration nach Deutschland zunächst der in der BRD verbreiteten Vorstellung vom Judentum als einer Reli-

300 *„Für Deutsche ist es bis heute so, Jüdisch-Sein gilt als Religion. Sie verstehen nicht: wie kann das sein, du bist Jude, aber in Russland geboren, okay-okay. Aber deine Mutter, sie ist sicherlich in Israel geboren? Nein, auch in Russland. Wie kann das sein, dass du Jude bist? Das alles habe ich bei den einführenden Sprachkursen, danach in der Universität, in Bars erlebt. Ungefähr fünf solche verschiedene Situationen habe ich erlebt. Wenn man in irgendwelchen Dokumenten seine Nationalität eintragen soll, interessieren sich die Deutschen nicht dafür, ob du jüdisch bist oder nicht. Sie interessieren sich nur dafür, aus welchem Land zu migriert bist. Bist du Jude, hast aber einen ukrainischen Pass, dann bist du Ukrainer. Als Jude fühle mich nicht besonders hier in Deutschland."*

301 *„Es gibt Juden der Nationalität nach, es gibt religiöse Juden, die an Gott glauben, die Gebote der Thorah befolgen. Es gibt Juden, die halten sich an gar nichts davon. Dennoch sehen sie sich als Juden, obwohl sie die Gebote nicht befolgen, aber auch nicht das Christentum unterstützen, sie tragen keine Kippa {traditionelle Kopfbedeckung jüdischer Männer, Anm. O.G.}, befolgen weder Schabbat noch die anderen Feste. Dennoch, tief in ihrer Seele fühlen sie sich jüdisch."*

302 Kessler (2003): 45.

gionsgemeinschaft. Diese Auffassung wurde jedoch von seinem Vater korrigiert, nachdem er ihn damit konfrontierte. Dieser machte ihm bewusst, dass jüdisch zu sein nicht zwangsläufig bedeutet an Gott glauben zu müssen, sondern viel mehr um seine Herkunft und Geschichte zu wissen und dazu zu stehen.

> *„Владимир, не забывай, что ты еврей, не забывай своё происхождение, откуда ты. Не бойся сказать кому-то, что ты еворей, говори. Если это им не нравится, это их проблемы. Не бойся. Скажи, что ты еврей. (..) Ты есть то, что ты есть и не бойся того."[303] (Interview mit Vladimir)*

Ein religiöses jüdisches Leben in einer christlich geprägten Mehrheitsgesellschaft scheint entgegen den Vorstellungen der freien Religionsausübung oft nur partiell möglich, was bereits an der Schwierigkeit deutlich wurde, koschere Lebensmittel zu erwerben. Auch Tatjana weist auf den angeblichen Sachverhalt hin, dass es in Deutschland schwer sei religiös zu sein, da beispielsweise jüdische Feiertage nicht anerkannt würden und das Ruhegebot des Schabbat* nicht praktiziert werden könne. Ihr mangelndes Engagement in diese Richtung begründet Tatjana damit, dass ihr hierfür die Zeit fehle, was ein Indiz für die geringere Relevanz der Religionsausübung gegenüber anderen Aktivitäten darstellt.

> *„Also, es ist mir schon wichtig, jüdisch zu sein. Es bedeutet mir auch etwas, vor allem, weil meine Mutter und meine Großeltern und so, die sind ja so ziemlich stolz drauf, sag ich mal und aber [...] Was für uns hier ist, es bedeutet uns schon was, aber wir halten uns da nicht so dran, deshalb. Also vor allem, ich finde in Deutschland kann man nicht so wirklich religiös sein. Da fehlt irgendwo auch ein bisschen, sag ich mal, so blöd es auch klingen mag, sag ich mal, die Zeit." (Interview mit Tatjana)*

Abschließend ist festzuhalten, dass es allen Befragten recht schwer gefallen ist, die Frage zu beantworten, was Jüdisch-Sein konkret für sie bedeutet und welchen Stellenwert dies im Alltag einnimmt. Bei der Mehrheit der jungen Migranten wurde die Auseinandersetzung mit der eigenen Herkunft durch die Migration erzwungen. Hierbei kollidieren die familiär vermittelten Vorstellungen vom Jüdisch-Sein mit den Auffassungen in der BRD. Alle Befragten gaben an, einen Bezug zum Judentum zu ha-

---

303 *„Mein Vater sagte einmal zu mir: Du sollst wissen, dass du jüdisch bist. (...) Vergiss deine Herkunft nicht, woher du kommst. Habe keine Angst, jemandem zu sagen, dass du ein Jude bist. Sag es. Wenn es ihnen nicht gefällt, ist es ihr Problem (...) Du bist, wer du bist. Fürchte dich nicht davor."*

ben, welcher jedoch in seinen Ausprägungen variiert. Alle Befragten definierten ihr Jüdisch-Sein als Ethnizität oder Nationalität. Die jüdische Religion und überlieferte Traditionen werden weiterhin als zentrale Bestandteile jüdischer Identität wahrgenommen, jedoch nicht praktiziert. Die Hinwendung zum Judentum wird durch positive Erfahrungen mit der Gemeinde und einen positiven Familienbezug auf diese verstärkt. Der Bezugsgrad zum Jüdisch-Sein variiert im Kontext dazu, ob sich die Migranten zuvor in einem jüdischen Umfeld bewegten oder nicht. So hat besonders Michail eine starke Beziehung zu seiner jüdischen Herkunft, während Julia, die im Ursprungsland nie mit ihrer Herkunft konfrontiert wurde und deren erster Kontakt zur jüdischen Gemeinde in der BRD stattfand, sich kaum hierauf bezieht. Die Definition wurde bei allen Befragten stark durch die vorangegangenen Erfahrungen der Eltern vorgegeben, in vielen Fällen wurde sie zusätzlich durch die erzwungene Auseinandersetzung mit der eigenen Familiengeschichte initiiert. Nur wenige haben Diskriminierungserfahrungen, wodurch sie einen offeneren Umgang mit ihrer Herkunft pflegen können als ihre Eltern, von denen viele auf Grund des erlebten Antisemitismus vorsichtiger sind. Lediglich zwei der Befragten haben, wie Roma oder Michail, selbst Informationen über das Judentum eingeholt.

### 8.3.2 Umgang mit Fremddefinitionen

Säkulare jüdische Migranten werden von der deutschen Mehrheitsgesellschaft überwiegend anhand ihrer Umgangssprache der dominanten Herkunftsgruppe zugeordnet und so homogenisierend als Russen wahrgenommen. Doch entgegen dem zeichnen sich diese durch eine soziale und kulturelle Vielfalt aus. Darüber hinaus stammt nur ein Teil von ihnen tatsächlich aus Russland. Nicht zuletzt sind die Migranten mit der Berufung auf eine Zugehörigkeit zur jüdischen Nationalität in die BRD eingereist, darunter einige, die vor dem postsowjetischen Antisemitismus Schutz suchten. Alle Befragten grenzen sich auch in den Interviews davon ab, als Russen wahrgenommen und bezeichnet zu werden, wobei dies in den alltäglichen Interaktionen mit Deutschen nicht immer thematisiert wird. So wird Maksim in seinem Freundeskreis oft als Slave oder Russe bezeichnet, was jedoch eher scherzhaft und nicht abwertend gemeint ist. Er selbst kann auch durchaus über solche Kommentare lachen. Belustigend wirken auf ihn ebenfalls die Vorstellungen, die manche Deutsche über das Leben in der ehemaligen UdSSR haben, was oft so gar nicht der Realität entspricht. So war er verwundert, als er in einer deutschen Bäckerei erstmals den Begriff Russischer Zupfkuchen oder in seiner Klasse den Ausdruck Swinja-Sobaka zu hören bekam.[304] Bei einigen der befragten Migranten bildet sich jedoch auch ein starkes Unverständnis gegenüber der pauschalisierten Bezeichnung als Russe. Vladimir regt sich stark auf, immer wieder entgegen seinem Selbstverständnis als Russe wahrgenommen zu werden, nur weil Russisch seine Ursprungssprache ist.

> *„Для немцев в основном это так. Некоторые даже, если ты русскоговорящий, если ты говоришь, что ты с Украины, например, они говорят: нет, ты русский. Ты говоришь по-русски, значит, ты русский. (...) Спрашивают, я почему я не говорю по-молдавски. Я отвечаю, что у меня мама русская, папа молдавский еврей, в семье говорили только по-русски. Они этого не понимают. [...] Так считалось в Советском Союзе: еврей это национальность.“*[305] *(Interview mit Vladimir)*

Vladimir stört sich besonders an der subjektiven Wahrnehmung, dass assimilierte jüdische Intellektuelle als Deutsche wahrgenommen würden, was für ihn eine Verkennung der Realität darstellt. Sie würden oft als Juden verfolgt und ihre Leistungen gleichzeitig vereinnahmt. So würden Einstein oder „Leibnitz“ als vollständige Deutsche gesehen, weil sie weitgehend assimiliert waren und angeblich ihr Jüdisch-Sein nicht öffentlich zeigten. Das deutsche Verständnis vom Jüdisch-Sein meine laut Vladimir die Zugehörigkeit zur jüdischen Glaubensgemeinschaft, während der Bezug der Migranten zum Judentum weit darüber hinaus gehe.

> *„Для немцев Эйнштейн немец, причём совершенный, полный немец. Эйнштейн, Лейбниц и все остальные это немцы. Я на своём опыте это уже много раз испытывал. Если они не исповедывали так открыто иудаизм, об этом так открыто не говорится, они немцы.*

---

304 Der Begriff besteht aus den russischen Worten „Schwein“ und „Hund“ und soll den sprichwörtlichen inneren Schweinehund bezeichnen, ein Ausdruck, der in der DDR durchaus verbreitet war. Den Migranten ist dieser Begriff erstmals in der BRD begegnet.

305 *„Für die Deutschen ist das im Allgemeinen so. Einige sogar, wenn du russischsprachig bist, wenn du sagst, dass du aus der Ukraine kommst, zum Beispiel, sie sagen dann nein, du bist ein Russe. Wenn du Russisch sprichst, bist du ein Russe. Und völlig egal, woher du kommst, wenigstens von denen, die ich kenne, hörte ich immer nur das. (...) Sie fragen, warum ich kein Moldawisch spreche. Ich antworte, dass meine Mutter Russin ist, mein Vater - ein moldawischer Jude, zu Hause haben wir nur Russisch gesprochen. Sie verstehen das nicht. In der UdSSR war das so: Jüdisch bezeichnete eine Nationalität.“*

*Неважно, кто они были по крови. Для немцев до сих пор евреи это религия."*[306] *(Interview mit Vladimir)*

Er stellt fest, dass viele Juden in Deutschland zu ihrer Herkunft stehen und auch keinerlei Bedenken haben, mit Deutschen über diese Thematik zu sprechen. Dabei musste Vladimir wiederholt erfahren, dass es oft nicht verstanden wird, wenn er berichtet jüdisch zu sein, aber nicht aus Israel komme. Die meisten Deutschen verstehen es nicht und manche machen sich auch darüber lustig. Andere interessieren sich für seinen Bezug zur deutschen Vergangenheit, wenn er sich als Jude zu erkennen gibt. Hierauf antwortet er, dass er im Allgemeinen einen positiven Bezug zu Deutschland hat.

*„Здесь много людей, они не боятся сказать, что они евреи. Они говорят это немцам. Немцы могут это понять, могут не понять. Некоторые этого не понимают и могут сказать, что ты грязный еврей. Это тебе больно, тебе хочется в голову дать за это. Это большой факт. А те, кто понимают, что ты еврей, спрашивают: как ты относишься к немцам из-за тоого, что случилось шестьдесят лет назад? Ты говоришь: они же мне ничего не сделали. Я к ним отношусь хорошо. Пока ещё хорошо."*[307] *(Interview mit Vladimir)*

In bezug auf die Ausprägung jüdischer Identität ist zusammenfassend festzustellen, dass alle Befragten diese passiv über ihre Herkunft definierten. Bei der Mehrheit erfolgt eine oberflächliche Bezugnahme auf Kultur und Geschichte, oft trotz mangelndem Hintergrundwissen. Jüdisch-Sein bleibt für die meisten ohne Substanz, als Faktor für Identitätsbildung eng gekoppelt an die russische Sprache. Durch die Hinzunahme bestimmter Symbole kann eine jüdische Identität nach außen präsentiert werden. Dabei findet oft eine Verwendung von verbreiteten hebräischen Symbolen statt, ohne dass sich notwendigerweise mit der Bedeutung dieser auseinandergesetzt wurde,

---

306 *„Für Deutsche gilt Einstein als Deutscher, also vollwertiger, richtiger Deutscher. Einstein, Leibnitz und all die anderen gelten als Deutsche. Das habe ich am eigenen Leib oft erfahren dürfen. Wenn sie ihre jüdische Religion nicht offensichtlich zur Schau stellten, darüber wird nicht so offen gesprochen, gelten sie als Deutsche. Unabhängig davon, was sie vom Blut her waren."*

307 *„Hier gibt es viele Menschen, die keine Angst haben, zu ihrem Jüdisch-Sein zu stehen. Sie sagen es den Deutschen. Die Deutschen können es verstehen oder auch nicht. Einige verstehen es nicht und können sagen, dass du ein dreckiger Jude bist. Das verletzt dich, du würdest ihnen gerne ein paar dafür verpassen. Das ist eine Tatsache. Und diejenigen, die verstehen, dass du jüdisch bist, fragen: Wie stehst du zu den Deutschen wegen dem, was vor 60 Jahren geschah? Du antwortest: Die haben mir ja nichts getan. Ich habe ein gutes Verhältnis zu ihnen. Bis jetzt."*

wie beispielsweise bei Tatjana durch das tägliche Tragen ihres Davidsternanhängers, was ihren persönlichen Bezug zum Judentum nach außen hin darstellen soll.

### 8.3.3 Integration in die Strukturen der jüdischen Gemeinden in der BRD

Obwohl dies in den Vorannahmen bewusst nicht als explizites Auswahlkriterium zur Bestimmung des Samples gewählt wurde, stellte sich im Verlauf der Interviewerhebungen heraus, dass alle Befragten bei der jüdischen Gemeinde als Mitglieder geführt werden. Ihr tatsächlicher Kontakt zu den Gemeindestrukturen ist jedoch individuell unterschiedlich ausgeprägt, wobei sich auch Veränderungen der Beziehungen abzeichnen. Alle Befragten wurden dabei zunächst auf die Initiative ihrer Eltern hin Gemeindemitglieder, so dass dem Beitritt keine eigene Entscheidung zugrunde lag.

Beispielsweise behauptet Aleksej sogar von sich, mit der Jüdischen Gemeinde keine Berührungspunkte zu haben, womit er meint sich an keinerlei Veranstaltungen zu beteiligen und sich auch nicht über die Mitgliedschaft zu identifizieren. Vor einem Jahr begann er sich in einem jüdischen Sportverein zu engagieren, was jedoch eher zufällig, über zuvor entstandene persönliche Kontakte, erfolgte. Hier zeigt sich, dass auch die Mitgliedschaft in der Gemeinde nicht zwangsläufig zu engeren Beziehungen führt und nicht an eine aktive Beteiligung gebunden ist. Oft besteht die Mitgliedschaft lediglich auf dem Papier. So wie Aleksej lebt die Mehrheit der Zuwanderer nicht nach jüdischen Gesetzen. Der Kontakt zur jüdischen Gemeinde kommt bei vielen erst durch die Migrationserfahrung zustande, oft ohne dass eine jüdische Identität oder Religionszugehörigkeit vorliegt.[308]

Bei vielen Jugendlichen, die in der jüdischen Gemeinde organisiert sind, haben zudem bereits ihre Eltern keinen Zugang zum Judentum als Religion, sind säkular oder christlich. So berichtet Tatjana, dass auch andere russischsprechende, jüdische Migranten aus ihrer Klasse in der jüdischen Gemeinde organisiert sind. Aber darüber hinaus spielt das Jüdisch-Sein für sie nur eine marginale Rolle. Bei den wenigsten Migranten ist Antisemitismus oder jüdische Identität akuter Anlass den jüdischen Gemeinden beizutreten, vielmehr werden diese als Integrationsinstanz und soziale Anlaufstelle betrachtet, welche Ansprechpartner und Angebote, wie Freizeitfahrten und Sprachunterricht stellen. Die Gemeindezugehörigkeit wird so von einer jüdischen

---

308 Hess / Kranz (2000): 11f., 75f.

Identität oder einer religiösen Zugehörigkeit entkoppelt. Stellvertretend für diesen Standpunkt ist die Aussage von Irina, welche der Ansicht ist, dass sie nicht unbedingt stark gläubig sein muss, um sich in der jüdischen Gemeinde zu engagieren. Diese ist für sie eher ein Jugendtreff, um neue Leute kennen zu lernen und ihre Freizeit zu verbringen, lediglich mit dem Zusatz, dort auf russischsprachige Jugendliche mit jüdischem Hintergrund zu treffen.

> *„Zu der Jüdischen Gemeinde habe ich Kontakt, bin auch Mitglied und, wenn da auch irgendwelche Veranstaltungen stattfinden, bin ich auch hin und wieder mit dabei. Ich finde, diesen Kontakt zu halten, wäre auch wichtig, da lernt man neue Leute kennen, also, dadurch, dass ich auch wirklich von meiner Mutti vom jüdischen, mitbekommen habe, ist es so auch OK. Also, ich finde nicht, dass ich da stark gläubig sein müsste, um da hingehen zu müssen oder zu können. Und deswegen ist es auch so wie ein Jugendtreff, sage ich mal, irgendwo für mich. Also, je nachdem, was da läuft, also meistens, wenn wir irgendwohin fahren, da bin ich öfters mal dabei. Es ist auch öfters mal so was wie, Soltau, Heidepark Soltau gewesen oder länger größere Ausflüge, wie zum Beispiel nach Israel letztes Jahr. Also, eher so Ausflüge immer, ja." (Interview mit Irina)*

Während es den Eltern von Maksim gelang, ihn für ein Engagement in der jüdischen Gemeinde zu begeistern, auch wenn dieser sich nur auf die gelegentliche Teilnahme an Gemeindeveranstaltungen und wenige jüdische Freunde beschränkt, ließen die anfänglich intensiven Beziehungen zur Gemeinde bei einigen jungen Migranten im Laufe der Zeit stark nach oder wurden sogar ganz abgebrochen. So Roma, der als Kind durch die Initiative seiner Eltern an zahlreichen Veranstaltungen im Gemeindeumfeld teilnahm, sich mit zunehmendem Alter jedoch weitgehend von den dortigen Strukturen distanziert. Seit einigen Jahren hat er sich hiervon völlig abgegrenzt und möchte auch nicht mit der Gemeinde in Verbindung gebracht werden. Er betont, dies sei seine individuelle Entscheidung, gegenüber dem zuvor durch seine Eltern erzwungenen Kontakt und auch entgegen ihrer Erwartungen.

Auf den Stellenwert persönlicher Beziehungen für die Gemeindemitgliedschaft weist auch der Fall von Vladimir hin. Als dieser noch jünger war, gab es eine sehr große jüdische Gemeinde in seiner Nähe, in welcher ein reges Gemeindeleben gepflegt wurde und in der es auch zahlreiche Angebote für Jugendliche gab, so dass viele seiner Freunde dort regelmäßig hingegangen sind. Mittlerweile sind die meisten jedoch mit dem Abschluss der Schule zum Studieren in größere Städte gezogen, so dass bis auf wenige Ausnahmen nur noch Kinder an den jugendorientierten Angeboten teilnahmen. Durch den Verlust von Bezugspersonen mangelt es ihm seither an Motivation, sich weiterhin aktiv an Gemeindeveranstaltungen zu beteiligen. Den Kontakt zu seinen weggezogenen Freunden versucht er jedoch weiterhin aufrecht zu halten, was aber nur möglich ist, wenn diese zu Besuch sind.

> *„У нас тоже была большая дружная община. Ребята ходили туда, но многие просто разъехались. Повзрослели, выросли, уехали. Кто в Магдебург пошёл учиться на адвоката, кто в Берлине пошёл учиться на доктора... Они все разъехались, остались только дети, так что из-за этого я не очень часто хожу в нашу общину, иногда участвую в некоторых мероприятиях. (Interview mit Vladimir)“*[309]

309 *„Wir hatten eine sehr große, aktive Gemeinde. Die Leute {hier: seine Freunde, Anm. O.G.} gingen da hin, aber viele sind einfach weggezogen. Sind älter geworden und weggezogen. Nach Magdeburg, um Anwalt zu werden oder nach Berlin zum Medizinstudium... Sie sind alle verzogen, übrig geblieben sind nur Kinder. Aus diesem Grund gehe ich nicht so oft in unsere Gemeinde, nehme manchmal an einigen Veranstaltungen teil.“*

## Anstelle eines Nachwortes

Am Anfang jeder Identitätsforschung gilt es zunächst, die Frage nach subjektiver Relevanz des Gegenstandes zu klären.[310] Teilidentitäten, wie auch das Jüdisch-Sein, können sich substanziell verändern, an Bedeutung gewinnen oder verlieren oder durch andere Teilidentitäten verdrängt werden. Die biografischen Erzählungen liefern Einblicke in die Erfahrungsräume der Akteure und zeigen die multiplen Identitätsentwürfe der jungen Migranten auf. Da die Identitätskonstruktionen einem gesellschaftlichen Einfluss und der Notwendigkeit einer fortwährenden, aktiven Identitätsgestaltung des Individuums unterliegen und sich mit verändernden persönlichen Fähigkeiten und erweiterten gesellschaftlichen Beziehungen wandeln können, stellen die Interviews lediglich Momentaufnahmen dar. An diesen wird jedoch deutlich, dass die Identität der Migranten nicht aus einer Beliebigkeit heraus entsteht, sondern auf vorangegangenen Erfahrungen aufbaut sowie maßgeblich durch die aktuelle jeweilige Lebenssituation geprägt wird.

Generell werden die jungen russisch-jüdischen Befragten durch ihre Migration in die BRD vor große Herausforderungen gestellt. Neben anderen altersspezifischen Schwierigkeiten, denen auch gleichaltrige Deutsche unterliegen, sind sie weiterhin migrationsbedingten Problematiken, wie dem Erwerb einer neuen Sprache und der Orientierung in einer neuen kulturellen Umgebung ausgesetzt. Für eine erfolgreiche Bewältigung dieser kritischen Lebensphase sind sie auf soziale, psychische und materielle Ressourcen angewiesen, denn ohne das vorab definierte Identitätsformen vorliegen, müssen sie einen Umgang mit der permanenten Ambivalenzerfahrung, der Ambivalenz der eigenen Identität und den differenten Umweltanforderungen finden, was ein hohes Maß an Ambiguitätstoleranz erfordert.[311]

Dabei unterliegen die jungen Migranten zunächst ähnlichen Gelegenheitsstrukturen, welche den Kontakt zu russisch-jüdischen Migranten fördern. Engere Kontakte zu deutschen Jugendlichen werden durch Sprachbarrieren und den unterschiedlichen Erfahrungshintergrund erschwert. Allen Befragten gelang es, sich trotz unterschiedlichen Orientierungsweisen und dem unterschiedlichen Integrationsstand der Familien in der BRD zu etablieren. Ihre Einstellungen gegenüber der Aufnahmegesellschaft bewegen sich zwischen den Extrempolen Separation und Assimilation und zeigen sich in der Zusammensetzung der sozialen Netzwerke, deren Auswahl nicht zuletzt anhand der Wahrnehmung von Gemeinsamkeiten und Unterschieden beeinflusst

310 Vgl.: Keupp (2008; 2001)

wird.[312] Zunächst ist dabei festzustellen, dass alle Befragten prinzipiell vorhaben weiterhin in Deutschland zu bleiben, wenn dies beruflich möglich sein wird - im Herkunftsland zu wohnen ist demgegenüber für nur wenige vorstellbar - was auf eine zunehmende Distanz zum Ursprungsland auch bei jenen Migranten verdeutlicht, die sich überwiegend mit russischsprachigen Migranten umgeben. Unter einer erfolgreichen Integration verstehen sie dabei, dieselben Möglichkeiten zu bekommen wie gleichaltrige Deutsche, aber auch den Respekt der Aufnahmegesellschaft gegenüber kulturellen Besonderheiten ihrer Familien.

Dagegen impliziert eine erfolgreiche Integration für sie nicht zwangsläufig engen Kontakt mit Deutschen zu haben. Einige haben sich mit ihrer Situation als Migrant gut arrangiert und sich ein großes soziales Netzwerk russischsprachiger oder jüdischer Migranten geschaffen. Die kulturellen Widersprüche, mit welchen die Befragten konfrontiert werden, können sie gut ausbalancieren. Eine andere Mentalität gilt dabei als Differenzkriterium, wobei dies nicht zwangsläufig negativ bewertet wird, da die Vorteile beider Kulturen gleichermaßen geschätzt werden können. Problematischer als erlebte kulturelle Differenzen, erweisen sich die Ausgrenzungserfahrungen und erfahrener gesellschaftlicher Akzeptanzmangel, welche die Handlungsspielräume der Akteure beschneiden und eine vollständige Identifikation auch bei jenen Migranten verhindern, die an einer Assimilation oder Integration interessiert sind. Denn von einigen Mitgliedern der Aufnahmegesellschaft werden sie weiterhin als Migranten wahrgenommen. Hierbei spielt es auch eine Rolle, wie sichtbar die nichtdeutsche Herkunft ist. In der BRD erlebte Ausgrenzungserfahrungen werden von den Migranten häufig auf ethnisierte Konflikte zurückgeführt und demnach überwiegend als kollektive Gruppenerlebnisse wahrgenommen. Hierbei wird jedoch nicht, wie häufig in der UdSSR erlebt, die Zugehörigkeit zur jüdischen Gruppe, sondern vielmehr der Ausländerstatus relevant, so dass seine Bedeutung für die Identitätsentwürfe der Migranten gegenüber dem Stellenwert des Jüdisch-Seins dominiert. Dennoch stören sich alle Befragten an pauschalisierenden Zuschreibungen seitens der Aufnahmegesellschaft und wollen als Individuen und nicht als Vertreter einer Migrantengruppe wahrgenommen werden.

Da Jüdisch-Sein in der ehemaligen UdSSR als Stigma galt, was eine positive Bezugnahme darauf erschwerte, erfuhren andere identitätsstiftende Aspekte, wie der Erwerb beruflicher Positionen eine starke Aufwertung.[313] Neben allgemeinen Säkularisie-

---

311 Vgl. Krappmann

312 Vgl. Mead (1980)

313 Körber (2005): 175.

rungstendenzen weist dieser Faktor darauf hin, wieso das Engagement in den jüdischen Gemeinden in der BRD gegenüber der beruflichen Etablierung von geringerer Bedeutung für die jungen Migranten ist.

Wenn Kontakte bestehen, werden primär Freizeitaktivitäten in Anspruch genommen. Besonders nach der Migration in die BRD macht sich die Bildungsorientierung auch an den hohen Ansprüchen der älteren Migranten an ihr Kinder bemerkbar, die möglichst studieren und sich beruflich etablieren sollen. Sieben der insgesamt neun Befragten besuchten das Gymnasium oder haben dieses bereits abgeschlossen und ein Studium aufgenommen. Dies hängt nicht zuletzt mit den hohen Erwartungshaltungen und Ansprüchen der Eltern zusammen sowie den eigenen Aufstiegsansprüchen. Widersprüchliche Erwartungen zwischen dem Elternhaus und der Aufnahmegesellschaft wurden von den Befragten als wenig belastend empfunden, alle haben sich mit ihrer speziellen Situation arrangiert und sind bestrebt, diese auch weiterhin aktiv zu gestalten. Während sie sich in einigen Situationen von den Vorstellungen der Herkunftskultur distanzieren, findet in anderen eine positive Bezugnahme auf diese statt.

Eine unterschiedlich schnell verlaufende Akkulturationsorientierung führt dabei nicht zwangsläufig zu intergenerationellen Konflikten, vielmehr findet sich bei der Mehrheit der Migranten ein starker familiärer Zusammenhalt. Um die Konflikte in der Aufnahmegesellschaft zu bewältigen, wird eine Vielzahl von Strategien entwickelt, welche sozial vermittelt sind und stark von der Chance zur Verwirklichung der eigenen Lebensziele abhängen. Wie bereits Kessler feststellte, kann die Segregation dabei eine doppelte Funktion einnehmen, den Bedarf nach Akzeptanz, Heimaterinnerung, Sicherheit, nach Reorganisation ohne Neuanpassung, bedienen oder kompensieren.[314]

Unterstützung finden die Migranten vor allem bei teilnehmenden Mitbetroffenen, weshalb sie dazu neigen, sich nach Personen mit ähnlichen Stigmata auszurichten. Die Eigengruppe wird so zum zentralen Rückzugspunkt, was jedoch wiederum im Hinblick auf eine erfolgreiche gesellschaftliche Integration stets ambivalent bleibt. Besonders zu Beginn des Aufenthaltes in der Aufnahmegesellschaft bieten Migrantennetzwerke Orientierung, Schutz und Sicherheit und ermögliche so bessere Integrationsvoraussetzungen. Kurzfristig können solche Netzwerke vorteilhaft wirken, da die Eingliederung in ein vertrautes Umfeld durch den Rückzug in eigenkulturelle Nischen die durch die Aufnahmegesellschaft erfahrene Deklassierung und Entwertung

314 Kessler (2003): 59.

mindern, sowie der permanenten Infragestellung der eigenen Existenz entgegenwirken kann. Zugleich kann die Segregation langfristig integrationserschwerend wirken, besonders wenn die Migrantennetzwerke weitgehend unabhängig von der Mehrheitsgesellschaft agieren.

Die Auseinandersetzung mit der Thematik der Identitätsbildung am Beispiel der Migration macht exemplarisch auf die Problematik aufmerksam, der alle Menschen unterliegen: Eine Inklusion in soziale Netzwerke und gesellschaftlich vorgefertigte Strukturen, sowie der Notwendigkeit einer aktiven Identitätsgestaltung. Dabei wird auf individuelle biografische Erfahrungen und vorhandene Ressourcen zurückgegriffen. Die moderne strukturell differenzierte Gesellschaft bietet viele Identifikationsmöglichkeiten, die wiederum situativ zum Einsatz kommen. Jüdisch-Sein kann dabei eine solche Identifikationsmöglichkeit darstellen, wie auch die Berufung auf eine Sprache oder Herkunft. Daher ist es unzureichend, die Migranten darauf zu reduzieren, denn eine Zugehörigkeit zu diesen Kategorien sagt noch nichts über die heterogenen individuellen Entwürfe aus.

Um Vorurteile abzubauen, bedarf es neben einer weiteren, eingehenden Erforschung von Migrations- und Identitätsbildungsprozessen, ebenfalls einer umfassenden Aufklärung und einer gezielten Förderung interkultureller Kontakte und Kompetenzen im Umgang mit Unterschieden, sowohl bei der Aufnahmegesellschaft als auch bei den Migranten. Dies würde Verständnisproblemen vorbeugen und Integrationshindernisse abbauen, wohingegen die einseitige Betrachtung von Integrationsproblemen diese eher verstärkt. Zu oft wird außerdem über anstatt mit den Migranten gesprochen.

Die Arbeit sollte die Vielseitigkeit der Lebensentwürfe und Identitätskonstruktionen der jüdischen Migranten aufzeigen und zu weiterer Forschung in dieser Richtung animieren - denn gerade in den nächsten Jahren wird sich zeigen, was mit diesen jungen Migranten passiert, deren Familien in der Nachwendezeit und den darauf folgenden fünfzehn Jahren die Chance bekamen, als jüdische Kontingentflüchtlinge in die BRD auszuwandern, wobei die Mehrheit sich über eine starke Verbleiborientierung auszeichnet. Die Aufnahme jüdischer Zuwanderer in die BRD hat nicht zuletzt Auswirkungen auf die jüdischen Gemeinden - ob sie tatsächlich dazu beitragen, ein jüdisches Leben in der BRD zu verankern, sich eine russischsprachige Minderheit verfestigt oder ob die Sprachorientierungen der ersten Einwanderregeneration von den folgenden aufgegeben werden, wird sich in den nächsten Jahren herausstellen.

## Literaturverzeichnis


Будницкий, Олег (отв. редактор): Еврейская эмиграция из России. 1881-2005. Российская политическая энциклопедия (РОССПЭН). Москва 2008.

Будницкий, Олег: От редактора. Век эмиграции. В сборнике: Будницкий, Олег (отв. редактор): Еврейская эмиграция из России. 1881-2005. Российская политическая энциклопедия (РОССПЭН). Москва 2008. Стр. 9-17.

Гительман, Цви: Беспокойный век. Евреи России и Советского Союза с 1881г. до наших дней. Новое литературное обозрение. Москва 2008.

Носенко, Елена: «Хотели ли они уехать? Почему остаются?». Еврейская эмиграция из России на рубеже XX-XXI вв. и еврейская самоидентификация у потомков смешанных браков. В сборнике: Будницкий, Олег (отв. редактор): Еврейская эмиграция из России. 1881-2005. Российская политическая энциклопедия (РОССПЭН). Москва 2008. Стр. 392-416.

Рои, Яков: Еврейская эмиграция из Советского Союза, 1948-1967 годы. В сборнике: Будницкий, Олег (отв. редактор): Еврейская эмиграция из России. 1881-2005. Российская политическая энциклопедия (РОССПЭН). Москва 2008. Стр. 187-201.

Abels, Heinz: Identität. Über die Entstehung des Gedankens, dass der Mensch ein Individuum ist, den nicht zu verwirklichenden Anspruch auf Individualität und die Tatsache, dass Identität in Zeiten der Individualisierung von der Hand in den Mund lebt. VS Verlag für Sozialwissenschaften. Wiesbaden 2006.

Alheit, Peter: Biographie und Mentalität: Spuren des Kollektiven im Individuellen. In: Völter, Bettina / Dausien, Bettina / Lutz, Helma / Rosenthal, Gabriele (Hrsg.): Biographie-Forschung im Diskurs. VS Verlag für Sozialwissenschaften. Wiesbaden 2005. S. 21-45.

Anonym: Re: Die Identität. (vom 20.06.08.) In: Foren.germany.ru. Германия по-русски. URL: foren.germany.ru/arch/bruecke/f/11104035.html (Letzter Zugriff: 20. 06. 2008)

Antweiler, Christoph: Wanderungen, Identitäten und Entscheidungen. Mobilität im städtischen Begegnungskontext am Beispiel Indonesien. In: Geisen, Thomas (Hrsg.) Mobilität und Mentalitäten. Beiträge zu Migration, Identität und regionaler Entwicklung. IKO-Verlag für Interkulturelle Kommunikation. Frankfurt am Main 2002. S. 101-136.

Arendt, Hannah: Vita activa. Vom tätigen Leben. 8. Aufl. Piper Verlag. München 1994.

Arendt, Hannah: Wir Flüchtlinge (1943). In Dies.: Zur Zeit. Politische Essays. Deutscher Taschenbuchverlag. Berlin 1986. S. 7-21.

Armborst, Kerstin: Von der Petition zum offenen Protest. Die wachsenden Emigrationsbemühungen sowjetischer Juden in den 1970er Jahren. In: Schoeps, Julius H. / Grözinger, Karl E. / Jasper, Willi / Mattenklott, Gert (Hrsg.): Russische Juden und transnationale Diaspora. Reihe Menora. Jahrbuch für deutsch-jüdische Geschichte Bd. 15/04. Philo-Verlagsgesellschaft. Berlin 2005. S. 45–71.

Bauman, Zygmunt: Moderne und Ambivalenz. Das Ende der Eindeutigkeit. Junius Verlag. Hamburg 1992.

Bayaz, Ahmet (Hrsg.): Integration. Anpassung an die Deutschen? Beltz Verlag. Weinheim, Basel 1984.

Bearwolf, Astrid: Identitätsstrategien junger „Russen“ in Berlin. Ein Vergleich zwischen russischen Deutschen und russischen Juden. In: Ipsen-Peitzmeier, Sabine / Kaiser, Markus (Hrsg.): Zuhause fremd. Russlanddeutsche zwischen Russland und Deutschland. Transcript Verlag. Bielefeld 2006. S. 197–221.

Beck-Gernsheim, Elisabeth: Juden, Deutsche und andere Erinnerungslandschaften. Suhrkamp Verlag. Frankfurt am Main 1999.

Beck-Gernsheim, Elisabeth: Wir und die Anderen. Vom Blick der Deutschen auf Migranten und Minderheiten. Suhrkamp Verlag. Frankfurt am Main 2004.

Becker, Franziska: Ankommen in Deutschland. Einwanderungspolitik als biographische Erfahrung im Migrationsprozess russischer Juden. Reimer Verlag. Berlin 2001.

Beneto, Mercedes: Entwicklung der Identität im Erwachsenenalter am Beispiel von in Deutschland lebenden Ausländern und Ausländerinnen.
Diss.: Universität Freiburg / Breisgau 2006.
URL: www.freidok.uni-freiburg.de/volltexte/2510 (Letzter Zugriff am 19.09.2009)

Benz, Wolfgang: Die Juden und die nationale Identität. Antisemitismus als gesellschaftliches Problem in Deutschland. In: Deutschland Archiv. Zeitschrift für das vereinigte Deutschland 37 (2004), H. 1, S. 475–484.

Benz, Wolfgang: Reaktionen auf den Holocaust, Antisemitismus, Antizionismus und Philosemitismus. In: Romberg, Otto R. / Urban-Fahr, Susanne (Hrsg.): Juden in Deutschland nach 1945. Bürger oder „Mit“-Bürger? Tribüne Verlag. Frankfurt am Main 1999. S. 47-61.

Berry, John W. / Phinney, Jean S. / Sam, David L. / Vedder, Paul: Immigrant Youth: Acculturation, Identity, and Adaptation.

In: Applied Psychology. An International Review 55 (2006), H. 3., S.303-332.

Bloch, Benjamin: Zedka. Die Gerechtigkeit. Jüdische Sozialarbeit 1945 bis heute. In: Romberg, Otto R. / Urban-Fahr, Susanne (Hrsg.): Juden in Deutschland nach 1945. Bürger oder „Mit"-Bürger? Tribüne Verlag. Frankfurt am Main 1999. S. 176-185.

Bohnsack, Ralf: Rekonstruktive Sozialforschung. Einführung in qualitative Methoden. Verlag Leske und Budrich. Opladen 2003.

Bohnsack, Ralf / Marotzki, Winfried / Meuser, Michael: Hauptbegriffe Qualitativer Sozialforschung. 2. Aufl. Verlag Barbara Budrich. Opladen 2006.

Brandt, Leon: Ein anormales Miteinander, ein Zustand ohne Zukunft. In: Broder, Henryk M. / Lang, Michel R. (Hrsg.): Fremd im eigenen Land. Juden in der Bundesrepublik. Fischer Verlag. Frankfurt am Main 1979. S. 69-75.

Brenner, Michael: Antisemitismus und moderne jüdische Identität. Wie Klischees und Selbstbilder ineinander greifen.
In: Neue Züricher Zeitung. (2002) Nr.167 vom 22.07.2002.
URL: www.nzz.ch/2002/07/22/fe/article8A4WO.html (Letzter Zugriff am 10.10.2009)

Brenner, Michael: Epilog oder Neuanfang? Fünf Jahrzehnte jüdischen Lebens im Nachkriegsdeutschland. Eine Zwischenbilanz. In: Romberg, Otto R. / Urban-Fahr, Susanne (Hrsg.): Juden in Deutschland nach 1945. Bürger oder „Mit"-Bürger? Tribüne Verlag. Frankfurt am Main 1999. S. 35-45.

Brenner, Michael: Vorwort. In: Schönborn, Susanne (Hrsg.): Zwischen Erinnerung und Neubeginn. Zur deutsch-jüdischen Geschichte nach 1945. Martin Meindenbauer Verlag. München 2006.

Brenner, Michael / Kauders, Anthony / Reuveni, Gideon / Römer, Nils (Hrsg.): Jüdische Geschichte lesen. Texte der jüdischen Geschichtsschreibung im 19. und 20. Jahrhundert. C. H. Beck Verlag. München 2003.

Broder, Henryk M. / Lang, Michel R. (Hrsg.): Fremd im eigenen Land. Juden in der Bundesrepublik. Fischer Taschenbuchverlag. Frankfurt am Main 1979.

Brumlik, Micha (Hrsg.): Reisen durch das jüdische Deutschland. DuMont Verlag. Köln 2006.

Brumlik, Micha (Hrsg.): Zuhause, keine Heimat? Junge Juden und ihre Zukunft in Deutschland. Bleicher Verlag. Gerlingen 1998.

Boos-Nünning, Ursula: Die Definition von Mädchen türkischer Herkunft als Außenseiterinnen. In: Nestvogel, Renate (Hrsg.): „Fremdes" oder „Eigenes"? Rassismus, Antisemitismus, Kolonialismus, Rechtsextremismus aus Frauensicht. IKO-Verlag für interkulturelle Kommunikation. Frankfurt am Main 1994. S. 165-184.

Bornewasser, Manfred / Wakenhut, Roland: Nationale und regionale Identität: Zur Konstruktion und Entwicklung von Nationalbewusstsein und sozialer Identität. In Dies. (Hrsg.): Ethnisches und nationales Bewusstsein zwischen Globalisierung und Regionalisierung. Peter Lang Verlag. Frankfurt am Main (u.a.) 1999. S. 41–64.

Bundesministerium des Innern (BMI): Migration und Integration. Aufenthaltsrecht, Migrations- und Integrationspolitik in Deutschland. 2008.
URL: www.bmi.bund.de/Internet/Content/Broschueren/2008/Migration_und_Integration.html (Letzter Zugriff am 05.08.09)

Bundesamt für Migration und Flüchtlinge (BAMF): Jüdische Zuwanderer. Verfahren zur Aufnahme jüdischer Zuwanderer aus den Nachfolgestaaten der ehemaligen Sowjetunion mit Ausnahme der baltischen Staaten. 2007.
URL: www.bamf.de/DE/Integration/JuedischeZuwanderer/juedische-zuwanderer-node.html (Letzter Zugriff am 05.08.2009)

Burteisen, Julia: Zur sprachlichen Integration von Immigranten aus der ehemaligen Sowjetunion in Israel. In: Reitemeier, Ulrich (Hrsg.): Sprachliche Integration von Aussiedlern im internationalen Vergleich. Reihe amades. Arbeitspapiere und Materialien zur deutschen Sprache Nr. 2. Selbstverlag Institut für Deutsche Sprache. Mannheim 2003. S. 221-245.

Cloerkes, Günther: Die Stigma-Identitäts-These. In: Gemeinsam leben. Zeitschrift für integrative Erziehung (2000), H. 3, S. 104-111.

Cohen, Yinon / Haberfeld, Yitchak / Kogan, Irena : Jüdische Immigration aus der ehemaligen Sowjetunion. Ein natürliches Experiment zur Migrationsentscheidung. In: Kalter, Frank (Hrsg.): Migration und Integration. Sonderheft 48 der Kölner Zeitschrift für Soziologie und Sozialpsychologie. VS Verlag für Sozialwissenschaften. Wiesbaden 2008. S. 185-201.

Doomernik, Jeroen: Going West. Soviet Jewish Immigrants in Berlin since 1990. Avebury. Brookfield USA 1997.

Dietz, Barbara: Gemeinsames Erbe, plurale Tendenzen. Zugewanderte Aussiedler und Juden im Vergleich. In: Schoeps, Julius H. / Grözinger, Karl E. / Jasper, Willi / Mattenklott, Gert (Hrsg.): Russische Juden und transnationale Diaspora. Reihe Menora. Jahrbuch für deutsch-jüdische Geschichte Bd. 15. Philo-Verlagsgesellschaft. Berlin 2005. S. 259-278.

Dietz, Barbara / Lebok, Uwe / Polian, Pavel: The Jewish Emigration from the Former Soviet Union to Germany. In: International Migration 40 (2002), H. 2, S. 29-48.

Dittrich, Eckhard J. / Radtke, Frank-Olaf (Hrsg.): Ethnizität. Westdeutscher Verlag. Opladen 1990.

Duwidowitsch, Ljudmila / Dietzel, Volker: Russisch-jüdisches Roulette. 21 Gespräche mit jüdischen Zuwanderer. Amman Verlag. Zürich 1993.

Dürrmann, Peter: Heimat und Identität. Der moderne Mensch auf der Suche nach Geborgenheit. Hohenrain Verlag. Tübingen (u.a.) 1994.

Elias, Norbert / Scotson, John L.: Etablierte und Außenseiter. Suhrkamp Verlag. Frankfurt am Main 1990.

Enzenbach, Isabel / Wetzel, Juliane / Kößler, Gottfried: Juden in Europa bis 1945. Unterrichtsmaterial zur Geschichte der Juden und zum Antisemitismus in Europa. Bd.1. Anne Frank House OSZE / ODIHR 2007.
URL: www.erinnern.at/e_bibliothek/antisemitismus-1/Heft%201.pdf
(Letzter Zugriff am 12.09.2009)

Erikson, Erik H.: Identität und Lebenszyklus. Drei Aufsätze.
Suhrkamp Verlag. Frankfurt am Main 1973.

Esser, Hartmut: Aspekte der Wanderungssoziologie. Assimilation und Integration von Wanderern, ethnischen Gruppen und Minderheiten. Eine handlungstheoretische Analyse. Hermann Luchterhand Verlag. Darmstadt, Neuwied 1980.

Esser, Hartmut: Assimilation, ethnische Schichtung oder selektive Akkulturation? Neuere Theorien der Eingliederung von Migranten und das Modell der intergenerationalen Integration. in: Kalter, Frank (Hrsg.): Migration und Integration. Kölner Zeitschrift für Soziologie und Sozialpsychologie. Sonderheft 48. VS Verlag für Sozialwissenschaften. Wiesbaden 2008.

Esser, Hartmut / Friedrichs, Jürgen (Hrsg.): Generation und Identität. Theoretische und empirische Beiträge zur Migrationssoziologie. Westdeutscher Verlag. Opladen 1990.

Finkielkraut, Alain: Der eingebildete Jude. Fischer Verlag. Frankfurt 1984.

Flick, Uwe: Das narrative Interview. In: Flick, Uwe: Qualitative Sozialforschung. Eine Einführung. Rowohlt Taschenbuch Verlag. Reinbek bei Hamburg 2002.

Flick, Uwe: Qualitative Forschung. Theorien, Methoden, Anwendung in Psychologie und Sozialwissenschaften. Rowohlt Taschenbuch Verlag. Reinbek bei Hamburg 1995.

Flick, Uwe / von Kardorff, Ernst / Steinke, Ines (Hrsg.): Qualitative Forschung. Ein Handbuch. Rowohlt Taschenbuch Verlag. Reinbek bei Hamburg 2004.

Frey, Hans-Peter: Stigma und Identität. Eine empirische Untersuchung zur Genese und Änderung krimineller Identität bei Jugendlichen. Beltz Verlag. Weinheim, Basel 1983.

Frey, Hans-Peter / Haußer, K. (Hrsg.): Identität. Entwicklungen psychologischer und soziologischer Forschung. Enke Verlag. Stuttgart 1987.

Frindte, Wolfgang: Inszenierter Antisemitismus. Eine Streitschrift. VS Verlag für Sozialwissenschaften. Wiesbaden 2006.

Friedrichs, Jürgen: Ethnische Segregation. In: Kalter, Frank (Hrsg.): Migration und Integration. Sonderheft 48 der Kölner Zeitschrift für Soziologie und Sozialpsychologie. VS Verlag für Sozialwissenschaften. Wiesbaden 2008. S. 380-411.

Galonska, Christian / Berger, Maria / Koopmans Ruud: Über schwindende Gemeinsamkeiten. Ausländer- versus Migrantenforschung. Die Notwendigkeit eines Perspektivenwechsels zur Erforschung ethnischer Minderheiten in Deutschland am Beispiel des Projekts „Die Qualität der multikulturellen Demokratie in Amsterdam und Berlin". Wissenschaftszentrum für Sozialforschung (WZB.) Berlin 2004. URL: http://bibliothek.wzb.eu/pdf/2004/iv04-401.pdf (Letzter Zugriff am 20.10.2009)

Geisen, Thomas: Einleitung. In: Geisen, Thomas (Hrsg.): Mobilität und Mentalitäten. Beiträge zu Migration, Identität und regionaler Entwicklung. IKO-Verlag für interkulturelle Kommunikation. Frankfurt am Main 2002.

Geller, Jay Howard: Die Entstehung des Zentralrats der Juden in Deutschland. In: Schönborn, Susanne (Hrsg.): Zwischen Erinnerung und Neubeginn. Zur deutsch-jüdischen Geschichte nach 1945. Martin Meindenbauer Verlag. München 2006. S. 60-75.

Gitelman, Zvi: The Evolution of Jewish Culture and Identity in the Soviet Union. In: Ro'i, Yaakov / Beker, Avi (Hrsg.) (1991): Jewish Culture and Identity in the Soviet Union. NYU Press. Hardback & DJ. New York 1991. S. 3-24.

Gladilina, Natalya / Brovkine, Vadim: Sprache und Identität jüdischer Immigranten in Deutschland. In: Schoeps, Julius H. / Grözinger, Karl E. / Jasper, Willi / Mattenklott, Gert (Hrsg.): Russische Juden und transnationale Diaspora. Reihe Menora. Jahrbuch für deutsch- jüdische Geschichte Bd. 15. Philo-Verlagsgesellschaft. Berlin 2005. S. 151-182.

Glinka, Hans-Jürgen: Das narrative Interview. Eine Einführung für Sozialpädagogen. Juventa Verlag. Weinheim, München 1998.

Goebel, Dorothea / Pries, Ludger: Transnationalismus, Migration und Inkorporation. Herausforderungen an Raum- und Sozialwissenschaften. In: Geographische Revue. Zeitschrift für Literatur und Diskussion. 5 (2003), H. 2, Flensburg 2003. S. 23-39.

Goffman, Erving: Stigma. Über Techniken der Bewältigung beschädigter Identität. Suhrkamp Verlag. Frankfurt am Main 1988.

Goffman, Erving: Wir alle spielen Theater. Die Selbstdarstellung im Alltag. Piper Verlag. München 2003.

Gold, Steven J.: „Neue Amerikaner" und „Yordim". Ausprägungen einer amerikanischen Identität unter jüdischen Immigranten aus der ehemaligen Sowjetunion und Israel. In: Schoeps, Julius H. / Grözinger, Karl E. / Jasper, Willi / Mattenklott, Gert (Hrsg.): Russische Juden und transnationale Diaspora. Reihe Menora. Jahrbuch für deutsch-jüdische Geschichte Bd. 15. Philo-Verlagsgesellschaft. Berlin 2005. S. 329-368.

Gontovos, Konstantinos: Psychologie der Migration. Über die Bewältigung von Migration in der Nationalgesellschaft. Argument Verlag. Hamburg 2000.

Grönberg, Kurt: Trauma-Transfer. Über Kinder der Opfer im ‚Land der Täter'. In: Schönborn, Susanne (Hrsg.): Zwischen Erinnerung und Neubeginn. Zur deutsch-jüdischen Geschichte nach 1945. Martin Meindenbauer Verlag. München 2006. S. 268-283.

Guttmann, Robert: Ohne Anfang und ohne Ende. Stationen jüdischen Lebens in Deutschland. In: Romberg, Otto R. / Urban-Fahr, Susanne (Hrsg.): Juden in Deutschland nach 1945. Bürger oder „Mit"-Bürger? Tribüne Verlag. Frankfurt am Main 1999. S. 45-53.

Haug, Sonja (2000): Klassische und neuere Theorien der Migration. Arbeitspapiere Mannheimer Zentrum für Europäische Sozialforschung (2000), Nr. 30. URL: www.mzes.uni-mannheim.de/publications/wp/wp-30.pdf (Letzter Zugriff am 07.07.09)

Haug, Sonja / Schimany, Peter: Jüdische Zuwanderer in Deutschland. Ein Überblick über den Stand der Forschung. Bundesamt für Migration und Flüchtlinge. Working Papers (2005), Nr. 3.
URL: http://www.bamf.de/...juedische-zuwanderer.../wp3-juedische-zuwanderer.pdf (Letzter Zugriff am 05.08.09)

Haug, Sonja / Wolf, Michael: Soziodemographische Merkmale, Berufsstruktur und Verwandtschaftsnetzwerke jüdischer Zuwanderer. Projekt Zuwanderer aus Russland und anderen GUS-Staaten. Eine Auswertung von Antragsakten der jüdischen Zuwanderer in der Landesaufnahmestelle des Freistaates Bayern im Jahr 2005. Nürnberg 2007. URL: www.bamf.de/merkmale-juedische-zuwanderer.pdf/wp08-merkmale-juedische-zuwanderer.pdf (Letzter Zugriff am 14.09.09)

Hahne, Michael (2006): Identität durch Technik. Wie soziale Identität und Gruppenidentität im soziotechnischen Ensemble von Ego-Shooterclans entstehen. URL: http://www.ssoar.info/ssoar/View/?resid=1195 (Letzter Zugriff am 05.02.07)

Helas, Horst / Rubisch, Dagmar / Zilkenat, Rainer (Hrsg.): Neues vom Antisemitismus: Zustände in Deutschland. Reihe Texte der Rosa-Luxemburg-Stiftung, Bd. 46. Karl Dietz Verlag. Berlin 2008.

Helfferich, Cornelia: Die Qualität qualitativer Daten. Manual für die Durchführung qualitativer Interviews. VS Verlag für Sozialwissenschaften. Wiesbaden 2004.

Heuberger, Rachel: Jüdische Jugend in Deutschland. Zwischen Isolation und Integration. In: Romberg, Otto R. / Urban-Fahr, Susanne (Hrsg.): Juden in Deutschland nach 1945. Bürger oder „Mit"-Bürger? Tribüne Verlag. Frankfurt am Main 1999. S. 199-208.

Herzl, Theodor: Der Judenstaat. Versuch einer modernen Lösung der Judenfrage. M. Breitenstein Verlag. Wien 1896.
URL: http://de.wikisource.org/wiki/Der_Judenstaat (Letzter Zugriff am 30.03.2009)

Hess, Rainer/ Kranz, Jarden: Probleme des Wandels der Jüdischen Gemeinden in der BRD infolge der Zuwanderung russischer Juden nach 1989. Logos-Verlag. Berlin 2000.

Hödl, Klaus: Der Platz der allgemeinen Geschichte in Jüdischen Studien. In: Truma H. Zeitschrift der Hochschule für Jüdische Studien. Jüdische Studien und jüdische Identität. Bd. 17 (2007).

Horkheimer, Max: Der soziologische Hintergrund des psychoanalytischen Forschungsansatzes. In: Simmel, Ernst (Hrsg.): Antisemitismus. Fischer Taschenbuch Verlag. Frankfurt am Main 2002.

Illichmann, Jutta: Die DDR und die Juden. Die deutschlandpolitische Instrumentalisierung von Juden und Judentum durch die Partei- und Staatsführung der SBZ / DDR von 1945 bis 1990. Peter Lang Verlag. Frankfurt am Main (u.a.) 1997.

Ipsen-Peitzmeier, Sabine / Kaiser, Markus (Hrsg.): Zuhause fremd. Russlanddeutsche zwischen Russland und Deutschland. Transcript Verlag. Bielefeld 2006.

Jaeger, Cordula: Akkulturation auf Ebene des Verhaltens. Die Anwendung der Theorie des geplanten Verhaltens zur Vorhersage unterschiedlicher Akkulturationsmuster am Beispiel von russischen Aussiedlern und russisch-jüdischen Zuwanderern in Deutschland und Israel. Diss. Universität Osnabrück 2005.
URL: http://elib.ub.uni-osnabrueck.de/publications/diss/E-Diss435_thesis.pdf (Letzter Zugriff am 10.10.09.)

Jasper, Willi: Deutschland, Europa und die russisch-jüdische Diaspora. Anmerkungen zur Identitätsproblematik in der Forschungsdiskussion. In: Schoeps, Julius H. / Grözinger, Karl E. / Jasper, Willi / Mattenklott, Gert (Hrsg.): Russische Juden und transnationale Diaspora. Reihe Menora. Jahrbuch für deutsch-jüdische Geschichte. Bd. 15. Philo-Verlagsgesellschaft. Berlin 2005. S. 133–150.

Jasper, Willi / Vogt, Bernhard: Integration und Selbstbehauptung. Russische Juden in Deutschland. In: Romberg, Otto R. / Urban-Fahr, Susanne (Hrsg.): Juden in Deutschland nach 1945. Bürger oder „Mit"-Bürger? Tribüne Verlag. Frankfurt am Main 1999. S. 209–220.

Joas, Hans: George Herbert Mead (1863- 1931). In: Kaesler, Dirk (Hrsg.): Klassiker der Soziologie. Bd. 1. Von Auguste Comte bis Norbert Elias.
4. Aufl. C. H. Beck. München 2003.

Jost, Gerhard: Lebensgeschichten von Zuwanderern: Charakteristika internationaler Biographien. In: Wir. Zur Geschichte und Gegenwart der Zuwanderung nach Wien. Katalog zur Sonderausstellung des Historischen Museums der Stadt Wien. Eigenverlag der Museen der Stadt. Wien 1996. S. 130-136.

Kaesler, Dirk (Hrsg.): Klassiker der Soziologie Bd. 1. Von Auguste Comte bis Norbert Elias. 4. Aufl. C. H. Beck Verlag. München 2003.

Kahn, Charlotte: Juden in Deutschland, deutsche Juden oder jüdische Deutsche? Selbstverständnis und Perspektiven der in Deutschland lebenden Juden. In: Schönborn, Susanne (Hrsg.): Zwischen Erinnerung und Neubeginn. Zur deutsch-jüdischen Geschichte nach 1945. Martin Meindenbauer Verlag. München 2006. S. 284–302.

Kalter, Frank (Hrsg.): Migration und Integration. Sonderheft 48 der Kölner Zeitschrift für Soziologie und Sozialpsychologie. VS Verlag für Sozialwissenschaften. Wiesbaden 2008.

Katlewski, Heinz Peter: Judentum im Aufbruch: von der neuen Vielfalt jüdischen Lebens in Deutschland, Österreich und der Schweiz. Jüdische Verlags-Anstalt. Berlin 2002.

Kessler, Judith: Identitätssuche und Subkultur. Erfahrungen der Sozialarbeit in der jüdischen Gemeinde Berlin. In: Schoeps, Julius / Jasper, Willi / Vogt, Bernhard (Hrsg.): Ein neues Judentum in Deutschland? Fremd- und Eigenbilder der russisch-jüdischen Einwanderer. Verlag für Berlin Brandenburg. Potsdam 1999.

Kessler, Judith (2003): Jüdische Migration aus der ehemaligen Sowjetunion seit 1990. URL: www.berlin-judentum.de/gemeinde/migration.html. (Letzter Zugriff am 01.08.2009.)

Kessler, Judith: Von Aizenberg bis Zaidelmann, jüdische Zuwanderer aus Osteuropa in Berlin und die jüdische Gemeinde heute. Ausländerbeauftragte des Senats. Berlin 1997.

Keupp, Heiner: Auf dem Weg zur Patchwork-Identität? In: Verhaltenstherapie und Psychosoziale Praxis. 20 (1988), H. 4, S. 425-438.

Keupp, Heiner (2001): Fragmente oder Einheit? Wie heute Identität geschaffen wird. URL: www.ipp-muenchen.de/texte/fragmente_oder_einheit.pdf (Letzter Zugriff am 15.10.09.)

Keupp, Heiner / Ahbe, Thomas / Gmür, Wolfgang: Identitätskonstruktionen. Das Patchwork der Identitäten in der Spätmoderne. Rowohlt Taschenbuch Verlag. Reinbek bei Hamburg 2008.

Kiesel, Doron: Schwarze Schafe. Selbst- und Fremdbilder im Israelischen Identitätsdiskurs. In: Truma H: Jüdische Studien und jüdische Identität 17 (2007). S.107-136.

Kizilhan, Jan: Biographiearbeit für Kinder und Jugendliche mit Migrationshintergrund. In: Forum Erziehungshilfen 3 (2005). S.140-143.

Kizilhan, Jan: Migrationserfahrung als Ausgangspunkt von Biographiearbeit. Ein Ansatz zum besseren Verständnis und zur Integration. (o. J.) URL: www.soziales.ktn.gv.at/35139p_DE.doc (Letzter Zugriff am 12.10.09.)

Kleinmann, Yvonne: Zur Genese jüdischer Gemeinden in russischen Großstädten 1840-1900. Innovative Entwürfe und beharrliche Tradition. In: Aschkenas. Zeitschrift für Geschichte und Kultur der Juden. 17 (2008), H. 1, S. 55–74.

Körber, Katrin: Juden, Russen, Emigranten. Identitätskonflikte jüdischer Einwanderer in einer ostdeutschen Stadt. Campus Verlag. Frankfurt am Main 2005.

Körber, Katrin: Warum kommen Sie nach Deutschland? Über das zwiespältige Verhältnis der hiesigen Gesellschaft zu den neu eingewanderten sowjetischen Juden. In: Frankfurter Rundschau (2001), Ausg. 22/09.

Korn, Salomon: Geteilte Erinnerung. 2. aktualisierte Aufl. Philo Verlagsgesellschaft. Berlin 2001.

Kraus, Wolfgang. Das erzählte Selbst. Die narrative Konstruktion von Identität in der Spätmoderne. Centaurus Verlag. Pfaffenweiler 1996.

Kruse, Jürgen / Lerner, Markus: Aspekte eines neuen Migrationsystems: Jüdische Emigration aus der ehemaligen Sowjetunion nach Deutschland. Universitätsverlag. Potsdam 2000.

Lamnek, Siegfried: Das narrative Interview. In: Ders. (1993): Qualitative Sozialforschung. Bd. 2. Methoden und Techniken. 2. überarb. Aufl. Beltz Verlag. Weinheim / Basel 1993. S. 70-74.

Lamnek, Siegfried: Gruppendiskussion. Theorie und Praxis. Beltz Verlag. Weinheim / Basel 2005.

Lipphardt, Anna: Impulse für die Gegenwart. In: Dies. (Hrsg.): Impulse für Europa. Tradition und Moderne der Juden Osteuropas. Sonderheft der Zeitschrift OSTEUROPA 58 (2008), Heft 8-10, S. 6.

Loewy, Hanno: Jüdische Existenz in Deutschland. Zur Gegenwart vieler offener Fragen. In: Romberg, Otto R. / Urban-Fahr, Susanne (Hrsg.): Juden in Deutschland nach 1945. Bürger oder „Mit"-Bürger? Tribüne Verlag. Frankfurt am Main 1999. S. 25-35.

Lührmann, Thomas: Führung, Interaktion und Identität. Die neuere Identitätstheorie als Beitrag zur Fundierung einer Interaktionstheorie der Führung. Deutscher Universitätsverlag. Wiesbaden 2006.

Lustiger, Arno: Rotbuch, Stalin und die Juden. Die tragische Geschichte des Jüdischen Antifaschistischen Komitees und der sowjetischen Juden. Aufbau Taschenbuchverlag. Berlin 2000.

Mayer, Simone: Akkulturation und intergenerationale Transmission von Gewalt in türkischen Migrantenfamilien. Eine longitudinale Mehrebenenanalyse. Diss. Otto-von-Guericke-Universität Magdeburg 2006.
URL: diglib.uni-magdeburg.de/Dissertationen/2006/simmayer.pdf.
(Letzter Zugriff am 18.09.2009)

Mead, George Herbert: Geist, Identität und Gesellschaft. Suhrkamp Verlag. Frankfurt am Main 1973.

Mead, George Herbert: Gesammelte Aufsätze. Bd. 1. Suhrkamp Verlag. Frankfurt am Main 1980.

Meimeth, Michael / Robertson, John / Talmon, Susanne: Integration und Identität in Einwanderungsgesellschaften. Reihe Denkart Europa Bd. 4. Nomos Verlag. Baden-Baden 2008.

Mendel, Meron (2007): Aufgewachsen zwischen zwei Welten. Zur Identität der zweiten Generation jüdischer Jugendlicher im Nachkriegsdeutschland. In: Truma H Zeitschrift der Hochschule für Jüdische Studien. Jüdische Studien und jüdische Identität 17 (2007). S. 79-90.

Mertens, Lothar: Alija. Die Emigration der Juden aus der UdSSR / GUS. Brockmeyer Verlag. Bochum 1993.

Messmer, Matthias: Antisemitismus in Russland, der Ukraine und Litauen. Eine vergleichende Studie. Bericht des Bundesinstitut für ostwissenschaftliche und internationale Studien (BIOst) 7 (1998).

Müller, Christine: Zur Bedeutung von Religion für jüdische Jugendliche in Deutschland. Reihe Jugend, Religion, Unterricht Bd. 11. Waxmann Verlag. Münster (u.a.) 2007.

Nachama, Andreas (1999): Ost und West. Die Jüdische Gemeinde in Berlin 1945 bis 1988. In: Romberg, Otto R. / Urban-Fahr, Susanne (Hrsg.): Juden in Deutschland nach 1945. Bürger oder „Mit"-Bürger?. Tribüne Verlag. Frankfurt am Main 1999 . S. 98-108.

Nauck, Bernhard (2008): Akkulturation: Theoretische Ansätze und Perspektiven in Psychologie und Soziologie. In: Kalter, Frank (Hrsg.): Migration und Integration. Sonderheft 48 der Kölner Zeitschrift für Soziologie und Sozialpsychologie. VS Verlag für Sozialwissenschaften. Wiesbaden 2008. S. 488-512.

Noah, Iris: (2002) Richtungen im heutigen Judentum. In: Berlin Judentum auf haGalil online. URL: www.berlin-judentum.de/synagogen/richtungen.htm
(Letzter Zugriff am 16.05.09)

Oks, Volodymyr: Schwieriges Erbe, viel Engagement. Jüdisches Gemeindeleben und jüdische Neuorganisation in den postsowjetischen Staaten. In: Schoeps, Julius H. / Gruzinger, Karl E. / Jasper, Willi / Mattenklott, Gert (Hrsg.): Russische Juden und transnationale Diaspora. Reihe Menora. Jahrbuch für deutsch- jüdische Geschichte Bd. 15. Philo-Verlagsgesellschaft. Berlin 2005. S. 95-118.

Oswald, Ingrid: Migrationssoziologie. UTB Verlag. Konstanz 2007.

Pieper, Katrin (2007): Zeitgeschichte von und in Jüdischen Museen. Kontexte, Funktionen, Möglichkeiten. In: Zeithistorische Forschungen. Studies in Contemporary History 4 (2007).
URL: http://www.zeithistorische-forschungen.de/16126041-Pieper-2-2007
(Letzter Zugriff am 14.09.2009)

Pinto, Diana (1999): Freiwilliges Jüdisch-Sein. In: Bet Debora. Frauenperspektiven im Judentum auf haGalil online. URL: www.hagalil.com/bet-debora/journal/pinto.htm (Letzter Zugriff am 14.09.2009)

Reitemeier, Ulrich (Hrsg.): Sprachliche Integration von Aussiedlern im internationalen Vergleich. Reihe amades. Arbeitspapiere und Materialien zur deutschen Sprache Nr. 2. Selbstverlag Institut für Deutsche Sprache. Mannheim 2003.

Riemann, Gerhard: Narratives Interview. In: Bohnsack, R. / Marotzki, W. / Meuser, M. (Hrsg.): Hauptbegriffe Qualitativer Sozialforschung. Verlag Leske + Budrich. Opladen 2003. S. 120-122.

Rothschild, Walter: A wie Anfang: Wer sind eigentlich die Juden? In: Bahá'í Association of The University of Georgia 2001. URL: www.uga.edu/bahai/News/032901-1.html (Letzter Zugriff am 27.08.2009)

Ro'i, Yaakov / Beker, Avi (Hrsg.): Jewish Culture and Identity in the Soviet Union. NYU Press. Hardback & DJ. New York 1991.

Romberg, Otto R. / Urban- Fahr, Susanne (Hrsg.): Juden in Deutschland nach 1945. Bürger oder „Mit"-Bürger? Tribüne Verlag. Frankfurt am Main 1999.

Rosenberg, Leibl: Jüdische Kultur in Deutschland heute. Eine Zustandsbeschreibung. In: Romberg, Otto R. / Urban- Fahr, Susanne (Hrsg.): Juden in Deutschland nach 1945. Bürger oder „Mit"-Bürger? Tribüne Verlag. Frankfurt am Main 1999. S. 234 - 243.

Runge, Irene: „Ich bin kein Russe". Jüdische Zuwanderung zwischen 1989 und 1994. Karl Dietz Verlag. Berlin 1995.

Runge, Irene (2002): Ist die jüdische Einwanderung nach Deutschland am Ende? In: Rosa-Luxemburg-Stiftung (Hrsg.): rls standpunkte 8 (2008).
URL: www.rosalux.de/cms/fileadmin/rls_uploads/pdfs/Standpunkte_0808.pdf
(Letzter Zugriff am 27.08.2009)

Sartre, Jean-Paul: Überlegungen zur Judenfrage. Rowohlt Taschenbuch Verlag. Reinbek bei Hamburg 1994.

Schäfers, Bernhard (Hrsg.): Handwörterbuch zur Gesellschaft Deutschlands. Verlag Leske+Budrich. Opladen 1998.

Schmidt-Weil, Jessica: Die Suche nach dem Identitätsformenden Potential des Religionsunterrichts in Jüdischen Gemeinden in Deutschland. Diss. Goethe-Universität. Frankfurt am Main 2007.

Schönborn, Susanne (Hrsg.): Zwischen Erinnerung und Neubeginn. Zur deutsch-jüdischen Geschichte nach 1945. Martin Meindenbauer Verlag. München 2006.

Schoeps, Julius H.: Ein neues Judentum in Deutschland? Zur Debatte um die Zukunftsperspektiven jüdischer Zuwanderer aus der früheren Sowjetunion und deren Nachfolgestaaten. In: Schoeps, Julius H. / Grözinger, Karl E. / Jasper, Willi / Mattenklott, Gert (Hrsg.): Russische Juden und transnationale Diaspora. Reihe Menora. Jahrbuch für deutsch-jüdische Geschichte Bd. 15. Philo-Verlagsgesellschaft. Berlin 2005. S. 119-132.

Schoeps, Julius H. / Grözinger, Karl E. / Jasper, Willi / Mattenklott, Gert (Hrsg.): Russische Juden und transnationale Diaspora. Reihe Menora. Jahrbuch für deutsch-jüdische Geschichte Bd. 15. Philo-Verlagsgesellschaft. Berlin 2005.

Schoeps, Julius H.: Die Verlockung der Vernunft. Jüdisches Denken und Bewußtsein im 17. und 18. Jahrhundert. In: Stamm-Kuhlmann / Elvert, Jürgen / Aschmann, Birgit (Hrsg.): Geschichtsbilder. Festschrift für Michael Salewski zum 65. Geburtstag. Steiner Verlag (Historische Mitteilungen der Ranke-Gesellschaft, Beiheft 47), Stuttgart 2003. S. 333-146.

Schoeps, Julius H. / Jasper, Willi / Vogt, Bernhard (Hrsg.): Ein neues Judentum in Deutschland? Fremd- und Eigenbilder der russisch-jüdischen Einwanderer. Verlag für Berlin-Brandenburg. Potsdam 1999.

Schoeps, Julius H. / Jasper, Willi / Vogt, Bernhard (Hrsg.): Russische Juden in Deutschland. Integration und Selbstbehauptung in einem fremden Land. Beltz Verlag. Weinheim 1996.

Stamm-Kuhlmann / Elvert, Jürgen / Aschmann, Birgit (Hrsg.): Geschichtsbilder. Festschrift für Michael Salewski zum 65. Geburtstag. Steiner Verlag (Historische Mitteilungen der Ranke-Gesellschaft Beiheft 47). Stuttgart 2003.

Strohmeier, Dagmar: Soziale Beziehungen in multikulturellen Schulklassen. Wo liegen die Chancen, wo die Risken? In: Erziehung und Unterricht 9/10 (2007). Österreichischer Bundesverlag online.
URL: http://www.oebv.at/sixcms/media.php/504/strohmeier.pdf
(Letzter Zugriff am 24.07.2009)

Schütze, Fritz: Biographieforschung und narratives Interview. In: Neue Praxis. Kritische Zeitschrift für Sozialarbeit und Sozialpädagogik 3 (1983).

Schütze, Fritz: Die Technik des narrativen Interviews in Interaktionsfeldstudien. Dargestellt an einem Projekt zur Erforschung von kommunalen Machtstrukturen. Arbeitsberichte und Forschungsmaterialien. Fakultät für Soziologie. Universität Bielefeld. Bielefeld 1977.

Simmel, Ernst (Hrsg.): Antisemitismus. Fischer Taschenbuch. Frankfurt am Main 2002.

Solominski, Elena: Akzeptanz oder Emanzipation? Jüdinnen aus den GUS-Staaten in Deutschland. In: Romberg, Otto R. / Urban-Fahr, Susanne (Hrsg.): Juden in Deutschland nach 1945. Bürger oder „Mit"-Bürger? Tribüne Verlag. Frankfurt am Main 1999. S. 221-233.

Spiegel, Paul: „Wann, wenn nicht jetzt?". Die jüdischen Auswanderer aus den früheren GUS-Staaten und ihre Integration in das jüdische Gemeindeleben in Deutschland. In: Bundesamt für die Anerkennung ausländischer Flüchtlinge (Hrsg.): 50 Jahre Behörde im Wandel. Bd. 11. 1953–2003. 2. Aufl. Selbstverlag. Nürnberg 2004. S. 85-95

Spiegel, Paul: Zweifel und ein Neuanfang. Juden in Deutschland nach 1945. In: Tribüne. Zeitschrift zum Verständnis des Judentums 40 (2001), H.4. Tribüne Verlag. Frankfurt am Main 2001.

Schultz, Tanjev / Sackmann, Rosemarie: Wir Türken. Zur kollektiven Identität türkischer Migranten in Deutschland. In: Bundeszentrale für politische Bildung (Hrsg.): Aus Politik und Zeitgeschichte 43 (2001).

URL: http://www1.bpb.de/files/R7NJH5.pdf (Letzter Zugriff am 20.10.2009)

Schütze, Yvonne: „Ich bin nur ein Jude und dann ein Russe". Der Akkulturationsprozess junger russischer Juden im Zeitverlauf. In: Soziale Welt 51 (2000), H. 3, S. 303-324.

Schütze, Yvonne: Migrantennetzwerke im Zeitverlauf. Junge russische Juden in Berlin. In: Berliner Journal für Soziologie 13 (2003), H. 2, S. 145-296.

Schütze, Yvonne: Migration und Identität. Junge russische Juden in Berlin. In: Schönborn, Susanne (Hrsg.): Zwischen Erinnerung und Neubeginn. Zur deutsch-jüdischen Geschichte nach 1945. Martin Meindenbauer Verlag. München 2006. S.306-307.

Schütze, Yvonne: „Warum Deutschland und nicht Israel?“ Begründungen russischer Juden für die Migration nach Deutschland. In: BIOS Zeitschrift Biographieforschung und Oral History 10. (1997), H. 2, S. 186-208.

Six, Bernd: Akkulturation von Aussiedlern. In: Bornewasser, Manfred und Roland Wakenhut (Hrsg.): Ethnisches und nationales Bewusstsein zwischen Globalisierung und Regionalisierung. Peter Lang Verlag. Frankfurt am Main (u.a.) 1999.

Steinbach, Anja: Aufgabenteilung und Entscheidungsmacht in Migrantenfamilien aus der früheren Sowjetunion in Deutschland und Israel. Sozialwissenschaften und Berufspraxis. 23 (2000), H. 1, S. 29-48.

Tauchert, Stephanie: Jüdische Identitäten in Deutschland. Das Selbstverständnis von Juden in der Bundesrepublik und der DDR 1950 bis 2000. Metropol Verlag. Berlin 2007.

Tolts, Mark: Demographische Trends unter den Juden der ehemaligen Sowjetunion. In: Schoeps, Julius H. / Grözinger, Karl E. / Jasper, Willi / Mattenklott, Gert (Hrsg.): Russische Juden und transnationale Diaspora. Reihe Menora. Jahrbuch für deutsch-jüdische Geschichte Bd. 15. Philo-Verlagsgesellschaft. Berlin 2005.

Treibel, Anette: Etablierte und Außenseiter. Zur Dynamik von Migrationsprozessen. In: Nowotny, Helga / Taschwer, Klaus (Hrsg.): Macht und Ohnmacht im neuen Europa. Zur Aktualität der Soziologie von Norbert Elias. Universitätsverlag. Wien 1993. S. 139-146.

Treibel, Annette: Migration. In: Schäfers, Bernhard (Hrsg.): Handwörterbuch zur Gesellschaft Deutschlands. Verlag Leske + Budrich. Opladen 1998. S. 462-72.

Treibel, Annette: Migration in modernen Gesellschaften. Soziale Folge von Einwanderung, Gastarbeit und Flucht. 2. erweiterte Aufl. Juventa-Verlag. Weinheim, München 1999.

Uslucan, Haci-Halil: Chancen von Migration und Akkulturation. In: Fuhrer, Urs / Uslucan, Haci-Halil (Hrsg.): Familie, Akkulturation und Erziehung. Migration zwischen Eigen- und Fremdkultur. Kohlhammer Verlag. Stuttgart 2005. S. 226-242

Völter, Bettina / Dausien Bettina / Lutz, Helma/ Rosenthal, Gabriele (Hrsg.): Biographieforschung im Diskurs. VS Verlag für Sozialwissenschaften. Wiesbaden 2005.

von Bassewitz, Heike / Rubinstein, Ellen: Mitgliederstatistik der jüdischen Gemeinden und Landesverbände in Deutschland für das Jahr 2007. Zentralwohlfahrtstelle der Juden in Deutschland. Frankfurt 2008.

Weber, Max: Wirtschaft und Gesellschaft. Grundriss der Verstehenden Soziologie. 5. Aufl. Mohr Verlag. Tübingen 1980.

Weimer, Martin: Psychoanalytische Tugenden. Pastoralpsychologie in Seelsorge und Beratung. Vandenhoeck & Ruprecht Verlag. Göttingen 2001.

Weiss, Karin: Zuwanderung in die neuen Bundesländer. In: Woyke, Wichard. (Hrsg.): Integration und Einwanderung. Wochenschau Verlag. Schwalbach 2007.
URL: www.masgf.brandenburg.de/media/lbm1.a.1333.de/ib_zuwnbl07.pdf
(Letzter Zugriff am 17.08.09.)

Wimmer, Andreas: Ethnische Grenzziehungen in der Immigrationsgesellschaft. Jenseits des Herder'schen Commonsense. In: Kalter, Frank (Hrsg.): Migration und Integration. Sonderheft 48 der Kölner Zeitschrift für Soziologie und Sozialpsychologie. VS Verlag für Sozialwissenschaften. Wiesbaden 2008. S. 57-80.

Wölfing, Sybille: „Wer sind wir hier schon?“ Identitätsgefährdungen und Identitätsstrategien bei Aussiedlern aus Siebenbürgen. Reihe Psychologie Bd. 24. LIT Verlag. Münster 1996.

Wölfing-Kast, Sybille: Identitätsgefährdungen, Reaktionen auf gefährdete Identität und Eingliederung der Aussiedler aus Siebenbürgen-Sachsen. In: Bornewasser, Manfred / Wakenhut, Roland (Hrsg.): Ethnisches und nationales Bewusstsein – zwischen Globalisierung und Regionalisierung. Peter Lang Verlag. Frankfurt am Main (u.a.) 1999. S. 147-170.

Zentralwohlfahrtsstelle der Juden in Deutschland e.V. (2001): Leitfaden für jüdische Zuwanderer aus der ehemaligen Sowjetunion. URL: www.zentralratdjuden.de/de/topic/1.htm
(Letzter Zugriff am 05.02.09)

Zussman, Mira: Jüdische Identität heute Notizen aus Amerika. In: Schoeps, Julius H. / van Voolen, Edward / Nachama, Andreas (Hrsg.): Jüdische Lebenswelten. Suhrkamp Verlag. Frankfurt am Main 1991. S. 108-122.

## Glossar

*Alijah (עלייה):*

Bezeichnet die periodisierten Immigrationswellen von Diasporajuden nach Israel. Jene Juden, die sich hierzu entscheiden werden als "Olim" bezeichnet. Historisch trug die Einwanderung zur Gründung des Staates Israel bei.

*Bar Mizwah (בר מצווה):*

Zeremonie zu Beginn der religiösen Mündigkeit (Jungen) bei der Vollendung des 13. Lebensjahres.

*Bat Mizwah (בת מצווה):*

Bezeichnet die analoge Prozedur bei Mädchen ab der Vollendung des 12. Lebensjahres.

*Chanukkah (חנוכה):*

Das jährlich stattfindende achttägige Fest zum Gedenken an die Wiedereinweihung des zweiten Tempels in Jerusalem im Jahr 3597 nach jüdischem Kalender (164 v. Chr.).

*Ghetto (גטו):*

Als Ghetto wurden von Juden bewohnte Stadtviertel bezeichnet, die zunächst aus religiösen und wirtschaftlichen Gründen, später unter Zwang entstanden.

*Gijur (גיור):*

Übertritt Aufnahme von Nichtjuden in die jüdische Religionsgemeinschaft. Im Altertum stellte dies eine gängige Prozedur dar, ist in der heutigen Zeit jedoch sehr langwierig und kompliziert.

*Halachah (הלכה):*

Das historisch stetem Wandel unterworfene jüdische Gesetz, dass Gebote und Verbote umfasst.

*Haskalah (השכלה):*

Bezeichnet die jüdische Aufklärungsbewegung in Europa.

*Jiddisch (ייִדיש):*

Unter den Ostjuden verbreitete Sprache, die im Hochmittelalter aus dem Mittelhochdeutsch hervor ging.

*Kaschruth (כשרות):*

Bezeichnet die religiösen jüdischen Reinheitsgebote, welche unter anderem Speisevorschriften umfassen.

*Minjan (מניין):*

Bezeichnet die Erfordernis der Anwesenheit von zehn religionsmündigen jüdischen Menschen (meist Männern) für die Durchführung eines Gottesdienstes.

*Schabbat (שבת):*

Der siebte Wochentag, der Tag des Herrn, an welchem nicht gearbeitet werden darf. Der Schabbat beginnt am Freitagabend mit dem Sonnenuntergang und endet am Samstagabend, wenn drei Sterne am Himmel zu sehen sind.

*Schoah (השואה):*

Bezeichnet den systematischen Völkermord an den europäischen Juden zur Zeit des Nationalsozialismus.

*Schtetl (שטעטל):*

Ortschaften oder Stadtteile in Osteuropa mit hohem jüdischen Bevölkerungsanteil, welche durch die Schoah zerstört wurden.

*Thorah (תורה):*

Bezeichnung für den Hauptteil der jüdischen Bibel (Tanach).

***ibidem*-Verlag**

Melchiorstr. 15

D-70439 Stuttgart

info@ibidem-verlag.de

www.ibidem-verlag.de
www.ibidem.eu
www.edition-noema.de
www.autorenbetreuung.de

Zeitfracht Medien GmbH
Ferdinand-Jühlke-Straße 7
99095 Erfurt, Deutschland
produktsicherheit@kolibri360.de